卑鄙的聖人

曹操8

王曉磊——著

曹操暮年急竊國，曹丕曹植急相煎

目錄

【推薦序】

栩栩如生的漢末眾生相

朱祖德

《卑鄙的聖人　曹操》一書是曹操的專傳，作者將形象較為負面的曹操一生際遇，鉅細靡遺地加以描繪；並且本書中的曹操，已不全然是那位被定型成反覆無常、苛刻寡恩的卑鄙小人，在作者筆下的曹操，不但是有血有肉，充滿感情，有時也擁有悲天憫人的胸襟，呈現出他不為人所知的另一面。

一代梟雄曹操，可以說是一位多面向的人物，如要從單方面來了解他是相當武斷且不智的。細數曹操的特色，如治世能臣、長於謀略、慎謀能斷、善於用兵、機智善變、重才不重德、不念舊惡、才思敏捷、城府極深及奸詐多疑等，呈現出他是一個能力極強、不拘小節，但卻略帶奸詐的領導者。

這些特色若從公允的角度來看，雖有優點，亦有缺點，呈現出曹操的內心是複雜多變，而不容易被世人所了解的。

同時曹操也是一位不易評價的歷史人物，他既有平定北方，使百姓免於長期戰亂的功績，又大興屯田解決了糧食不足的問題，對於東漢末年群雄並立的戰亂時期國計民生可以算是有功勞。

曹操用人唯才，如五子良將中的張遼、徐晃、張郃，其實都是從漢末群雄收編過來的，但曹操的特點是用人不疑，疑人不用，對這些將領信任有加，俗話說得好：「士為知己者死」，他們也都為曹操效命沙場，忠心不二。

曹操曾厚待劉備，重用關羽，又接納曾害死他長子曹昂、姪子曹安民及典韋的張繡，其實要原諒殺害自己骨肉至親的仇人，是相當不容易的，換是別人，早就手刃仇人了，但是曹操做到了，這也是他不同於劉備和孫權等人的地方，更是他成功的重要因素之一。

曹操雖愛才，但另一方面，曹操亦善忌，如有能力超過他，或對他不夠恭謹的名士或大臣，如故舊婁圭、許攸，孔融、崔琰、楊修等動輒遭到殺害。其中崔琰並未犯大錯，只因細故，即被賜自盡，當時人認為崔琰之死相當冤枉。

平心而論，孔融雖是孔夫子的第二十代孫，自幼聰慧，被時人當作神童，但為人恃才傲物，因數次觸曹操逆鱗而被殺，孔融可以說是咎由自取，但曹操連孔融的年幼的子女也不放過，的確有些太過了。

曹操，不但是一位性格複雜的人物，同時曹操也是歷史上最具爭議性的人物之一，對他所作所為的功過評價，長久以來一直存在著相當大的差異性。唐代曹操的形象仍相當正面，如《資治通鑑》載唐太宗李世民對曹操的評論，尚是褒多於貶。

但自從宋代以後，由於重視儒家思想，而曹操屬法家，因此曹操逐漸受非議，加上南宋朱熹的《通鑑綱目》是以蜀漢為正統，使曹魏的正統立場受到挑戰，因此曹操的形象有如江河日下。到元末明初《三國志通俗演義》寫成時，曹操的形象已被定型為奸詐的大白臉，已不全然是歷史上真實的曹操了。

在近代毛澤東批孔揚秦時，曹操則連帶受到了讚揚，倒是替曹操的形象翻案。若從不同角度來看，曹操既可以是英雄，亦可以是奸雄。

從正面來看，他接受棗祗和韓浩的建議大興屯田，此政策不但成功恢復了農業生產，有益於民生，同時在一定程度上也保證了曹操軍隊的糧食；曹操聽從荀彧的建議，而迎天子至許都，亦有利於漢室聲望。此外，也有學者認為曹操統一北方，結束了長期的戰亂，救生民於水火之中，可說是他的最大貢獻。

另一方面，曹操卻又展現他個性上極端且凶狠的一面，如他以報父仇為名，不顧無辜百姓的性命，血洗徐州的暴行，甚至雞犬不留；又濫殺邊讓、婁圭等名士，甚至因理念不同而逼死功臣荀彧。再者，他挾持天子（漢獻帝）以令諸侯的方式，也受到非議。

曹操的形象受到許多支持蜀漢正統者的非議，加上人們對劉備、諸葛亮等所謂「正面」人物的同情影響，在宋、元以來的說書人及地方戲劇的推波助瀾下，變為奸詐的白臉形象，使其功過不易評價。不過如以正面的角度來理解曹操的人格特質，可以避免落入負面刻板印象，或是盲目的英雄崇拜。

《卑鄙的聖人　曹操》除了如數家珍般，將曹操一生經歷的大小事娓娓道來，因其描寫之生動，情節之細膩，使讀者有身歷其境之感。

舉例來說，名列中國四大美女的貂蟬，其身分和後來的下落，可謂眾說紛紜，作者別出心裁，在第五冊「曹操接收了呂布的赤兔和美人」一章中，將貂蟬這角色安排為原呂布將領秦宜祿的妻杜氏，之前杜氏被呂布長期霸占。其後曹操攻下徐州，秦宜祿又獻殷勤，將杜氏獻給曹操，曹操早聽說杜氏的美貌，不顧已答應關羽之事，立刻將杜氏占為己有，足見曹操好色之名，並非穴空來風。

而在第六冊中曹操祭袁紹一段，曹操哭之甚哀，使在場的臣子、將領都相當感動，從而達到收服河北人心的目的，並且描寫在場袁紹舊臣崔琰等人，以及曹營人馬的心態，各有各的心思，可謂淋漓盡致，值得細細品味。

角色塑造也是本書特色，本書的形象塑造則相當成功，距今近二千年的人物在作者的精心描繪下，不僅個個形象豐滿，有血有肉，並且栩栩如生。同時書中有許多名不見經傳的「小人物」，穿插在各篇幅中，在作者的生花妙筆下，每個角色均躍然紙上。

尤其難得的是，這些小人物大多是《三國志》中，可以找得到的真實人物，如第八冊的「劉雄歸降」一節，劉雄（劉雄鳴），《三國志．魏書》卷九〈張魯傳〉注文中有提及此人，本書在敘述此段時，其內容與《三國志》注文大致相同，足見作者寫本書，並非憑空捏造，這點比起金庸寫的武俠小說，雖然背景和大環境均照歷史走，但大部分角色則是虛構的，更為貼近歷史事實。

在第十冊「漢末眾生相」一節，作者藉由司馬懿、孫權、劉備、卞太后及漢天子（漢獻帝）等不同角度，來看曹操的一生功過，這部分寫得相當精采，簡直是把各人的心理想法都揭露出來，可說是鞭辟入裡，值得細細品味。

個人在讀《卑鄙的聖人　曹操》時，由於時間因素，儘管並未看完整套書，但在閱讀時，卻一口氣讀了不少頁；由於個人長期致力於三國人物的研究，對於曹操這號人物有一定的熟悉程度，但讀此書卻有一種欲罷不能的感覺。

綜前所述，本套書雖篇幅龐大，但是對於想要了解曹操這位「卑鄙聖人」的來龍去脈，和他複雜多變的心理狀態，就有必要逐冊細讀。《卑鄙的聖人　曹操》的內容，有著讓讀者傾心，愛不釋手的魅力。這也是本書簡體字版銷量能超過三百萬冊的主要原因，足見本書的確受到了廣大三國愛好者的喜愛。

（歷史學博士、《三國人物特寫——你所不知道的三國英雄》作者）

進逼帝位的最後一里路？

古代兵役制度有兩種，最原始是兵農合一，平時為民，戰時緊急徵調、稍作訓練後（平時農閒也會稍作訓練）出征或防禦，此方式養兵花費較低，但戰力參差不齊、沒辦法進行太複雜的戰術演練。因此逐漸走向兵農分離，有點像現代的募兵制，雖然糧餉花費較高，但兵馬品質和數量有保障，也可以執行較複雜的戰術、陣行或策略；然而後者所要花費的錢糧實在太多，尤其是在亂世，根本就難以負荷，於是戰爭的「潛規則」就出現了！就像我們歷史劇常看到的場景，城破之日，軍隊在城內姦淫擄掠數天，將軍們爭先恐後去掠奪皇宮、富商或官宅的情形；因為他們平時的糧食只夠生存，軍餉非常微薄（甚至沒有），而促使他們戰鬥的理由，就是這樣的「獎賞」。

大致每朝開國之君率領「義軍」，一定會特別約束軍隊，破城後不得燒殺擄掠，以安定民心。例如漢高祖劉邦攻下咸陽之後，約法三章，與民秋毫無犯；明太祖朱元璋當時在眾多「義軍」之中，也只有他軍令嚴行，愛護百姓。楚霸王項羽和元朝成吉思汗則反行道，攻城前投降者不殺不掠奪，若抵抗，被攻下後就屠城。而曹操就曾因為在徐州屠城，喪失民心威望，不但自己領地世族幫助呂布、張邈軍隊險些奪了兗州（在荀彧等人死守下，只剩三個縣城）。日後也讓當時發兵來救的劉備兵不血刃就繼承了徐州，後來曹操雖然有心攏絡徐州世族，但以糜竺、孫乾為首的眾人，寧可隨劉備浪跡天涯，也不願跟隨曹操。（陳登父子雖然留下，還被封為廣陵太守，但對曹操命令卻只是選擇性遵從，而曹操也不敢光明正大對他們不利。）

另一方面，曹操只是想要晉位魏公，為何會受到以尚書令荀彧為首的大臣們嚴正反對呢？因為昔日周室分封天下共分五等，即「公、侯、伯、子、男」，然而秦漢以來廢為只剩「王、侯」兩級。漢高祖劉邦雖然剛平定天下時也曾分封功臣為諸王，但後來藉故誅殺韓信、彭越、英布等各異姓諸侯王後，自此「非劉不王」，臣子最多只能封到「侯」。後來光武帝為了尊崇周公和孔子，冊封兩者後人分別為衛公和宋公，此兩個公國被視為漢賓。除了這兩個特例，只有一個受封公爵的人，那就是篡漢的王莽。曹操的行動和他神似，野心昭然若揭，忠漢之臣自然要大力反對。

我們將隨曹操一起面對西涼諸侯的威脅，馬騰之子馬超和韓遂統領精銳的西涼騎兵洶洶而來。曹操渭水之戰險些喪命，他將如何巧使反間計逆轉勝。另一方面，他此生最大敵手劉備也逐步吞併蜀地，又上表請奏孫權為車騎將軍、徐州牧（意即暗示孫權一同北上共戰曹操拓張領土），曹操又要如何應對？

To be or not to be？權力永遠是最強烈的春藥，元末李善長給明太祖朱元璋的方針建言是「高築牆、廣積糧、緩稱王」九字箴言，朱元璋按法實施，最後開創明朝。那麼三分天下有其二，已位極人臣的曹操，越來越多部下勸進他向漢獻帝索九錫晉位魏公、魏王，甚至取漢而代之，他會做什麼抉擇？另一方面以尚書令荀彧、軍師荀攸為首的忠漢派和曹操理念漸行漸遠，甚至連曹荀結親都無法改變的陌路又將造成怎樣的衝突與悲劇？讓我們繼續看下去。

第一章

吞併武威，韓遂攪亂曹操後方

關西軍閥

建安十五年（公元二一〇年）春天的一個夜晚，朦朦月光灑在涼州廣袤的大地上，彷彿給蒼茫荒原蓋上一層薄紗。可就在通往武威郡姑臧縣的大道上，由東向西跑來一小股軍隊，打著忽明忽暗的火把，奔跑和吶喊聲打破了這份寧靜。

天下紛爭之際有些兵馬本不足為奇，但這支部隊卻格外滑稽——總共才一千多人、戰馬百餘匹，輜重軍械尚不齊全，有的將校連盔甲都沒有。春寒料峭的時節裹了一身大袍子，沒有掛劍的鈎帶，就拿草繩把佩劍一拴，胡亂在腰上一纏。當兵的更慘了，不少人連鞋都沒混上，光著腳板趕路；還有的反穿羊皮襖，大長毛在外面耷拉著，一望便知不是漢人。匆匆忙忙連夜趕路，士兵早累得氣喘吁吁，就這點兒人馬竟稀稀拉拉拖了半里地，根本沒個陣勢，戰鬥力也可想而知。有個盔甲齊整的中年將領似乎是統帥，騎在馬上扯著嗓門：「快走快走！咱們可是為朝廷戡亂，都給老子精神點兒！」雜牌軍還給朝廷戡亂，豈不是笑話？

黃巾起義前，漢室天下不可謂不牢固，唯有涼州始終戰亂不息，自漢安帝永初元年（公元一〇七年）羌人舉兵造反開始，沒完沒了的漢羌戰爭拉開了序幕，一打就是一百年。以至於此後的鄧騭、龐參、虞詡、皇甫規、張奐、段熲、皇甫嵩、董卓無一例外，都曾在涼州摸爬滾打過，幾代人的心血都耗進去了。可羌人似乎與漢人結成了死仇，討平了叛，叛起來討，周而復始無休無止，直鬧到靈帝駕崩，天下大亂都沒結束。

靈帝末年羌胡首領北宮伯玉、李文侯發動的叛亂，姑且可以算作是最後一次，聲勢浩大波及整個涼州，但最後的結果卻有些出人意料——羌人沒鬧起來，反被漢族軍官篡奪了叛軍大權，經過對外攻戰和內部火併，韓遂、馬騰兩大軍閥崛起，在涼州割據稱雄，並將勢力發展到關中一帶，朝廷刺史形同虛設。除了韓、馬兩家之外，還有宋建、程銀、侯選、梁興等十幾支小勢力，或在涼州或布關中，各擁兵馬不等，多則一萬少則數千，約為兄弟共同進退。這幫軍閥的出身有三種——叛將、強盜、土豪。

眼前這支隊伍的頭目叫楊秋，也是叛將出身，年近四旬久經戰亂。由於曹操急於南下，對涼州諸將一概予以安撫，所以他也在朝廷掛有騎都尉、關內侯的官爵；但他手下只有兩千兵，地盤只有安定郡下轄的幾個縣，非但無法與韓、馬兩家相比，即便在小勢力裡也是較弱的。

去年七月，武威太守張猛趁曹操南征受挫之機報私仇，攻殺涼州刺史邯鄲商。韓遂發下檄文，召集涼州各部合攻張猛，口口聲聲要為朝廷除害。但這次行動既沒上表朝廷，也未向曹操通報，完全是韓遂擅自舉兵。涼州各部紛紛響應，唯有楊秋聽了手下人意見，沒敢輕舉妄動，祕密派人向曹操請示，得到默許後才發兵，故而耽誤了幾個月。就在這段時間裡，韓遂率領諸部連戰連捷。按照涼州各部盟約，凡是協同作戰的部隊都能瓜分敵人輜重財產，甚至還可以在敵人城中大搶一票；楊秋已晚了一步，若再不趕去助陣，就什麼好處都撈不到了。

就這麼沒日沒夜趕了七八天，累得士卒叫苦不迭，總算到了姑臧城下。兵甲層層，黑壓壓的各部人馬早將城池圍了個水洩不通。楊秋人馬本來就少，這會兒早就跑累了，一時半會兒追不上，身邊就只剩十幾個親兵。

也不知哪部的小將負責督後隊，一見楊秋厲聲喝問：「哪裡來的人馬，敢來此處攪擾？」

「我乃安定郡所部騎都尉楊秋，特來發兵助陣。速速領路，我要見韓將軍。」

手底下兵少，當將帥的也受氣，那小將根本沒拿他當回事，笑道：「我的楊大將軍，您還真來了。再遲一步，我們連城都攻下來了。」哪有工夫為他領路，只閃出條人胡同，叫他自己過去。

人在矮簷下，不得不低頭。楊秋也沒計較，帶著親兵打馬衝了進去，繞過幾支隊伍，不多時來至城壕邊。只見數十個士兵舉著火把，當中並列著七八位騎馬的將領。當中一人身披鐵甲，頭戴兜鍪，坐騎一匹大黑馬，寬臉龐，灰長髯，兩隻眼睛被火光映得通紅，雖已年近六旬，卻是寶刀不老滿臉煞氣——這便是征西將軍韓遂。他身邊是程銀、李堪、馬玩、梁興、侯選等，都是涼州和關中諸部的頭目。

韓遂見楊秋這會兒才到，不禁皺眉。梁興是個大嗓門，搶先嚷道：「喲！這不是楊兄弟嘛！怎麼現在才到？是不是閒著沒事搞婆娘，錯穿了婆娘褲子才耽誤了工夫啊？」一席話惹得眾將哈哈大笑。

程銀也腆著大肚腩罵道：「你可真會撿便宜，我們前面廝殺，你按兵不動，這會兒又來吃現成的，什麼東西！」

楊秋沒理他們，只向韓遂解釋：「去歲饑荒打不上糧食，我手下崽子們都快譁變了，半月前剛搶了幾座村莊，積攢些軍糧，這才把隊伍拉出來。遲來了幾日，您多包涵。」

韓遂雖是割據一方的大頭目，卻是讀書人起家，倒也有些肚量，心中不悅卻並未嗔怪，只冷冷道：「戰事緊急無需多言。速速領兵圍困西門，別再耽誤了。」

「諾。」楊秋領令便去。

「慢著！各家兄弟出力不少，唯有你最後才到；待攻破城池分敵輜重的時候，老夫扣你一半。」

涼州諸部以馬騰、韓遂二人居首，凡事皆由兩家協定，如今馬騰已入朝，其子馬超雖驍勇善戰，畢竟是晚輩，現在一切由韓遂做主。楊秋一來理虧，二來不敢不服，只得悻悻而去。

「快看！張猛出來了！」隨著士兵一聲喊叫，有員老將出現在敵樓之上。

武威太守張猛，字叔威，乃先朝名將張奐之子，現已年近六旬。當初他受命擔任武威太守時，恰逢朝廷任命邯鄲商為涼州刺史，兩人一同上任，本該齊心協力，不想卻鬧得你死我活。涼州刺史原是由京兆豪族韋端擔任，後來韋端入朝，曹操卻弄來個兗州的文人邯鄲商。此人也是個能吏，但不了解涼州情況，處處掣肘張猛。兩人鬧得勢同水火，以至於張猛領兵包圍刺史府，殺死邯鄲商。本以為曹操兵敗赤壁無暇管這邊，哪知螳螂捕蟬黃雀在後，只顧內鬥招來外賊。無故殺官本就不得人心，加之韓遂等部人多勢眾，張猛一敗再敗坐困孤城，生死存亡就在今夜了。

韓遂催馬向前幾步，朝上喊道：「老朋友，久違啦！」他們都是涼州之人，先前打過交道。

「韓約，你因何兵犯我城？」張猛深知韓遂底細。他原先叫韓約字文遂，後來因叛亂更易名字，這才變成了韓遂字文約。

「何必明知故問，你殺死刺史意圖謀反，我發兵乃是輔保社稷，剷除凶徒！」

「呸！」張猛罵道：「明明是你趁機作亂，卻道我是反賊？」

韓遂笑道：「你殺官在前鐵證如山，有何資格教訓我？好好瞧瞧這幾路人馬，涼州諸部皆在，是你一人謀反，還是我們全都謀反，這還不清楚嗎？」

「卑鄙無恥，賊喊捉賊！」張猛望著下面無邊無沿的大軍，都是衝著他來的，滿腹道理已說不清了。

程銀接過話來：「張叔威，你能飛多高蹦多遠我們心裡清楚，現在城中恐怕連三千人馬都不到了吧？聽我一句勸，快快開門投降，看在老鄉的情分上，老子留你一具全屍！」

「休發狂言！朝廷救兵馬上就到。」

程銀又道：「這話去騙三歲小孩吧！你擅自誅殺刺史，朝廷豈會救你？再者最近的官軍也在弘農，等他們趕來，十個姑臧城也攻破了。」

張猛知他所言非虛，又道：「韋端之子韋康所部就在冀城……」

不待其說完，韓遂仰天大笑：「哈哈哈……韋康小兒區區數千兵馬，莫說他不敢來，就是敢來，我一併收拾！」

「韓約狗賊休要猖狂！」張猛額角已滲出冷汗，卻強打精神道：「別忘了你尚有肘腋之患，馬騰雖已入京擔任衛尉，還有他兒馬超。你今來攻我，不怕馬超襲你於後嗎？倘若他發兵來救，再有官軍遙相呼應，你們都將死無葬身之地！」這是他最後能祭出的法寶了。

「別做夢了！」韓遂冷笑著從親兵手中搶過火把，撥馬兜個圈，來到隊伍左翼，朝上喊道：「睜開你的狗眼，瞧瞧這是誰？」說著話將掌中火把舉向身邊一員將官。

張猛揉了揉眼睛，借著火光照耀，漸漸看清此人——身材魁梧相貌猙獰，豹頭環眼連鬢落腮，身披鑌鐵鎧甲，腰繫虎皮戰裙，肩挎著雕弓箭囊，手中一杆明晃晃的馬槊。涼州之士都識得，他乃馬氏父子麾下猛將龐德！

「怎麼會……」張猛頓覺天旋地轉，險些從城樓墜下去。

「嘿嘿嘿，看清了吧？」韓遂將火把一扔，手撚鬍鬚洋洋得意，「普天之下皆為仇讎，沒人會救你！」

張猛徹底死心了。韋康無力相救，馬超暗中與韓遂通謀，朝廷軍隊最近的也在弘農，莫說不願意管自己死活，就是想管也來不及了。上天無路入地無門……完啦！

韓遂已有些不耐煩：「張叔威，我給你半個時辰開門投降，再要抗拒我便攻城！到時候玉石俱焚，休怪我心狠手辣！」

張猛慢慢直起身子，再不看城下一眼，踉踉蹌蹌退進閣樓。兩個守閣親兵滿臉焦急迎上來：「郡將大人，咱們怎麼辦？」

「獲罪於天，無可禱也……」張猛只是搖頭苦笑，「你們出去，我想靜一靜。」

閣樓中只剩下張猛一人，失魂落魄癱坐案邊。無論開門與否，頭頂「謀反」大罪，死是逃不過的，他只想臨死前寫份奏章，懺悔自己的罪過，控訴韓遂才是真正的反賊。可舉起筆來卻一個字都寫不出，環顧這間閣樓，滿腦子都是奇怪念頭——大漢朝廷有制度，涼州之人戶籍不准內遷，可他父親張奐功勳卓著破了例，把戶籍遷到了弘農，從而改變了低人一等的家族地位。說來也巧，張猛恰恰是張奐任武威太守時出生的，據說當時因為與羌人作戰，他父親日日在城樓禦敵，他母親就在這城樓產下他。冥冥之中似早有定數，難道生於此處，注定也要死在這裡？張猛不禁惱怒，將桌案上的奏報都推散在地。正是春寒時節，閣裡點著三四個炭盆，帛書落於炭盆中，燃起一團火花。張猛愣了片刻，倏然起身將火盆踢翻，燒著了地上的竹簡。他狀若瘋癲，把幾個火盆盡數踢飛，霎時間臥榻、帳簾、帥案全燒著了，閣內一片火光！

「大人，怎麼了？」親兵立刻擁進來。

張猛回過頭陰森森道：「我若落入韓遂之手，必梟首以送許都。死者無知則已，若死而有知，我有何面目過華陰縣先父之墓？也罷，生有地死有處，我張某人認命啦！你替我轉告姓韓的，他也得意不了幾天。曹操絕不會輕饒他的，我在那邊等著他！」說罷張開雙臂撲入熊熊烈火之中……

城樓的火越燒越大，長官自焚，守兵無帥只能投降。城門轟隆隆一開，不等韓遂傳令，各路士兵一哄而上。殺啊！爭啊！搶啊！莫說守軍的輜重，連百姓的財物都被掠奪一空，根本沒人管大火，任憑它憤怒地燃燒，把城樓化作灰燼。

涼州諸部劫掠了一整夜，其間因為搶東西還自己人械鬥了一場，直到天亮才撤出縣城各自歸寨。楊秋一回到大帳就罵罵咧咧：「韓遂老狗算什麼東西！竟敢當眾呵斥我，我好歹也是朝廷冊封的關內侯，又不是他下屬，憑什麼受這窩囊氣！還被程銀、梁興那幫傢伙嘲笑。真把老子惹急了，我非一刀宰了老狗不可……」罵歸罵，其實楊秋既缺兵馬又少糧草，實力威望都不如韓遂，憑什麼跟他拚命？也就過過嘴癮罷了。

剛罵了幾句，有個年紀輕輕相貌清秀的僕僮笑著迎上來：「將軍別生氣，何必與老兒一般見識？辛苦好幾日，快歇歇吧，我去給您烤羊肉。過會兒您睡醒了，羊肉也烤好了，不涼不燙外焦裡嫩，咬一口滋滋冒油，多大的福分？咱得快活且快活，犯不著跟那老兒計較。」他一邊說一邊幫楊秋摘盔卸甲。

「滾一邊去！」楊秋將那僕僮推了個跟頭，「都是你害的！非要跑去請示朝廷，來來回回這麼慢，若不是等曹操的命令，我早趕到了，何至於被韓遂羞辱？你這成事不足敗事有餘的東西！」

那僕僮歪坐在地，非但不懼反而笑起來：「將軍，屬下這可都是為了您好呀！」

「為我好？這次搶來的東西，各部都是平分，唯獨咱們被韓遂扣了一大半。全是你害的！」楊秋說漏了嘴，其實挨幾句罵不算什麼，耿耿於懷的是分贓不均。

僕僮卻道：「這點兒東西算什麼，以後有大富貴等著咱呢！」

「放屁！」楊秋把兜鍪往地上一扔，「我真是昏了頭，聽你這小子胡言亂語。還大富貴？做你的美夢吧！給我弄洗腳水來。」

僕僮的笑容始終不變，慢吞吞爬起來，拾起兜鍪吹了吹土，輕輕放到帥案上：「富不富貴且放一旁，將軍您還想不想要腦袋了？」

「嗯？」楊秋一愣，「你什麼意思？」

「韓遂太過猖狂，開罪朝廷已深。您不能跟著他一條道走到黑，得給自己留後路啊！」

「後路……」楊秋漸漸聽進去了，「此話怎講？」

那僕僮笑著走到大帳角落，拿起銅盆，一邊舀水一邊說：「韓遂靠造反起家，畢竟是個臭底子。雖然現在投靠了朝廷，但他割據西涼三十餘載，朝廷豈能真的信任他？曹軍在赤壁落敗，他又借此機會撈實惠，打著戡亂的旗號攻城略地，以為曹操鞭長莫及，殊不知這麼幹真是蠢得不能再蠢了。將軍請坐……」他幫楊秋脫去靴襪，跪在地上為其洗腳，「其實韓遂若肯像馬騰一樣交權入朝，曹操未必會把他如何，他越抓著兵馬不放，曹操就越想除掉他。莫看曹軍在長江吃了敗仗，瘦死的駱駝比馬大，拔根汗毛照樣比韓遂腰粗！咱可不能得罪，得把眼光放遠些啊！」

「嗯。」也不知是覺得有道理還是燙腳燙舒服了，楊秋長長出了口氣，「照你這麼說，我原就不該跟著韓遂他們來打張猛……」

「非也，咱們應該來。如果不跟著他們打張猛，那他們滅了張猛就該回頭滅咱們了！您想想，各部人馬都來了，唯獨咱不幹，那韓遂還能容得下咱嗎？」

「有道理。」楊秋似乎想明白了，「你的意思是……」

那僕僮笑呵呵摩挲著楊秋的腳：「咱們一邊跟著韓遂混，一邊把軍情透露給曹操。近處認個小祖宗，遠處找個大靠山，誰都不得罪。韓遂有實惠，咱就跟他喝酒吃肉，將來曹操若是發兵問罪，咱就說咱是被韓遂脅迫的，所有罪過都往他身上推！況且又有透露軍情之功，曹操也不能虧待咱們。您說是不是這個理？」

「有理！有理！哈哈哈……」楊秋滿意地拍了拍那僕僮的肩膀，「這裡外不吃虧的主意都叫你想絕了，你可真是個有才的小人！」

「謝將軍誇獎，嘿嘿嘿。」

楊秋口中這個「有才的小人」名叫孔桂，字叔林，天水人，出身貧賤父母早亡。當年西涼叛亂，身為將領之一的楊秋燒殺劫掠，把他搶到軍中為奴，那時他還是個孩子，楊秋看他相貌清秀，就留在身邊充個僕僮。孔桂機警聰慧，尤其善於察言觀色，十幾年混下來，不單把楊秋起居飲食伺候得妥妥帖帖，還參與了軍務。楊秋兵微將寡，沒什麼謀士，所以孔桂就成了這營裡不可或缺的人物，既是奴僕又是參謀。

莫看得了器重，孔桂伺候人的本職卻沒放下，反而越幹越起勁，這會兒捧著楊秋的大腳，又是揉又是捏，彷彿在擺弄一件無比神聖的東西：「將軍啊，還有個事我想問問您。」

「說。」楊秋瞇著眼睛，享受著按摩。

「您原先知道馬超派兵之事嗎？」

「我怎知道？昨晚看見龐德，連我都嚇了一跳。」

「哦？」孔桂一驚，「好個狡猾的馬超！」

「哎喲喲，你他媽輕著點兒！」楊秋的腳被捏疼了。

孔桂把他腳輕輕放下，又開始給他揉肩捶背：「馬騰如今在朝，按理說馬超就該本分些，竟還串通韓遂幹這種勾當！不敢明目張膽，就暗中派部下領兵參與，以為能騙得過曹操……將軍，這可是咱們向朝廷表功的好機會啊！」

「你小子又有什麼鬼主意？」

「咱們給朝廷透個消息，把這邊的事說一說。」

「這倒不必操心，韓遂正籌劃給朝廷上表呢！」

孔桂暗笑他不曉事，卻耐心解釋道：「韓遂自然要上表，但絕不會提到馬超，所以咱們才要透這個口風給曹操，叫他多加留神。以小的之見，您趕緊修一份表章，搶在韓遂之前送……」

楊秋撇了撇嘴：「你故意寒磣我是不是？我跟韓老狗能比嗎？他在洛陽讀過書，我把一字念成扁擔，哪會寫什麼表章？」

「唉……那可怎麼辦呢？」孔桂故意歎了口氣。

「你再跑一趟吧！」

「也好……」孔桂要的就是他這句話，卻甜言蜜語道：「只要是為了將軍您，小的什麼苦都能吃。」

「別噁心我了，快去快回，到弘農別耽誤工夫。」司隸校尉鍾繇坐鎮弘農，監管關西軍務。

「不去弘農，我要去鄴城！」

「鄴城？」楊秋有些不快，「你還要直接見曹操？這一去一回又得耽誤幾個月，還不嫌麻煩？」

「嘿嘿嘿，想要討好就得直接找頂頭上司，豈能半路便宜別人？只有把曹操哄美了，將軍的日子才好過嘛！」孔桂說的是公的一面，其實他還有不能說的私利。上次去見曹操，得了不少賞賜，似乎曹操對他青睞有加，雖然這榮寵來得有些不可思議，但總是個上進的好機會。要是多巴結巴結，攀上這高枝，就不用在涼州捧楊秋的腳了，去鄴城捧曹操的腳豈不更好？

「隨你便，別辦砸了就成。」楊秋被他伺候得挺舒服，伸了個懶腰，「忙了一夜也乏了，睡覺！你收拾收拾東西及早動身吧。」

「不在乎這一會兒工夫。」孔桂諂笑道：「我騎快馬直奔鄴城，必能趕在韓遂的使者之前。將軍歇息吧，我先給您烤羊肉，除了小的我，誰還了解您的口味？」

「嗯，去吧去吧。」楊秋打著哈欠躺下休息，剛合眼又馬上睜開，「你小子可得把手洗乾淨，別捏完腳又給我弄吃的！」

修建鄴城

秦始皇兼併六國統一天下，廢分封而立郡縣，將地方行政設定為郡縣兩級。但是漢高祖推翻秦朝、消滅項羽之後，為酬謝功臣、鞏固宗族，又重新冊封了一批諸侯王，經過幾朝逐步削藩，直到漢武帝頒布「推恩令」，諸侯國對於中央政權的影響才被消除。此後為加強對地方的控制，漢武帝又把天下郡縣分為十三個州，每個州任命一名刺史，專門負責考察吏治，監督不法。由於大漢都城在長安、洛陽，所以這片地區不稱「州」而稱「司隸」，天子腳下的監察長官也不稱「刺史」，而叫「司隸校尉」。

司隸校尉不僅在名稱上與一般刺史不同，待遇和權力也強得多。一般刺史俸祿六百石，司隸校尉二千石；一般刺史僅僅負責監察，而司隸校尉不但可以監察百官，還監管京畿防務，甚至連皇族成員頭上都能管三分！光武帝時著名酷吏董宣擔任此職，因此司隸校尉又得了個綽號，叫做「臥虎」，足見權威之重。這種情況延續了近二百年，直到曹操當政出現了問題。

由於曹操把天子迎至豫州許縣建都，也就脫離了司隸地界，故而出現了司隸校尉所在非所管的尷尬局面。不過任何問題都難不倒大權在握的曹操。他先是命自己的心腹故友丁沖兼任了幾年，掌控了許都衛戍部隊，繼而轉給侍中鍾繇，命他出鎮弘農舊地，不但監察地方，還要統轄兵馬，與關西土匪、涼州割據乃至匈奴人周旋。

鍾繇乃前朝名士鍾皓之子，並非曹操故舊，卻在奉迎天子的事情上出了力，因此獲得信任，被曹操委以經略關中的重任。曹操之所以能夠滅呂布、破袁紹、平河北，鍾繇的功勞不小，正因為有他穩定西面局勢，曹操才無後顧之憂，可以大肆向東發展。尤其高幹在統轄并州時，兩次趁曹操遠征背後作亂，皆靠鍾繇之力化險為夷。故而鍾繇的功勞和地位僅次於尚書令荀彧、軍師荀攸，不但是曹操的心腹，更是社稷重臣。

但是前不久鍾繇接到一道召令，曹操命他離開弘農，去鄴城商議軍情。張猛殺邯鄲商，韓遂趁機舉兵，西邊是有些不安分，但有事可書信交流，為何非要面對面談？鍾繇百思不得其解，又不能抗拒命令，只得把軍政事務交與謁者僕射衛覬、弘農太守賈逵代為處理，啟程前往河北。他在任多年難得離開關中，打算順路去趟許都，拜見一下天子，與荀彧盤桓盤桓，可剛踏入河南地界就有緊急軍報從後追來——武威太守張猛已被韓遂等部剿滅！

鍾繇甚感干係重大，也不去許都了，令僕人馬上加鞭星夜兼程趕往鄴城。緊趕慢趕跑了一個月，頓頓飯都是在馬車上吃，好不容易來到鄴城之外時，這位老臣渾身骨頭都快散了，站在平地直打晃，暈暈乎乎抬頭一望，頓時傻了眼：「這是鄴城嗎？」

趕車的累得灰頭土臉，聽了這話眼淚差點兒下來：「大人，您冤死我了。小的趕了半輩子車，還能有錯嗎？」

也不怪鍾繇起疑，鄴城已今非昔比——四面城牆都已拆掉重修，東西擴張到七里，南北拓展至五里，全由青石堆砌，比原先加高一丈，城門增加到七個，城樓也雄偉許多。即便看見城南紮著中軍營，立著曹軍大旗，鍾繇還是不相信趕車人的話。他也不再坐車了，迷迷糊糊順著修繕一新的驛道往前走，不多時來到西門下，仰首瞭望，見門洞上刻著「金明門」三個氣勢磅礴的篆字——梁鵠的筆體，沒錯了！這才總算放心。

進了城更醒目，一條筆直的大道貫穿東西。南面是鱗次櫛比的房舍府邸，北面恰是練水軍的玄武池，如今拓寬城牆，已將一大半圍到裡面來了。大批服徭役的百姓揮著鏟子、扛著石料，忙得熱火朝天，還有許多奇珍樹苗堆在道旁，看樣子似乎要把玄武池改造成一座園林。鍾繇被這熱鬧的場面吸引住了，也不坐馬車了，順著大道一路向東，邊走邊看。走了很遠才到苑囿的盡頭，又見一道雪白的高大院牆——這就是新建的幕府吧！

鍾繇背著手溜溜達達往前走，不多時就到了一座尚未完工的門樓前。這座門樓寬有兩丈，黑漆大門，漢白玉石階，旁邊搭著腳手架，一大群工匠正在上面蓋二層閣樓呢！

「董大人、卞司馬，你們怎麼當了工頭了？」鍾繇一眼瞅見了董昭和卞秉。

卞秉素愛說笑，盯著工匠幹活連頭都沒抬，戲謔道：「這是誰跟我玩笑呢？走著瞧，等建你家宅邸時老子不給你蓋屋頂，天天叫你數星星！」說罷一扭臉，才看見鍾繇在底下站著，連拍腦門，「哎喲喲，原來是鍾公，得罪得罪！」

「哈哈哈……」鍾繇樂不可支，「沒頂的房子我還真沒住過，卞司馬何時去修啊？」

卞秉揉著腦袋笑道：「我這等文不成武不就，光耍嘴皮子的，除了當個工頭也沒什麼出息了，鍾公切莫見笑。」這是自謙之言，以他之才智，絕不只是嘴上的功夫。

董昭雖年逾五旬，腿腳卻很靈便，三兩下便從一丈高的腳手架上攀下來：「元常兄怎麼來了？稀客稀客！」

就這一句話便讓鍾繇墜入五里霧中——早聽人傳言，近年來董昭很受曹操倚重，許多機要之事都由他操辦；此番連他都不知曹操調自己來，可見有多隱祕。

細論以往之事，董昭與鍾繇皆在西京朝廷任職，私交甚篤，也都曾為曹操奉迎天子之事出力。但自從董昭與荀彧失和以來，以荀氏為首的潁川士人都對他十分厭惡，作為潁川士人的鍾繇自然也受到影響，不過表面還是和和氣氣稱兄道弟：「公仁賢弟，我是受丞相詔命而來。」

「為了涼州的事？」

「大概吧！」

董昭見他不願多說，也不好再問，只道：「幕府正在修繕，小弟為您帶路。」

「有勞。」

卞秉在上面扶著欄杆陪笑道：「鍾公先去見丞相吧！我這工頭實在走不開，這幫幹活的小子，不催他們就不知道著急。過幾天要是下雨，這活可就不好幹了。忙完這幾天，我一定帶兩罈酒到館驛給您道乏。」

「承情、承情！」鍾繇揮揮手含笑而過，眼見鄴城大道寬闊，里舍井然，不少官衙府邸都差不多完工了，心下不免嗟歎——慘敗回來還敢搞這麼大的工程，還建得這麼快，曹孟德倒是心寬！

董昭一邊引路一邊介紹，不多時又來到一座府門前，拱手讓道：「這就是幕府正門，元常兄請。」

鍾繇抬頭觀看，這座門與方才西邊那座一模一樣，不過已經完工。門樓巍峨肅穆，上有衛兵瞭望把守，黑漆大門卻緊緊關閉。打發走車馬，二人自東角門而入，裡面的衛兵顯然和董昭很熟，連問都不問，還拱手施禮。門內有石板鋪的甬路，左右遍植松柏，及四時不謝之花、八節長春之草；沒多遠就是二門，又有侍衛把守，都是人高馬大膀闊腰圓的漢子，手握長槍大戟，甚是威嚴。鍾繇暗歎幕府防衛森嚴，哪知一抬頭——還有第三道門！

如此前行直至第四道門才算盡頭，這裡守門的都是身披金甲、肩挎弓箭、腰佩利刃的親信虎豹士。董昭到了此處也不那麼隨便了，上前亮出名刺才能通行；剛跨過門檻，見長簷下列著七八張杌凳，有個身材魁梧相貌凶惡的黑臉將軍正跟校尉們聊天呢！

鍾繇一眼認出是許褚：「喲，這不是許將軍嗎？」

「末將參見鍾大人。」許褚如今也四十多了，但虎頷虯髯更顯凶悍；說起話來憨傻樸實，殺起人來卻是個魔頭！

「不敢。」鍾繇連忙相攙，「您可是身經百戰，受封關內侯的人物，我哪敢擔您的禮？」

「什麼關內侯關外侯，俺就是個粗人！」

鍾繇愛惜他憨厚人品：「誰不知您勇力過人，軍中之士譽為虎侯？」

「虎侯？哈哈哈……」許褚仰面大笑，「那都是當面奉承我，背地裡他們都叫我虎痴。」一句話逗得旁邊的校尉全樂了。

鍾繇又問：「怎不見曹純、呂昭他們？」

許褚道：「呂昭那小子如今出息了，不當家將放出去做官了，最近抓了幾夥土匪，還被丞相嘉獎呢！曹純將軍嘛……南征染了病，大老遠的不好折騰，留在譙縣休養呢，聽說不太好。」

鍾繇見他頗有憂慮之色，不再提曹純之事，轉問道：「丞相招我前來，現在能見嗎？」

許褚一拍大腿：「正跟小的們念叨這個呢！想起來就有氣，前天不知從哪兒跑來個小子，竟對了丞相的心氣，又是贈金又是賜宴，這會兒在後面陪著丞相用飯呢！那傢伙油嘴滑舌，跟這府裡最下作的奴才沒什麼分別，真不明白丞相看中他哪點了。真真可惡！」他抱怨夠了才道：「別人來也罷了，你們就進去吧。在堂上等會兒，少時丞相便出來。」

鍾繇千恩萬謝——說歸說笑歸笑，他知道許褚的脾氣，有一次曹丕身披甲冑要見曹操，竟被許褚擋在外面等了小半個時辰。今天能允許進去等，已是天大的面子。

過了這道門鍾繇才注意到，原來裡面好大一座院落，方圓竟有一里，皆以青磚鋪地，當中鋪了儀道；院子正中央有一座高達兩丈的大堂，斗拱飛簷氣勢恢宏，光石階就十多級，一丈寬的楠木大門上掛著匾額，寫著「聽政堂」三個大字，又是梁鵠的手跡。而在院落的左右兩側，除了偏門還各有幾座精緻的小閣，似是掾屬辦公之地。

鍾繇看得清楚想得明白——臣子府邸修成這樣，明顯是逾制的。這哪是什麼幕府，分明又是一座皇宮，這聽政堂儼然就是朝會的大殿。若不是南征受挫兵敗而歸，恐怕曹孟德早在這裡身披龍袍口宣天命了。

董昭道：「我還有差事在身，不能陪元常兄見丞相了。您只管到堂上坐坐，一會兒丞相就來。我就少陪了。」

「多謝多謝，您請自便。」鍾繇拱手作別，邁步上了大堂。到裡面一看，才知與原先沒什麼分別——古樸的屏風、不飾雕琢的帥案，連個香爐都沒有，兩旁的坐榻還是舊的。看來曹操雖興建殿閣，但樸素之性未改，這些寒酸的東西往嶄新的大堂上一擺，頗有些空蕩蕩的感覺。

此刻連個伺候差事的小廝都沒有，鍾繇背著手踱來踱去，猜測曹操叫自己前來的目的。抬眼間正看見帥案上有份展開的書簡，似乎不久前剛批示完。他忍不住好奇，湊上前歪著腦袋看起來。

自古受命及中興之君，曷嘗不得賢人君子與之共治天下者乎？及其得賢也，曾不出閭巷，豈幸相遇哉？上之人求取之耳。今天下尚未定，此特求賢之急時也。「孟公綽為趙、魏老則優，不可以為滕、薛大夫。」若必廉士而後可用，則齊桓其何以霸世！今天下得無有被褐懷玉而釣於渭濱者乎？又得無有盜嫂受金而未遇無知者乎？二三子其佐我明揚仄陋，唯才是舉，吾得而用之。

原來這是一道《求賢令》，曹操兵敗赤壁，深感一意孤行為禍不淺，因而折節下士再求賢才。加之近來內部不穩，多有非議之聲，這樣做也可擺出虛心納諫的姿態討好世人。鍾繇反覆讀了兩遍，不禁沉吟：「唯才是舉……唯才是舉……重才而不重德……」

哪知剛念叨了這麼兩聲，屏風後有人搭茬：「唯才是舉，非重才而不重德，而是德者取其德，才者取其才！」當朝大丞相曹操從後面轉了出來。

鍾繇舉目觀瞧：曹操身穿灰布便服，一根黃楊木簪子別頂，腰上鬆鬆垮垮繫著根帶子，腳下趿著履，一副居家的日常打扮。對於五十六歲的人來說，曹操不甚顯老，只是略有些發福；手撚著花白的鬍鬚，微笑著點頭──看來他精神不錯，似乎已經從兵敗的失落中解脫了。

鍾繇欲拜卻被曹操伸手攙住，這才看見曹操身後還跟著幾個掾屬。一人體質瘦弱身材矮小，一人相貌醜陋體態猥瑣，一人高大俊朗英氣勃勃，一人舉止瀟灑顧盼神飛。鍾繇不曉得，他們是王粲、和洽、杜襲和楊修。自郭嘉死後，就屬這四人最得曹操器重，已成為新一代寵臣。

緊接著一前一後又跑出倆孩子。前面那個蹦蹦跳跳甚是活潑，再看後面那個，鍾繇嚇一跳，莫非曹沖死而復生？仔細打量才發現這孩子比曹沖小，雖相貌相近，卻多了些忸怩怕羞之態──他叫曹據，環夫人所生，是曹沖的同母弟，曹操割捨不了對曹沖的懷念，把他挽在身邊聊以慰藉。前面那個叫曹林，是美人杜氏所生，也很得寵。

「元常遠道而來辛苦了吧？」曹操隨手拍著曹據的肩膀，「你這孩子，愣著幹什麼？快給老大人拿坐榻啊！」

「哦。」曹據今年十二，也不算小了，卻生性膽小，見了生人都害羞，最後還是曹林過去把坐榻搬來，放在帥案旁。

曹操輕輕摸著曹據的頭：「快給大人行禮啊！」

「諾。」曹據蹭過來作了個揖，又一溜煙躲到父親身後。

曹操連連搖頭：「算了，你們出去玩吧。」影子永遠是影子，這孩子只是長得像曹沖，卻沒有曹沖的靈性。

曹林拉著曹據蹦蹦跳跳出去了，王粲、和洽等也自覺有礙，恭維鍾繇幾句也告退了。鍾繇剛一落坐便摸袖中軍報，哪知還沒拿出來，曹操先開了口：「韓遂攻滅張猛之事我已知曉。」

鍾繇一怔——我得到消息快馬兼程，何人竟能比我還快？

曹操苦笑道：「張猛雖無意造反，可他畢竟殺死邯鄲商，韓遂討之未為無名，自作孽不可活啊！」

鍾繇卻道：「可韓遂並非出於公義，乃為擴充勢力。」

「你只知其一不知其二。」曹操接過遲到的軍報，連看到沒看就扔一邊了，「韓遂地盤原本在西涼，後因討伐高幹染指關中。他麾下酒泉太守徐揖有意歸降朝廷，因而計劃誅殺郡中豪強黃昂，機事不密反被黃昂所殺。徐揖麾下有個死士名喚楊豐，跑到武威郡找張猛搬兵，被張猛任命為都尉，回去招兵買馬擒殺了黃昂。你想想，張猛動了韓遂的根基，韓遂能不找他拚命嗎？」

鍾繇越發稱奇——其中還有此等隱情！西涼地處偏遠，我在弘農都不甚了解，丞相何以瞭如指掌？莫非有人通風報信？

他還未揣摩透，不料曹操又拋出個駭人的內幕：「你還不知道吧，這次舉兵馬超也暗中參與了。」

「什麼？」鍾繇又吃一驚，「他父親、兄弟在朝為官，難道不怕賈禍家門？」

曹操茫然望著堂外，一字一頓道：「什麼父子之情手足之義？天下之至難測者，人心也！」

「以丞相之意，此事如何處置？」

曹操手撚鬚髯，緩緩道：「韓遂賊心不死，馬超陽奉陰違，又有關中諸將為羽翼，若不除之必為後患！」他原先主張以撫代剿，但南征失敗後人心不穩，關中越來越難以掌握；而且去年段煨、韋端相繼過世，曹操失掉兩枚在朝廷和關中諸將間斡旋的棋子，已改用蒯越為光祿勳，韓嵩為大鴻臚，轉而拉攏荊州士人對抗劉備。招安之路漸漸走不通，他與韓遂等割據軍閥的矛盾遲早要爆發。

鍾繇也同意曹操的觀點。他久在弘農，目睹關中諸將驕縱不法之事甚多，早已深惡痛絕，不過礙於形勢不能下手罷了。這會兒聽聞曹操決議征討，提醒道：「以丞相之力討之不難，只可惜沒有出師之名。」不論如何，關中諸將當的都是朝廷的官，名義上歸屬朝廷，既然攻殺張猛稱不上是造反，那憑什麼討伐人家呢？

曹操拿起筆來在空白絹帛上信手寫了四字：討伐張魯。

鍾繇初始一愣，但轉念一想，不禁露出了微笑——張魯乃五斗米道首領，與昔日黃巾近乎同類，其地盤在益州以北的漢中。曹操若討張魯，勢必途經關中之地，可趁機向關中諸將發下指令，要他們交出兵權和地盤。倘若他們肯交權，一場危機化解於無形，關中不戰而定；倘若他們抗拒不依，情同造反，曹操則討之有名。

鍾繇道：「以卑職所料，關中諸部必叛。韓遂據西涼二十載，豈肯拱手交權？還有割據枹罕的反賊宋建，自稱『河首平漢王』，趁著戰亂當了近三十年的土皇帝，這種人怎麼可能歸順？現在唯一說不準的就是馬超。馬氏與韓遂勢力不相上下，倘若馬超肯降，事情會好辦許多。」

「逼他們反，不逼他們也反，與其坐視隱患，不如先下手為強。若是馬超執意跟著韓遂走下去，那休怪老夫辣手無情，只有對許都的馬騰父子下手了。到時候叫他背負害父惡名，看他有何面目立於天地之間！」曹操說這話時眼睛始終凝視堂外，似乎有些心不在焉，「你回去時順便去趟許都，將出兵漢中之事在朝裡提提，看看群臣有什麼想法，也好造些聲勢，讓那幫西涼賊早得到消息。是降是叛叫他們掂量清楚，咱們一戰而定之，永絕後患！另外密切關注馬騰動向，我就不信他能坐視兒子不管。」

「諾。」鍾繇應了一聲，心下不免詫異——他不僅對涼州之事知之甚詳，而且早把應對之策想好了，既然如此何必千里迢迢把我叫來？

見曹操不再說什麼，鍾繇也默然無語，悶坐了一會兒，便想起身告辭，可身子剛一動，曹操便打破了沉默：「元常……」

「在。」鍾繇又坐下了。

「這些年咱們各司其職聚少離多，你來一趟不容易，沒什麼事就在鄴城多住幾日，陪我聊聊天。」

鍾繇懷疑自己聽錯了，這種悵然念舊的話哪像曹操說出來的？他微微一笑，順口說道：「這倒也是，咱們都年過半百了，過往雲煙恍若隔世，卑職最近也常憶起往事，有時做夢都能夢到。」

不過曹操仍舊面無表情，似乎想聊的並不是年輕時的事：「有件事早想問你，一直沒得機會。我迎駕至許都之前，都有誰參與過朝政？」董卓死後李傕、郭汜占據長安，這倆人是草莽武夫，只會廝殺不通文墨，朝中之事都委政於人。

鍾繇親身經歷了那段日子，自然比曹操清楚：「他倆最先委政於賈文和，後來朱公偉入朝，也管了一段日子。」

提到朱儁，曹操倒有些懷念：「朱公在世時對我不錯，最後被李郭二賊活活氣死，實令人惋惜。至於賈文和，那時他雖屬賊黨，辦事還算公道。」

「不錯，天子始終對他沒有惡感，處在那個位置不容易。除了他們倆，還有荀軍師、丁幼陽，已故尚書韓斌、魯充，還有楊彪、楊琦昆仲以及卑職，都多多少少參與了些朝政。跟李郭二賊打交道，整天提心吊膽吶！」鍾繇表情甚是凝重，至今還心有餘悸。

曹操又沉默了，隔了片刻忽然道：「你早年就曾參與國政，又與京中故老多有交往。如今你主持關中軍務已有十年，殫精竭慮也累了吧？我打算調你回朝。」

「回朝？」鍾繇霎時洞察到他的企圖，心內惴惴不安，卻故意裝糊塗道：「關中與涼州局勢不穩，皆卑職無能所致，丞相若要替換，卑職無話可說。」

「誰說你無能了？」曹操心明眼亮，「你這個忠厚人怎麼也耍起了心眼？直說了吧，調你回朝是要讓你接任尚書令。」

鍾繇最擔心的事還是被挑明了——曹操要拿掉荀彧！

曹操與荀彧的矛盾已非一日，赤壁戰敗之後關係更加微妙，莫看曹操又是給他增加封邑，又是籌劃把女兒嫁到他家，實際上對他越發疏遠。原先僅是在忠於漢室的底線上有分歧，現在因為戰敗使曹操對荀彧感到慚愧，總覺得在他面前抬不起頭。正在這個節骨眼上，荀彧的兄長荀衍又突然病逝。當初荀衍總督河北軍務，為曹操平定袁氏出力甚多，可是曹操與荀彧產生分歧後恐其家族勢力太重，借北征之事罷免其職。鄴城私下有人傳言，說荀衍是因免職之事抑鬱而終的，這更使荀曹關係尷尬，於是曹操便萌生出更換尚書令的想法。

但荀彧的權威已十分牢固，想換也不容易，只能從有威望的老臣中選拔。論關係丁沖最近，可這個人如今除了喝酒連本職差事都懶得管，給他這麼大的擔子，肯定挑不起來；若換荀攸，等於還是荀氏當政，無法達到目的；至於賈詡，就是個滑得溜手的琉璃蛋，莫說曹操顧及臉面不能用他，即便想用，他也會千萬百計推脫。選來選去，曾參與過朝政，又能被多數人接受的就只剩下鍾繇了。

鍾繇可不願接這差事。從公而論，荀彧處置朝政並無過失，無故更換於國無益；從私而論，鍾繇與荀氏既是同鄉又是世交，豈忍取而代之？匆忙起身作揖：「卑職才略有限，只堪方面之任，不足以坐鎮中台，請丞相三思。」

曹操明明對荀彧不滿，卻還在找藉口：「你無需多想，我只是考慮荀令君太過操勞，想讓你幫他忙。」

幫忙？這一幫荀彧可就靠邊站了！鍾繇心中焦急，索性跪倒在地：「丞相，難道您不念昔日兗州之事了嗎？」

「嗯？」曹操沒想到他會如此直白，不禁愣住了——當年兗州之叛，若無荀彧保守諸縣，自己恐怕已死於呂布之手了！

鍾繇斗膽冒出這麼一句，又覺這話太重，趕緊在自己身上找理由：「卑職受任關中十餘年，一心想為朝廷穩固西疆，今賊虜烽煙欲起，您怎忍心把我調離？請您看在我這份拳拳之心，准我繼續留任。」說罷重重磕了個頭——鍾繇非泛泛之輩，無論身分、年歲、聲望都比那些伺候曹操的掾吏高的多，豈是隨便給人叩頭的？

曹操靜默半晌，最終無奈地點了點頭：「我知道了……那就讓令君繼續主持朝政吧！」

鍾繇總算鬆了口氣，再不敢多留片刻：「卑職一路奔波鞍馬勞頓，若丞相再無他務吩咐，卑職就……」

「你去吧！」曹操一陣苦笑，「出門就把這事忘掉，千萬別往外說。」

「諾。」鍾繇顫巍巍爬起身來，「卑職告退。」

曹操只是揚了揚手，沒再客套，早已陷入沉思之中——鍾繇不肯受任，那還能用誰？其實華歆、王朗、毛玠也不錯，但他們不是潁川人，若改任他們，以前荀彧構建的以潁川士人為核心的舊班底就要大換血，朝廷內外都得調整。赤壁戰敗人心不穩，這時候可折騰不起啊……

鍾繇緩緩退至堂下，擦了擦額角冷汗，又不禁回頭望了曹操一眼，見他滿臉茫然二目低垂，透著一股力不從心之感——歲月不饒人哪，雖然容貌還不太顯，但他已無可避免地步入暮年。

二子奪嫡

鍾繇離開幕府赴館驛下榻，天色已不早，長途跋涉也累了，胡亂吃了些東西，連燈都沒熄就安歇了。

沒躺下之前還渾身疲乏，可腦袋一沾枕頭，滿腹心事便湧上來。荀彧地位不穩，看來曹操考慮更換尚書令已不是一兩天了，只是沒有合適的人選，又不願旁人說他對功臣涼薄，所以又把女兒嫁過去拉攏關係，不過這等小伎倆能使荀令君回心轉意嗎？今天我拿關中未定當託詞，有朝一日關中平定，還躲得開嗎？既不能抗拒命令又不能愧對老友，真難啊……

思來想去無可奈何，鍾繇長長歎息合眼假寐。正在似睡非睡間，忽聽外面傳來僕僮的稟報：「大人休息了沒？有客拜會。」

剛才的一些睡意又沒了，鍾繇甚感煩心，但幕府中有不少故舊友人如荀攸、毛玠等，不見又不合適，便起身整理衣服：「還沒睡，請客人進來說話。」

鍾繇又繫腰帶又包頭巾，放下帳簾一看——來者已到了，卻不是什麼老友，是個二十多歲的年輕人，文質彬彬笑容可掬。

「先生是……」

「小姪丁儀，拜見伯父。」

「不敢不敢，先生為何口稱伯父？」鍾繇不解。

丁儀格外恭敬，連連作揖：「晚生乃沛國丁校尉之子，還不該叫您一聲伯父嗎？」

原來是丁沖之子，鍾繇這才釋然，又有些不快——大晚上來叨擾，你爹還差不多，一個晚輩可就有些失禮了。心裡這麼想，嘴上卻寒暄道：「哦！原來是幼陽之子，光陰似箭日月如梭，如今都這麼大了。賢姪不在許都侍奉令尊，怎麼跑到鄴城來了？」

「小姪去年被丞相辟用，如今在幕府當個掾吏。」

「好啊！這才是仕途正道。」鍾繇這麼說可不這麼想——丁家與曹家是老相識，自然頗受照顧，不管有無才幹都能混上個官，這對其他士人可不公平。

「伯父教訓的是。」丁儀點點頭，瞇了瞇眼睛，「您遠道而來辛勤勞頓，小姪恐館驛膳食不佳，特意備了些點心，請您老享用。」說罷拍拍手，又進來倆僕人，抬著張几案擺到屋中。鍾繇一見格外詫異——冷熱葷素俱全，菜肴美觀食具精美，有鰒魚、竹蓀、春筍、濯雞①等物，另有一罈酒，想必也非尋常，這桌「點心」價值不菲，即便天子御宴也不過如此吧！

「賢姪為何這般破費？」

丁儀滿面春風：「孝敬您老是應該的。」

「我已用過了。」

「小姪方才問過庖人，您只喝了碗粥。遠道而來車馬勞頓，您老又身負朝廷要職，應該好好保養。請多多享用。」

鍾繇越發稱奇——這小子為何去打聽我的起居飲食？看來不是這麼簡單。

丁儀拾起筷箸硬塞到他手裡：「伯父快快用些，您若是不吃，小姪豈不白忙一場？」

鍾繇看出些門道——這小子必定有事相求！也罷，看在他爹面子上，只要不犯國法，能幫就幫吧！想至此端起那碗鰒魚羹咂了一口，果然味道鮮美，索性把它喝乾了，其他菜只禮貌性地夾一筷

① 類似於汆雞片，漢代美食。

子，就算用過了。至於酒，連碰都沒碰。

「伯父吃這麼少？」

鍾繇擦著嘴道：「老夫已過天命之年，食量小了，喝碗熱羹就行……吃也吃了，喝也喝了，有什麼事可以直說了吧？」

丁儀謙遜誠懇的臉上閃過一絲狡黠：「伯父誤會了，小姪並非有事相求。我一個芝麻小官，哪有財力置辦這些宴席？實不相瞞，是丞相公子曹子建託小姪來照顧您的。」

「啊？」鍾繇險些把吃進肚的東西吐出來——糟糕！這可不是鬧著玩的，接受曹植款待，傳到別人耳朵裡，必有交結丞相公子的議論。丁幼陽啊丁幼陽，灌不死的老酒鬼，你兒子可把我坑苦嘍！

丁儀和弟弟丁廙都自幼與曹植交好，又皆以文章辭賦見長，如今到了鄴城，更是被曹植引為親信形影不離，幕府官員都知道他們底細，唯獨矇了鍾繇這個外來人。

「賢姪大不該如此。」鍾繇的臉色由晴轉陰，「我與公子素未謀面，又是因公務到此，豈可擅自與之交通？」

丁儀笑道：「尋常來往也不算什麼大事。三公子敬重朝中老臣，聽說您到鄴城，命我來拜謁，不過是想盡盡地主之誼，多照顧照顧您。」

誰照顧誰？當了一輩子官，鍾繇能不明白他們想什麼？曹操最看重的曹沖去年夭折，以後誰為嗣子尚不可測，若有一天曹操召集群臣提問「我這幫兒子哪個最好」，到時候怎麼回答？吃人家嘴軟啊！

丁儀卻還在為曹植美言：「伯父有所不知，三公子品貌出眾，德才兼備，文章辭賦更深得丞相風骨，鄴下文士無不讚歎，府中官吏都說他是位賢公子……」他說著話不由自主地瞇眼睛，這個表情越發令鍾繇反感——其實鍾繇有所不知，可能是丁沖貪酒喝出了問題，丁儀自落生眼睛就不好，右目尤其嚴重，不瞇眼根本看不清東西，這毛病不僅無藥可醫，還因此吃過大虧。原先曹操顧念舊情想把女兒許配給丁儀，聊起這件事時曹丕恰在身邊，曹丕自不願讓曹植心腹成為曹家女婿，就把丁儀目疾之事添油加醋說了，曹操連歎可惜，親事就此作罷。從這之後丁儀與曹丕芥蒂更深。

鍾繇瞧著這個擠眉弄眼的「賢姪」，心裡厭惡透了，只是瞧著曹家父子面子不便斥責，暗暗拿定主意，到許都找他老子告狀！但眼下該如何搪塞那位三公子呢？鍾繇畢竟久經宦海，腦筋一轉便有了主意，笑呵呵打斷他的話：「賢姪既說得這麼懇切，公子好意老夫便領受了。不過禮尚往來人之常情，你說三公子素愛風雅，這樣吧，老夫寫幅字送給他，你看好不好？」

鍾繇的瘦體楷書堪稱一絕，與梁鵠的篆字齊名，都是讀書人爭相效仿的筆體，一般人費盡心機都求不到，今天竟主動相贈。可丁儀非但不喜，反而面有難色——這是不願欠人情啊！寫了字這頓飯就算白吃了，可又不能不讓他寫，尷尬笑道：「天色不早，伯父保重身體……」

「寫字有什麼累的？」鍾繇擺出一副倚老賣老的架勢，「難道公子瞧不起我這兩筆？」

「不不不，您老的字誰敢說不好？」

鍾繇信步走到桌案邊，抽出一張精細的蔡侯紙，館驛的筆墨都是現成的，可是寫什麼呢？寫得過於溢美就諂媚了，反倒入了他們的套，傳揚出去更不好。想來想去把牙一咬——大半夜來攪擾，我也甭客氣了，乾脆給這位公子點兒顏色瞧瞧！來段《孝經》，叫他好好掂量：

夫孝，德之本也，教之所由生也。身體髮膚，受之父母，不敢毀傷，孝之始也。立身行道，揚名於後世，以顯父母，孝之終也。夫孝，始於事親，中於事君，終於立身。

對付著寫了這麼幾句，鍾繇也煩了，就這麼稀裡糊塗算了吧！把筆一撂吹乾墨跡，捧給丁儀：

「有勞賢姪把此物轉送公子，權作老夫一片心意。」

「多謝伯父賜字，小姪一定請公子懸於正堂。」丁儀還得道謝。鍾繇故意抬頭瞧了瞧窗外：「天太晚了，路上小心點兒，回去早睡，年輕也不能多打熬，傷身子。」丁儀沒說要走，他就先來了一套送客的話。

「是。」丁儀沒法坐了，只得叫下人把席面撤去，起身告辭，卻心有不甘道：「小姪去了，這幅字一定轉交公子。不過伯父難得來趟河北，若有意到附近觀覽，三公子可以作陪。」

「好，我先謝過公子，到時候免不了麻煩。」話這麼說，鍾繇已拿定主意，從明天起哪兒都不去。

丁儀無可奈何，還得小心翼翼捧著這幅墨跡未乾的字，走到門口才想起還沒看寫的是什麼，一看之下鼻子都快氣歪了──公子都快二十了，還給他講《孝經》，這不是寒磣人嗎？這位伯父真難纏！但是丁儀還未曾料到，他與這位難纏的伯父甚是有緣，以後鬥智鬥法的日子還長著呢！

送走丁儀，鍾繇不免忐忑，這麼辦行不行啊？若曹植因此忌恨進言詆毀，曹操會不會偏袒其子？想了一陣直打哈欠，睏勁上來了，飯也吃了字也送了，光想又不解決問題，接著睡覺吧！可腦袋還未沾枕頭，又聽外面有人稟報：「大人，有客來訪。」

「什麼人？」鍾繇有些氣惱。

有個笑呵呵的聲音道：「打擾鍾公了，卑職中軍假司馬朱鑠，奉大公子曹子桓之命拜見您老人家。」曹植的人剛走，曹丕的人又來了。

想必又是套近乎求美言，鍾繇不想再廢話了：「謝公子美意，也有勞大人辛苦。但老夫奔波趕路身體疲乏，容我偷懶休息吧！」

「鍾公無需客套。若您老不便，我就回去。明日請公子親來拜望。」

「不敢！」鍾繇的火立刻消了，趕緊爬起來，「大人快請進。」真把曹丕招來更麻煩了，還不如見見這位呢！

房門打開，朱鑠滿臉壞笑走了進來。鍾繇一看心裡就犯嘀咕——此人瘦小枯乾獐頭鼠目，哪像個將官？可中軍將領非曹氏親信不能勝任，鍾繇也不好怠慢，「多謝大人掛心，敢問公子命大人夤夜造訪有何貴幹？」

朱鑠並不搭話，反而向外招手：「小的們，抬進來！抬進來！」緊跟著有兩個士兵抬進一口箱子，朱鑠親自打開。原來滿滿當當裝的都是蜀錦，一看就是益州進貢之物。

鍾繇嚇一跳：「您、您這是何意？」

「鍾公遠道而來，公子這幾日籌備與荀家的婚事不得抽身，命我送這點兒東西聊表寸心。」

「不敢不敢。」這與行賄何異？鍾繇喝人家一碗羹都覺不安，送東西更不敢要了。

朱鑠早備好說辭：「大人不必多想，這是籌辦嫁妝結餘之物。丞相吩咐過公子，若有結餘分送給元老大臣。您只管收下，丞相不會怪罪。」

話是這麼說，但畢竟拿人家的手短，鍾繇蹙眉道：「本官家財充裕，不缺這些……」

「鍾公嫌少？」

「不不不！」鍾繇連忙擺手，「我是說家資充足，丞相也時常關照。想必公子府中還有不少寒微之士，請另賜別人。」

「嗐，鍾公自然不缺這點兒東西，但瓜籽不飽是人心，公子真心仰慕才送東西給您。再者鍾公與丞相平輩論交年紀相仿，大公子身分再高也是晚輩，孝敬您本是應該的。您若不收，豈不折了公子一片美意？」

「哎呀……」鍾繇當真為難，收了不好，但不收又把與曹丕的關係搞僵了，大半夜的這位司馬帶著一堆東西吵吵嚷嚷，傳揚出去更招人議論，怎麼辦呢？忽然靈機一動，探手摸入懷中——鍾繇出鎮關中，得到一塊藍田美玉，心愛至極，特意請良匠雕琢成玉佩戴在身上，片刻都不分離。今天為了應付這局面，一狠心把它掏了出來：「蜀錦我收了，不過這玉請回贈公子聊表謝意。」不由分說塞到朱鑠手中。

朱鑠可識貨，見此物白中透黃卻晶瑩剔透，摸起來猶如羊脂般細膩——比蜀錦值錢多了！到底誰賄賂誰啊？這次輪到他犯難了：「這、這怎麼行……」

鍾繇捋髯而笑：「公子既對老夫仰慕，老夫也很愛戴公子。我這做長輩的怎麼能輸給晚輩呢？公子不收，豈不折了我這老臉？」這就叫以彼之矛攻彼之盾。

朱鑠一向精明，這會兒也語無倫次了：「我本是來送東西的，豈能……」

鍾繇把臉一沉：「難道公子不嫌棄老夫，大人您反倒瞧不起老夫嗎？」

「不敢！既然如此……我回去交給公子，由他裁度。」朱鑠仍不死心，轉而又道：「聽聞鍾公過幾日入朝，恰好公子也將去許都送親，不如一道走，路上相互有個照顧。您與丞相、令君兩家都交好，幫忙送親大家都有面子嘛！」

鍾繇不置可否：「跟丞相商量商量再說吧！」說罷，他故意打了個哈欠。

朱鑠懂得這是逐客，忙作揖道：「天已不早在下告辭。若鍾公有意到鄴城附近觀覽消遣，可向公子明言，公子自當照應。」又是這一套！

「好好好，」鍾繇也懶得廢話了，「大人慢走，老夫衣冠不整失禮了。」

「您歇著……」朱鑠點頭哈腰而去。

打發走朱鑠，鍾繇不躺著了，乾脆坐在案邊等著——要是二公子曹彰還派人來，省得再折騰啦！

生生等了一個時辰，眼瞅著過三更再沒動靜，這才安心躺下。兵來將擋水來土掩，鬧了半宿鍾繇早就不睏了，只好又合眼假寐。這次心裡越發不踏實——曹丕與曹植分別派人來，又送膳食又送東西，是何居心不問可知。連我這偶然來一趟的人都這般關照，鄴城官員不知拉攏成什麼樣呢！作為一個外臣，該不該與他們走得太近？若曹操真不在乎他們這樣做，他們何不親自來？既然派人代勞必定還是犯歹！不行，絕不能與曹丕同行進京，這渾水可不能蹚。

輾轉反側心緒不寧，鍾繇再也耐不住了，坐起身來大聲嚷道：「來人吶！來人吶！」

連喊幾聲，才有僕人打著哈欠進來伺候：「大人有何吩咐？」折騰半宿下人也都睡了，聞聽召喚趕緊跑來，衣服都沒穿好。

「收拾東西。天一亮我就向丞相辭行，馬上啟程去許都。」

「啊？這麼急。何不多住幾日？大人年歲不輕了，往來奔波可要保重身體。」

「叫你收拾就去收拾，不必多言。」

「諾。」僕人不敢頂嘴，打著哈欠去整理東西、套車餵馬，這一宿又睡不成了，心下暗暗埋怨——您不睡也不叫我們睡，八成是剛才吃的不消化，撐得難受！

第二章

賄賂權臣，曹丕失算

棋差半招

曹操暫罷兵事，把精力投入到鄴城修築上。僅僅半年時間，不但街坊修繕一新，就連幕府的擴建也大致完工。這座龐大的新府邸幾乎占據鄴城五分之一，比許都皇宮還大，整個建築群由東西兩個院落構成，兩邊格局大同小異，但西邊院子只在大會群僚時開放，曹家起居生活都在東院，一般政務也在這邊辦理。

為了彰顯曹操的尊貴，從正門大街到他處理日常事務的聽政堂共設了四層儀門，每道門都有侍衛把守，這樣的守備規格比天子還高。東院最外面一道府門名曰「司馬門」，除了曹操本人進出以外，沒有特許平素不開放，再有頭臉的人物也得走旁邊角門。如此差別待遇，恐怕也與天子無異了！

這一日午後，緊閉的司馬門突然打開了，但出來的並不是曹操，而是個三十出頭的皂衣掾吏。此人官職不高，卻身材偉岸相貌出眾，舉手投足透著幾分貴氣，能有進出司馬門的殊榮，必是得曹操器重。在他身後還跟著倆僕役，挑著一口大箱子，也不知裝的什麼。但此時此刻，這位掾吏絲毫沒有春風得意的表情，反倒掛著幾分愁容，背著手在門前站了良久，好半天才邁步過街。

就在幕府正對面的大街上，東西兩側各建了幾座不大不小的院落，既像官衙又像宅邸，其中兩座曹操已撥給了曹丕、曹彰。這兩位公子皆已成婚，曹丕娶妻甄氏，曹彰娶妻孫氏，若是還與父親住在一處，女眷日常進出有礙；又趕上前不久修建幕府居住不便，曹操索性叫他們搬出來另居，每日清晨回去請安便可。

路西是曹丕的宅邸，路東是曹彰的。這掾吏毫不猶豫來到西側，向守門人點了點頭，邁步就上石階——常來常往連守門的都認得了。可就在他一腳門裡一腳門外的時候，忽聽背後有個高亢的聲音嚷道：「竇輔！你又給子桓送什麼稀罕玩意來了？」

這掾吏聽有人叫自己名字，忙回頭觀看，見一位身材健壯，頭戴武弁，頷下黃鬚，身披戎裝的公子從對面府裡大踏步出來——正是曹彰。

竇輔忙退到階下躬身施禮：「原來是二公子。」抬頭再看，曹彰身後跟著十幾個小廝，有牽馬的，有捧弓的，有架鷹的，還有牽狗的，瞧這陣勢又要去行獵。

曹彰笑呵呵走到近前，圍著那大箱子轉了兩圈：「你們這幫人，有好東西不是給我大哥，就是給老三送去，幾時把我放在眼裡？」

竇輔知他是戲謔，憨笑道：「公子莫多心，這是丞相吩咐我抬來的，並非在下私贈。前幾天倒是有朋友從荊州捎來兩塊好玉，只未加雕琢，若公子不嫌棄，改天我給您帶一塊。」

「罷了。」曹彰一擺手，「誰在乎你的破玩意兒？改日到我府裡痛痛快快喝一場比什麼都強！你和大哥算計的那些事別以為我不知道，老三與丁儀他們也不是省油的燈。真以為父親那位子有多好？誰受累誰心裡明白，我才不與他們爭呢！只要有酒可喝，有獸可獵，這日子便過得去。若能得機會出去打兩仗，那就更痛快啦！」

「呵呵呵，二公子瀟灑。」

「你別笑，我知道你們嫌我俗，殊不知真正的俗人是你們，想像我這麼過日子還不成呢！」

曹彰說罷飛身上馬狠抽一鞭，那馬兒四蹄緊蹬奔馳而去，小廝們趕緊撒丫子追——這位公子可真豪橫，竟不顧父親管教，在城裡張揚縱馬！

竇輔一陣搖頭，又一陣點頭——人家說的有道理，到底是誰羈絆俗務不能自拔？思量一陣無可奈何，只得二次進門接著忙「俗務」。

這位竇先生之所以得曹操父子青睞，與其身世有關。竇輔的祖父正是靈帝初年外戚大將軍、「黨人三君」（劉淑、竇武、陳蕃）之一的竇武。當年竇武與太傅陳蕃輔保靈帝登基，意欲誅殺奸佞復振朝綱，卻被宦官曹節、王甫等破壞，劫持天子發動政變，致使黨人和太學生遭受滅頂之災。竇武滿門遇害，只剩下竇輔一根獨苗。那時他才兩歲，多虧先朝太尉張溫的弟弟張敞買通兵士帶出府來，交與竇氏故吏胡騰帶往荊州藏匿。為掩人耳目，胡騰假稱他是自己兒子，讓他改姓胡，悉心教育撫養；直到天下戰亂，同為黨錮之士的劉表到荊州任刺史，竇輔才恢復舊姓，舉孝廉，在鎮南將軍府充了幕僚。

兩年前劉琮降曹，竇輔轉到曹操麾下。曹操念他是忠良之後頗加重視，他也誠心任事。特別是赤壁兵敗之際，他與曹丕一起服侍倉皇撤軍的曹操，不僅贏得了曹操的好感，也與曹丕結下患難之交。明面上他與曹丕一個掾屬，一個公子，私下卻是無話不談的朋友。因為這層關係，在公子奪嫡的較量中，他自然是全力支持曹丕的。

竇輔不是幸進之人，平日辦事也公正無私，但總會在曹操眼前為曹丕說幾句好話，曹操也樂於聽他的話。特別是曹丕搬離幕府之後，不能像曹植一樣時時與父相伴，幕府有何風吹草動，總要靠竇輔告知曹丕，常來常往簡直能踢破了門檻。

這會兒來到二門，曹丕的小廝們一窩蜂迎上來，又施禮又陪笑：「竇大人，方才公子還在念叨您呢！」

竇輔今天帶來的不是好消息，沉著臉道：「這會兒在嗎？」

「堂上會客呢，不准我們過去。」

「我去沒關係吧？」

「瞧您說的，別人不能進，您還不行？攔您老人家的駕，公子爺要是知道，還不得打折我們狗腿？」

竇輔沒心思聽他們貧嘴，帶著僕役便往裡走，剛邁幾步就聽堂上隱約傳來訓斥之聲，八成曹丕正發脾氣。他趕緊駐足，回頭對抬箱子的人道：「就放這兒吧，一會兒我叫公子的人收著，你們回去吧！」這倆僕役是幕府的人，可不能讓他們聽見太多。

打發走僕役，竇輔快步來至堂口，但見曹丕身著一身便服，正叉著腰怒聲喝罵；在他眼前跪著朱鑠，似乎是辦砸了差事正請罪；東首客席上還坐著三個人——一位與曹丕年紀相仿，錦繡深衣雍容華貴，乃是征虜將軍劉勳之姪劉威；另一人已過而立，身材矮胖貌不驚人，一臉迷糊相，實際卻是曹丕最信賴的智囊吳質；最後是個年輕人，面貌清秀舉止溫婉，嘴角掛著幾分笑意。竇輔瞧此人眼生，想了半天才憶起，原來是前不久剛辟進幕府的令史，老臣司馬防之子、成皋縣令司馬朗的二弟司馬懿。竇輔不禁詫異：我與劉威、吳質皆公子密友，所論之事不傳於外，這小子何時也登了這條船，我竟不知！

「竇兄你總算來了！有何消息？」劉威性又急眼又尖，還是一個大嗓門。

「小聲些。」竇輔白了他一眼，「離著八里地都聽見了，什麼都藏不住！」這話明是說劉威，實是說曹丕。

曹丕怒氣未消，兀自指著朱鑠的鼻子數落著：「你給我出的什麼主意？挑著東西挨家送，鬧得所有人都知道我想謀世子之位，與賄賂何異？我這張臉往哪兒放！」

朱鑠低著頭心中暗想——我主意不高明，你要是高明就別聽啊，聽了還埋怨我！嘴上卻道：「我也是為公子著想，好心辦了壞事。」

吳質笑道：「天下的庸醫治死人，哪個又不是出於好心？你不是出謀劃策的材料，以後別瞎攙和了。公子也無需在意，這等事算不得什麼。再說三公子不也派丁儀到處打點嘛？大家心裡有數，咱頂多只輸了半招。」吳質前幾日外出公幹，朱鑠才鬧出這麼個亂子，若是有他在，絕不會讓曹丕辦傻事。

曹丕氣哼哼落坐：「此事已成市井談資，若叫父親知道如何了得？」

「丞相已經知道了。」竇輔指著院裡那口箱子，「這箱蜀錦就是丞相讓我送回來的。」

「什麼？」曹丕一驚，「怎會落到父親手裡？」

「西曹掾崔琰上繳的，說您府上的人送禮，他不敢受，送東西的放下就走。他沒法處置，直接交丞相了。」

曹丕臉都白了，回頭狠啐了朱鑠一口：「你派誰給崔琰送的東西，這麼不會辦事！」

朱鑠硬著頭皮道：「哪派別人了？就是我親自去的。」

「好！真好！」曹丕氣樂了，「你到底是幫我，還是毀我？」

朱鑠委委屈屈道：「我並無過分之處，是那崔琰性子古怪，我磨破嘴皮子他都不肯收，只能放下便走。再說不敢收的又不只他一個，可誰像他這麼不會做人，還把東西給丞相送去，這不是故意寒磣公子嘛！」

竇輔卻道：「你還說人家不好，崔季珪明知是你幹的，都沒提你名字，分明有回護之意。丞相想把這箱東西正式賜給他，人家沒要，這才命我還回來。崔大人哪兒不公道了？」

吳質也忍不住了：「君子懷德，小人懷惠。似鍾元常、崔季珪這等道德之士，你給他送東西跟打他臉有什麼分別？只有下三濫的無賴俗吏才索賄。」

朱鑠不敢頂曹丕，卻對他們不服氣：「別說這個，先朝也有明收賄賂懸秤賣官的時候。」

吳質見他還敢頂嘴，叱道：「你這扶不上牆的爛泥，好的不學，偏偏學混帳的。賄賂公行位以私進，那等朝廷從上到下都是無賴！」

曹丕掐了掐眉頭：「說這些都沒用，父親對此作何態度？」

竇輔喘了口粗氣道：「丞相什麼都沒說，只是叫我把這東西給您送回來。」

「他沒發脾氣？」

「沒有。」

即便如此曹丕還是惴惴難安，父親這招比公然訓教還厲害，這是叫他自己咂摸滋味啊！要是再有曹植從旁說閒話，那可太不妙了。

「還有……」竇輔又道：「我正要出府時，夫人派僕婦傳話，叫我順便請您去一趟，夫人有事跟您說。」

父親知道也罷了，怎麼連母親都驚動了？曹丕越發頭疼：「真是母親叫我？該不會我父跟她提起此事了吧？」

「這倒不知。」竇輔搖頭，「不過曹純將軍因病告歇，丞相原定午後親往軍營巡查，想必這會兒不在府裡。」

朱鑠叫大夥訓了半天，聞聽此言蹦了起來：「糟了，主公巡營，我得趕緊回去！」

「快走快走！」曹丕急忙揚手，「沒事別來找我，避避風頭吧！」

「您也別耽擱，夫人召見，快去才是。」朱鑠一溜煙跑了。

曹丕看著那口箱子，跺腳道：「唉！我也是遇事則迷，怎麼錯走了這麼一步？壞了名聲不說，還拉下許多虧空。」他畢竟還是公子，沒個正經官爵，手頭並不富裕。雖是打著嫁妝結餘的名義送禮，可哪來那麼多錦緞？都是向劉勳、劉威叔姪借錢置備的，欠下的帳還不知怎麼還呢！尤其前幾日曹操突發奇想，要把從匈奴迎回的蔡邕之女蔡昭姬許配給鰥居的屯田都尉董祀，還要另贈嫁妝，曹丕不敢不辦，搞得虧空越來越大。

劉威哈哈大笑：「小事一樁，給公子用錢還能叫您還嗎？我回去跟叔父知會一聲，這筆帳就算沒有了。」

「多謝賢弟！」曹丕連忙抱拳。

「不敢不敢，」劉威起身，「以後用錢只管找我，都是身外之物，算得了什麼？」

曹丕卻道：「錢財雖是身外之物，可這份情誼實在難得啊。」他實是有感而發。曹營文武中最能斂財的就是曹洪與劉勳，名下不僅有大量田畝，而且偷著放貸取利。曹丕需要借錢當然最先想到曹洪，可那位叔叔不僅愛財而且吝嗇，硬是一毛不拔，曹丕無可奈何才又尋到劉家。哪知劉威出手這麼大方，親戚還不如朋友呢！

「公子過獎，快走吧，夫人召見要緊。」

「是是是，稍待一時，咱們回來再聊。」曹丕叫上兩個從人，忙不迭去了。

望著曹丕遠去的背影，一直未開口的司馬懿打破沉默：「劉兄，公子借貸之事倒也罷了。但要曉得盛極便衰的道理，令叔父如此竭力斂財，恐非益事。」

有道是富貴驕人，劉威把嘴一撇，全不放在心上：「怕什麼？我叔叔與曹家乃是舊交，誰不讓他三分？再說現在早不是當初新建許都的時候了，嚴酷執法之人都調任了。滿寵若非在汝南執法太嚴，何至於被派往襄樊駐防？薛悌、王思之流，被免去長史之職調回軍中；就是那個長社縣令楊沛，聽說也被許都官員彈劾了，擅自用刑打死人命，正在大牢裡待罪呢！誰還管得了我們？」

司馬懿溫婉的臉上露出一絲笑容，並不與他爭辯，心中卻道：好良言難勸該死鬼，丞相罷黜酷吏不過是戰敗後的權宜之策，你還當真了！

其實司馬懿本不屑與劉威為伍，只因劉勳正室夫人王氏無子，又愛慕上司馬氏的一個女子，正謀劃著休妻另娶。這女子論起來算是司馬懿的遠親，兩家因這層關係有了來往，司馬懿更是借著劉威攀上曹丕這條船。當初他不願入仕，可既然當官就得入鄉隨俗。曹操要立的繼承人就是未來丞相，還可能是日後的皇帝，跟對了主子就可以當佐命功臣，這麼大的誘惑誰不想撈一把？

吳質一直默默不語低著頭，見他們不再說話了，突然歎息道：「我有點兒擔心公子。」

「擔心他被夫人訓斥？」竇輔問。

吳質搖了搖頭。

「擔心三公子進讒言？」劉威道。

「那不可怕。」吳質茫然望著空蕩蕩的院落，「人若身正影直，旁人何能害之？」

司馬懿接過話來：「我明白，你是怕公子遇事瞎揣摩，錯把崔琰那等耿介之士當成對手，無緣無故給自己樹敵。真正忠於國事的社稷之臣可不能失去。」

吳質瞟了他一眼——說中了！

「您放心吧。」司馬懿擺弄著衣襟輕描淡寫道：「社稷之臣若是不明事理不念嫡庶，果真與公子為敵，那就不算真正的社稷之臣了。若非真的社稷之臣，丞相還在乎他們的立場嗎？」

吳質想想，這話還真有些道理，不禁點了點頭。

曹植結親

母親召見不能不去，曹丕揣著滿腹忐忑進府，向掾吏打聽，得知父親果真去大營了，這才鬆口氣，轉過聽政堂去了後宅。

鄴城幕府以前是袁氏所居，一應建築本就考究，此番重建堂舍再度加寬加高，就連後宅也比原先氣派了不少。院裡新鋪的青石方磚，兩旁栽種桑柳榆槐，陽春時節花香怡人。左邊是眾夫人所居的房舍，名曰「木蘭坊」；右面是諸位少年公子居住，名曰「楸梓坊」；轉過溫室小閣，當中一座新建的正堂，斗拱起脊前廊後廈，門楣掛匾額，上書三個大字——鶴鳴堂。

曹丕來至碧紗簾前，沒見幾個伺候的丫鬟，又聽裡面隱隱約約有女人說話聲，忙退後兩步，輕輕咳嗽兩聲道：「孩兒告進。」

立時傳來卞氏的答話：「我兒不必多禮，進來吧！」

曹丕這才微掀紗簾，低頭走了進去，卻見不止自己母親，眾夫人都在。堂中央並排列著三張坐榻，卞氏坐在中間，一身日常衣裝，半點兒珠翠都未戴，膝頭臥著四歲的小兒子曹熊。左邊坐的是環氏，低著頭一臉倦怠之色，自從曹沖死後她總是這般悶悶不樂。右邊坐的卻是王氏夫人——說來也怪，這位王氏乃再嫁寡婦，當年在宛城因她之故曹操痛失嫡子曹昂，可王氏卻沒因此失寵。論資歷她跟曹操不算很早，論容貌不及杜氏、趙氏等，三十多了也未養下一兒半女，卻因知書達禮處事公道被所有姬妾敬重，連曹操也另眼相看，故而能與卞氏、環氏並席而坐。

杜氏、秦氏、尹氏等都在一旁坐著，見大公子來了，連忙起身。至於宋氏、周氏、李氏、趙氏等姬妾連座都沒有，一見曹丕趕緊道萬福——人家是正經夫人養的，又是老大，不能虧了禮數。

曹丕怎敢承受，拜倒在地：「給母親和諸位夫人問安。」

環氏與卞氏情同姐妹倒也罷了，王氏不敢擔他的禮，傾身相讓：「大公子快快請起，都是自家人，坐下說話。」

卞氏卻笑道：「咱們姐妹面前哪有他的座位？不過是囑咐幾句，說完便打發他走，省得他嫌咱們這些婆娘多嘴。」一席話說得諸夫人掩口而笑。

曹丕見母親面有喜色，想必不是禍，心裡更踏實了，也跟著湊趣道：「昨天您那兒媳還說，要抱叡兒進來陪母親解悶呢！這一搬出去住，還真不習慣。夫人們一處說說笑笑，平素倒也熱鬧。」

「說說笑笑……唉！」卞氏收起笑容歎了口氣，撫著膝上曹熊的小腦袋，「我這輩子真苦命，生了你們哥仨倒也罷了，偏偏末了又養下這小冤家。操不完的心，受不完的罪，能有幾日說說笑笑？」曹操與卞氏得曹熊時都四五十歲了，故而此子身體羸弱，自出生那天就病歪歪的，四歲不及平常孩子三歲的模樣，整日昏昏睡睡，全靠李璫之的湯藥頂著，養得大養不大還難說呢！

「熊兒還小呢，難免身子弱點兒，日後多加調養必能痊癒。再說這府裡乳母僕婦那麼多，母親可以交與她們，不必時時勞心。」曹丕幾句寬心話說得眾夫人紛紛點頭。

卞氏卻道：「皆是我身上掉的肉，怎割捨得開？如今你們一個個成家立業，整日裡不知忙些什麼。這小冤家雖然有病，倒是時時處處聽娘的話，帶在身邊也算個慰藉。」

曹丕聽母親這句「整日裡不知忙些什麼」，甚感話題要往自己身上轉，竟沒敢搭茬，呆立半晌才道：「母親把孩兒喚來有何吩咐？」

「你妹妹的親事籌備得如何？」

「回母親話，已然妥當。」曹丕說著話瞟了眼坐在一旁的秦氏，「荀氏乃高門望族，孩兒自當把嫁妝置辦得好些。」

此番出嫁之女乃秦氏所生，不過這位夫人身為側室又生性恬淡，一切都聽卞氏處置，聽了曹丕的話只點點頭，微微歎息著——畢竟是她養下的，離娘出嫁哪有不難受的？

趙氏就侍立在秦氏身旁，這個袁府歌伎出身的女人能說會道，笑呵呵湊趣：「這可好了，秦姐姐嫁女，三公子娶親，真是雙喜臨門。」

「三弟要娶親了？」曹丕又驚又喜，驚的是自家兄弟竟不知情，喜的是曹植一旦成婚，很可能像自己和曹彰一樣出來另居，就不能時時伴在父親身邊了。

「我也是昨晚才聽你父說起的，他們爺倆商量已久，拿定主意才告訴我。」卞氏露出一絲微笑，似乎對曹植這門親事挺滿意的，「你妹妹一應嫁妝之物是你操辦的，也輕車熟路了吧？植兒的事也要勞你照應。雖不求奢華，但總要體體面面才是。」

「我豈能虧了兄弟？母親放心，籌備之事就交與我吧！卻不知是哪一家的姑娘？」

趙氏又插口道：「倒也不遠，就是咱幕府西曹掾崔季珪的姪女，才貌雙全賢淑溫婉，與三公子真是天作之合！」

「嗯？」曹丕一愣，「崔琰的姪女？」

「可不是嘛！要緊的就是這人家。」卞氏念念叨叨，「清河崔氏冀州望族，崔琰為人剛正處事嚴明，為河北之士所推重。若尋常人家也罷了，既與崔氏結親可不能疏於禮數，這也是往咱自己臉上貼金的事，你可得多上心。」

曹丕的笑容漸漸凝固了。他深知母親所言不虛，清河崔氏乃河北名門，更重要的是崔琰擔任西曹掾，手握著幕府屬員的人事權，任命掾屬、調整職位都要經崔琰之手。曹植結這門親事，日後豈不是可以借崔琰之手在府中遍插黨羽？

卞氏哪是尋常婦人？見兒子神色有異，心裡就明白了八九分。倆兒子這一年來暗暗較勁，當娘的自然知道，手心手背都是肉，又能偏袒誰？她低頭撫著曹熊，話裡有話道：「有時候我就在想，要是你們長不大，都像這小冤家一樣在我身邊，清清靜靜與世無爭該多好？可歲月不饒人，你們都大了，娘我也老了，該闖的還得叫你們去闖。當多大的官娘不在乎，只盼你們兄弟平平安安和和睦睦，好得跟一個人似的。植兒處事不拘小節……還有彰兒，好勇爭強缺穩重。」她不好把話說得太明，故意把曹彰也掛上，「老大你呢，遇事就愛瞎揣摩。你們平素都有些毛病啊！《詩經》說『二子乘舟，泛泛其逝。願言思子，不瑕有害』，兄弟間就該互相包容，尤其你這當大哥的，心胸更該開闊些。」

卞氏歌伎出身，雖沒念過書，《詩經》歌謠卻信手拈來。曹丕聽了沒怎麼動容，一旁環氏倒嗚咽起來——觸景生情想起她那死去的沖兒，倘曹沖還在，豈輪到別人兒子爭位！

卞氏只顧著敲打兒子，這會兒才覺失口，不好再往下說了。王氏一邊拉著環氏的手，一邊半開玩笑嗔怪卞氏：「姐姐何必跟公子說這麼多。自幼讀書知禮，在外面做事還用得著咱婦道人家教訓？誰不知大公子精明能幹待人厚道，豈會薄了自家兄弟？倘若把這門親事辦好了，全鄴城的人都會誇大公子孝悌知禮，都會說大公子是賢德之人。公子心裡有數，姐姐您說是不是這個理？」這話分明是說給曹丕聽的。

曹丕不禁瞥了這位姨娘一眼——好精明的女人，難怪無兒無女卻榮寵不衰！

卞氏也念她一番好意：「妹妹說的是……你聽見沒有？回去想想。過幾日送親去許都，莫要多耽擱，早早回來幫植兒的忙。」

「孩兒記下了。」曹丕又恭恭敬敬向諸位夫人施了一禮，緩緩退出鶴鳴堂。

不過母親的話曹丕並未真的聽進去，他心裡琢磨的卻是崔琰退回的那箱蜀錦——難怪這麼大費周章，還把東西上繳，原來故意整我！什麼河北名士耿介之臣，虧吳質他們誇了半天，原來也是陰損之輩。曹植結了這麼門姻親，以後可得多加小心！

冷暖自知

曹丕惹了一身晦氣，又不敢在父親面前再提此事，適逢與荀氏的婚期已至，正好借著送親為名前往許都，也好暫時躲躲清靜。本欲邀鍾繇同行，哪知人家連招呼都沒打早走了，曹操派去與他同往的卻是程昱與董昭。

程昱領兵之人還倒猶可，與董昭同行實有些尷尬。若論功勞董昭沒的說，但他在曹氏攬權的事上太過積極。曹操晉位丞相，廢除劉姓封國乃至擴建鄴城，樁樁件件都由其操辦，他在鄴城自然是功臣，可在許都舊臣眼中卻是幸進小人、無恥之徒。如今曹丕是積累人望之時，偏與此等人物同來，面上怎麼好看？

當年曹操在鄴城另建幕府，許都相府門庭漸冷，便命長史王必領兵留守，一方面保衛京師，另一方面也是監控百官。王必得到公子送親的消息，連忙帶兵趕到孟津迎接，並親自護送一行人來到許都。曹丕、程昱乃至待嫁新娘都在相府舊宅落腳，唯有董昭，不知是自覺有礙還是另有緣故，沒入住相府，另尋館驛下榻。曹丕也樂得如此，未加挽留。

三日後便是佳期，天未亮新郎荀惲就帶著兄弟荀俁、荀詵等前來迎親。相府正堂設擺曹氏宗祖神位，新人拜過祖先，又遙叩鄴城以表孝道，近叩曹丕以示悌達；荀俁捧雁①、荀詵獻幣以為彩禮，眾人寒暄客套一番，才登車隨行。荀府那邊更熱鬧，不但張燈結綵設擺香案，觀禮道賀的賓客也是成群結隊。荀彧身為當朝令君，又是中原名士，且與當今天下第一家族結親，上到朝廷九卿下到清流之士，哪個不來祝賀？就是白丁百姓也得上街瞧瞧熱鬧，荀府內外人滿為患。新人至夫家，前堂拜父後堂拜母，新郎加冠新婦加笄，沃盂淨手互相行禮，男西女東對席而坐，共牢合巹結髮敬酒；又向親友還禮答謝，便轉入後堂。

外間設酒招待賓客，荀彧身分尊貴不便張羅，只與楊彪、榮郃等老臣寒暄，少子荀俁、荀詵未及弱冠，唯恐禮數有欠，一應事務全由女婿陳群料理。這位侍御史大人今天儼然成了大儐相，裡裡外外忙得不亦樂乎。曹丕乃貴客中的貴客，有荀家子姪環繞伺候，尋了個空子來到荀彧面前，陪笑道：「荀叔父，自今起咱們便是一家人了，還望日後多多關照小姪。」

荀彧端然穩坐，微笑道：「公子何須多禮？國丈伏完新近去世，按理說不該這般排場，也是令尊頻頻美意，群臣多加禮遇，不好失了大家面子。《禮記》曰：『婚禮者，將合二姓之好，上以事宗廟，而下以繼後世也。』但願他們夫妻舉案齊眉相敬如賓，內以和合宜室宜家，外行忠孝以報國恩。曹荀兩家世代交好，共立朝堂贊襄我聖天子。」

曹丕感覺得出，這客套話裡透著疏離，昔日同在許都時荀彧叫他「賢姪」，拿他當個親近的晚輩，如今卻變成「公子」了，而「共立朝堂贊襄天子」更非曹操所能滿足。看來這場婚姻並不能改變荀曹的分歧，或許荀彧同意結這門親只是為子孫留條出路，並不意味著輔保漢室的底線有何改變。

曹丕尷尬地笑笑，正不知如何作答，荀彧扭臉又瞧見了程昱，不禁站起來：「仲德，你也來了……」

程昱顫巍巍道：「多年未會，甚是思念令君，如今不打仗，我特意向丞相請命，送親還在其次，就是想來看看你。」程、荀二人比別人關係更近，他倆都是最早效力曹操的，尤其兗州叛亂時共過

① 漢代習俗，新郎迎親須向女方贈送雁。

患難。

荀彧感慨道：「自定都以來聚少離多，前番南下倉促也沒見著。屈指算來咱們有七八年沒見面了吧？」

「是啊，都老了……」程昱手托灰髯，「我正打算向丞相辭官，回家當老百姓呢！過去哪兒打仗我就往哪兒鑽，總怕落在別人後頭。如今身體不行了，打不動啦！」

荀彧不住搖頭——當年的程仲德何等剛毅？官渡之戰帶著七百人就敢據守鄄城，兗州叛亂軍糧不夠竟忍心用人肉曬乾充軍糧！爭強好勝一輩子，英雄老矣，怎不酸楚？

程昱緊緊握住荀彧的手，長吁短歎：「常說月滿則虧水滿則溢，咱們都是久經滄海的，如今兒孫也算有了前程，該退還是要退啊！」

荀彧聽出他話裡有話，卻苦笑著搖了搖頭：「你說的對，但人與人不同，事與事有別。有的事關乎社稷天命，不能退啊……不提這些了，你別忙著回去，在我這兒多住幾日，咱好好聊聊。」話未說完又見議郎萬潛走上堂來，這也是兗州起家的老人，年歲比程昱更長，拄著根拐杖，還有個年輕後生攙扶，三人見面又一番感慨。

曹丕半天插不進話，卻見攙扶萬潛的那位後生相貌敦厚，舉止守禮，便搭訕道：「賢弟何家子弟？」

年輕人屈身拱手：「回公子的話，在下平陽鮑勳。」

「你就是鮑郡將之子鮑叔業？」昔日鮑信與曹操一同舉事，壽張之戰死於黃巾陣中，連屍首都沒留下。曹操追念故友，厚待其妻兒，饋贈歲歲不斷，如今鮑信的長子鮑邵已在朝為郎官，這位二公子鮑勳更有名氣，雖然還未入仕，兗州之人卻已傳說他恭敬守禮年少有德，曹丕也有耳聞。

「正是在下。」

曹丕正有意延攬心腹，恭維道：「令尊與我父乃是至交，又忠於國事，賢弟秉承餘禎，乃鮑氏之幸，國家之幸！」

「公子過譽了。」

「哈哈哈，賢弟謙讓。」曹丕滿面春風，「今相府正在用人之際，鄴城已頒下《求賢令》，賢弟若是有意，我可在父親面前打點一二，辟你到府中當個掾吏。那時憑賢弟之才，何愁報國無門？」

曹丕滿以為他聽了這話必定千恩萬謝，哪知鮑勳卻微微欠身道：「位少人眾，仕者爭進。在下立身行道唯求謹慎，不敢謀幸進之途。少陪了……」

一席話噎得這位大公子兩眼發直，好半天才緩過氣來，心頭暗罵——好輕狂的小子，竟不把我放在眼裡！正無處撒火，只覺有人輕輕拉他衣袖：「公子……」

「陳大人。」曹丕回頭一看，陳群正笑容可掬地站在身後。

當年陳群隨父入京也曾在曹操麾下，後外放縣令，轉任侍御史。當初他在幕府為掾之時，曹操諸子尚幼，唯曹丕年齡最長，因而接觸較多。莫看陳群今日忙裡忙外，其實自曹丕進門他便注意上了，暗暗觀察這位大公子的一言一行，早把方才的不快瞧個明白：「鮑叔業年少，又是不諳世事的書生，公子切莫掛心。來來來，這邊請。」不由分說把曹丕拉到客位，揚手一招呼——呼呼啦啦擁來一群，皆是官紳子弟。

「久仰公子大名，幸會幸會！」

「還請公子代為拜謁丞相。」

「久聞『千騎隨風靡，萬騎正龍驤』，這詩句就是昔日公子所作，高才高才！」

「若公子不棄，小弟願陪您多多盤桓。」

似鮑勳那般硬骨頭的畢竟是少數，見了丞相公子誰不巴結？聽著這班年輕人的奉承話，曹丕總算找回點兒面子，漸漸有了笑意。不多時開了宴席，陳群也不往別處去了，就勢坐在曹丕身邊。

荀家面子大人緣也好，朝中老臣幾乎全到了。西首以昔日太尉楊彪居首，太常徐璆、宗正劉艾、大司農王邑、少府耿紀、中尉邢貞、司隸校尉鍾繇、越騎校尉丁沖、騎都尉司馬防、諫議大夫王朗、侍中華歆、尚書左僕射榮郃、尚書右丞潘勖等人紛紛列坐，有說有笑——赴荀彧的宴可比赴曹家的會自在多了。唯有新任光祿勳蒯越、大鴻臚韓嵩無言獨飲，他剛自荊州入朝為卿，許多人還不熟。大家相對舉酒剛飲了一盞，就見荀惲穿了一身大紅的喜服走了出來，端著酒挨桌敬。曹丕見他走來，連忙避席，還未張嘴說一句道喜的話，荀惲卻搶先問道：「多謝多謝，三公子為何沒來？」

曹丕聽他張口就提曹植，打心眼裡不痛快，只道：「他也要娶親了，忙著哩！」

荀惲笑道：「甚好，還勞大公子替我問候。」說罷奔下一席了。

曹丕見他獨問候曹植，竟與自己沒半句寒暄，已是怒火中燒，又不好與新郎面子上過不去，只得自憋暗氣。不過細想起來也覺詫異，按理說這麼重要的親事，兄弟們都該來，為何偏偏只打發一個兒子來呢？正百思不得其解，忽見有個僕僮快步走上堂來，跪倒施禮：「啟稟大人，現有衛尉卿馬騰之子騎都尉馬鐵帶人送來兩挑賀禮。」

荀彧道：「快請馬都尉進來。」

僕僮回道：「馬都尉說他父親有病不能親來，他也要趕回去侍奉湯藥，只把賀禮留下便要走。」

荀彧泰然處之：「貴客甚多不便出去寒暄，替我謝謝他，改日我父子登門道謝，由他去吧！」

在場之人都清楚，自從鍾繇入京提起借道關中之事，馬騰就「病」了，明顯是心病。他入朝為卿頗多曖昧，既不甘心叫兒子交出兵權，又怕馬超與韓遂串通舉兵連累自己，實是左右為難。尤其段煨、韋端相繼過世，朝裡連個知近的朋友都沒有了，都不知該找誰商量，乾脆尋個借口閉門不出。

那僕役領命方去，又一個跑了進來：「御史大夫郗公到。」話音未落，郗慮顫顫巍巍走了進來。

曹丕大為驚詫——這位鄭玄高足、經學名士，似乎兩年間老了十歲，鬚髮皆已斑白，拐杖也拄上了，佝肩縮背步履蹣跚，總跟抬不起頭來一樣。

「令君，給您賀喜。」

荀彧一見此人又恨又憐，恨的是他上書彈劾害死孔融滿門，憐的是他為曹操所迫，頂著個御史大夫的空銜，除了背黑鍋，什麼實權都沒有。畢竟名義上是天下第二大官，面子上總得過得去，荀彧離位，率子姪一齊還禮：「郗公客套了，快請入席。」

郗慮左顧右盼，堂上眾臣各說各的，無一人與他打招呼，連正眼看他的都少，無奈歎息道：「家中俗務繁忙，就不叨擾了，望令君見諒。」說罷拱拱手，畏畏縮縮去了，下臺階時還險些滑個跟斗。荀彧並未挽留，只是不住搖頭。

「郗鴻豫為何此等模樣？」曹丕不解。

陳群耳語道：「自從害死孔融就這樣了，戰戰兢兢魂不守舍，滿朝文武又不待見他……唉！鴻儒高徒滿腹經綸，當年何等暢快的人啊！」

曹丕暗暗忖度：這裡與鄴城天壤之別，父親在鄴城一呼百諾，所有掾屬官吏都恨不得踩著別人腦袋往前湊；可許都百官卻一直以荀彧為翹楚，滿口君臣之義，還做著父親還政天子、獻帝獨斷乾綱的大夢。如此涇渭分明，父親還能容忍多久……

他還在思忖間，忽覺喧鬧的喜堂霎時間安靜了，所有人都目不轉睛注視著外面——董昭到了。曹丕這才想起，董昭本是同自己一起來的，卻半天沒露面，幹什麼去了？

董昭恭恭敬敬邁著四方步，目不斜視上堂，屈身作揖：「下官給令君道喜。」

荀彧繞過桌案伸手相攙：「公仁不必多禮……」

這兩個人太多恩怨——董昭提議恢復九州之制，荀彧極力反對；董昭主張廢除劉姓宗國，荀彧一再干預；董昭為曹操謀劃罷黜三公、晉位丞相，荀彧抗爭無效。荀彧並非一人，他代表著許都舊臣，代表著諸多潁川士人，董昭竟敢單槍匹馬向他們挑戰。可問題在於董昭身後站的是曹操，這還不夠嗎？

在場眾人多視董昭為異類，都以微妙的目光注視這個不速之客，喜堂上靜得連根針掉在地上都聽得見。陳群見風頭不對，連忙打圓場：「董大人，請坐。」

董昭倒沉得住氣，淡淡道：「我奉丞相之命前來，還有事面見天子，不便久留。就讓在下敬令君一盞吧！」

「好。」荀彧招呼兒子捧兩盞酒，二人接過輕輕一碰各自乾了，舉空盞相對。

「一滴不漏，令君好酒量。」

「公仁也不差嘛！」

「下官還要面聖，就此別過。」

「多多珍重……」

董昭作了個羅圈揖，緩緩而去。堂上之人兀自發愣，依舊默然無語。陳群望著董昭的背影似有所悟，突然舉起酒來低聲道：「本官向公子賀喜！」

曹丕笑道：「我又不是新郎，大人賀我作甚？」

「如果我沒猜錯，公子馬上就要交好運了。」

「哦？」

陳群自顧自把酒喝了，喃喃道：「這些年丞相派董昭來往許都，何嘗有一次空手而歸？目下諸公子皆已加冠成婚，我看董昭送親賀喜是假，恐怕受丞相之命為公子們謀官爵才是真！」

曹丕半信半疑，詫異地望著陳群，思量他這話是否可信；陳群也默默注視著曹丕，估量這位公子究竟有多大價值。晦氣之人走遠了，喜宴又恢復了喧鬧，大家推杯換盞，唯有他們這席默默無言各懷心事。如此四目相對良久，兩人竟不約而同笑了。

陳群不失時機道：「公子仁孝聰慧，下官若能與您共事於朝堂，該是何等幸事。」

曹丕連忙應承：「過譽了，今後還請長文兄多多照應。」

陳群欣然點頭——稱呼變了，朝廷的「陳大人」今後就是曹丕的「長文兄」了！

第三章

韓遂馬超謀叛曹操

西園築台

夏日天長，已過酉時天空依舊蔚藍。微風徐來草木搖曳，池水清澈蓮花映日，林間小鳥嘰嘰喳喳，似與時而掠過的雁群交相呼應——這裡是剛修好的鄴城西苑，在玄武池的原址擴建改造而成，儼然是曹操的私家園林，規模卻不亞於皇家苑囿。

當初挖玄武池是為了練水軍，但在平靜無波的水池中練出來的兵根本是繡花枕頭，有了赤壁之戰的慘痛教訓，可再不能華而不實地練兵了。留著玄武池也沒意義，索性遍植荷花改為芙蓉①池，供鄴城士人嬉戲觀賞。此刻曹操正泛舟池上，一邊觀覽景致，一邊思考心事。女兒出嫁，曹植娶親，這些瑣碎之事都忙完了。董昭也不負所托，又從許都捧回詔書，上面說天子念曹操歷年戡亂有功，決意再為他增加封邑。當然，這份詔書自然是故意做給別人看的，他要讓天下人知道，一次失敗並不能撼動他曹某人的地位，那些有所圖謀的人趁早打消念頭！但這還遠遠不夠，曹操迫切需要一場勝仗幫他重建威信，他還有更深遠的籌劃。

曹丕、曹植，還有受邀遊覽西苑的幾位掾吏都在池畔翹首等待。時辰不早了，還有許多差事沒辦，眾人都候著曹操快快登岸。哪知丞相今天甚是有閒情逸致，竟逛了大半個時辰，這才盡興而回。

小舟靠岸，曹丕、曹植還沒動手，董昭搶先一步湊過去，將曹操平平穩穩攙上來：「丞相覺得這園子如何？」

曹操又回首望眺望：「西北角上水面寬闊，何不築一座亭臺？」

「好。」記室劉楨笑道：「方才大公子詩興偶發，吟道『雙渠相灌溉，嘉木繞通川②』，倘若再有一座高臺，憑樓遠望豈不是更美？」他乃風雅文人，提到這等事就高興。

董昭就坡下驢：「真真巧合，當初修玄武池時挖掘出一隻銅雀，雕琢精美，似是上古之物。不如就以此雀置頂，修一座高臺吧！」

「妙極妙極。」劉楨越發叫好，「古辭說長安城『城西有雙闕，上有雙銅雀，一鳴五穀成，再鳴五穀熟』。此臺象徵五穀豐登萬民安樂之意，乃是祥瑞。」

「嗯。」曹操瞥了兒子們一眼，「就交你們和卞秉去辦吧！」

曹丕、曹植甚喜，兩人想的一樣——這可是展現才能的好機會！心頭已然躍躍欲試，開始籌劃樣式了。一旁的掾屬國淵卻有些為難，拱手道：「在下有一事請奏丞相。」

「哦，怎麼了？」

國淵低頭奏道：「丞相平定冀州已五年，當初明發教令，凡冀州田地每畝租稅只收四升，乃為安定黎民遏制土豪。不過這兩年添了許多開銷，破土動工日耗萬金，再這麼花下去，恐怕連中軍的糧餉都不能保障了。能不能……適當增賦？」他說話謹慎，所謂「添了許多開銷」無非是赤壁戰敗對傷亡將領家眷的補償，還有大修城池幕府之事。這都不甚光彩，也不好明言。

---

① 漢代所說「芙蓉」並非現今的芙蓉花，而是指荷花。曹丕、曹植兄弟都留有關於西苑芙蓉池的詩作。
② 曹丕《芙蓉池作詩》。

其實曹操心裡有數，這兩年花費是大了些，而關鍵還在於冀州的田賦太低。當初得袁氏之地，急於籠絡人心才把賦稅訂為每畝四升，原以為北方穩固揮兵南征就可以平定江東，到時候再全面整頓賦稅，孰料在長江之畔栽了這麼個大跟頭！昔日仲長統就曾諫言「減賦易，增賦難」，曹操急於求成根本聽不進去。這下好了，錢不夠只能增賦——嶄新的城池剛建好，要做的第一件事竟是向百姓加賦，情何以堪？民間又會怎麼議論呢？

曹操的好心情一掃而空，卻也沒抱怨什麼，只道：「既然如此，跟朝廷商量一下，該加賦還是得加。」減賦的時候自作主張，增賦卻打著朝廷的旗號，這是自己討好讓朝廷挨罵啊！

董昭已習慣看曹操臉色，見他神情有異，便說：「咱們逛了半日，天色已然不早，該回去了。」曹操點頭，帶著大家回府，穿西院卻不駐足，依舊魚貫而過回到東院的聽政堂，又見軍師荀攸、主簿溫恢、倉曹屬高柔早在裡面候著呢。公事未畢大家也不便散去，都在一旁垂手而立，溫恢捧過份表章道：「按您的吩咐與幾位記室大人擬好的，請過目。」

楚有江漢山川之險，後服先疆，與秦爭衡，荊州則其故地。劉鎮南久用其民矣。身沒之後，諸子鼎峙，雖終難全，猶可引日。青州刺史琮，心高志潔，智深慮廣，輕榮重義，薄利厚德，蔑萬里之業，忽三軍之眾，篤中正之體，敦令名之譽，上耀先君之遺塵，下圖不朽之餘祚；鮑永之棄并州，竇融之離五郡，未足以喻也。雖封列侯一州之位，猶恨此寵未副其人；而比有箋求還州。監史雖尊，秩祿未優。今聽所執，表琮為諫議大夫，參同軍事。

這篇表章是晉位劉表之子劉琮的。當初荊州歸降，荊州牧劉琮被置於青州刺史的虛職上，雖衣食無憂，但形同軟禁。如今荊州大部分已失守，劉備「表奏」劉琮之兄劉琦為荊州牧，那位大公子當了沒一年就死了，其中頗為蹊蹺，有傳言說是沉溺酒色壞了身體。但不論如何，荊州的實際控制者是劉備，他迎娶孫權之妹，又占據了江南的長沙、桂陽、武陵、零陵四郡，手下有諸葛亮、伊籍等人替他招賢納士，搞得不少襄陽士人跑去投奔。曹操無可奈何，又想起了坐冷板凳的劉琮，雖年少無才，但畢竟是劉表的兒子，墳頭不大算座山，這才表奏其諫議大夫、參丞相軍事，希望能借此挽回荊州人心。

「就這樣吧，即日派人遞交朝廷。另外再征蔡瑁族弟蔡瓚入京，也給他個官職。」曹操還沒忘了照顧蔡家，又問高柔，「你有何事？」倉曹屬乃是倉曹掾的副職，一般不會直接向丞相稟奏；他既然來了，必定有要緊事。

高柔倏然跪倒：「在下為長社縣令楊沛請命！此人雖刑訊逼供害死人命，但為的是懲治豪強刁奴。若將其定為死罪，今後誰還敢為民做主？」高柔原先是刺奸令史，如今調任倉曹屬本來不管案件了，但還是忍不住來說情。

「你起來，聽我說。」曹操歎了口氣，「楊孔渠是個好官、清官，我心裡清楚。當年我往洛陽奉迎天子，戰亂饑荒軍隊缺糧，那時他正任南鄭縣長，為我獻上屯糧，這才成功見駕。且不論功勞，單憑私情我也不忍他一死啊！你不講情我也要保他，但死罪可免活罪難逃，罰他輸作左校③，吃些苦頭也就是了。」

高柔還是不滿：「可是……」

「我知道你想的是什麼，且忍一忍，楊沛要忍，你要忍，老夫我也得忍啊！明白嗎？」曹操很清楚，治楊沛這樣的官，必會助長奢豪斂財之徒的氣焰，可在兵敗受挫之際，凝聚人心才是最重要

---

③ 輸作左校，就是執行勞役贖罪。

的，潁川郡是諸多重臣的家鄉，不治一治楊沛，對他們也不好交代。總之千錯萬錯都在自己，誰叫他打了一場大敗仗？

高柔似有所悟，緩緩起身，不再說什麼。軍師荀攸又奏道：「這有封書信，乃是謁者僕射衛覬自弘農發往許都的，令君又派人轉過來，請您過目。」

曹操也懶得再看了，斜靠在案邊，輕輕抬了抬手。溫恢會意，趕緊接過書信讀了起來：

西方諸將，皆豎夫屈起，無雄天下意，苟安樂目前而已。今國家厚加爵號，得其所志，非有大故，不憂為變也。宜為後圖。若以兵入關中，當討張魯，魯在深山，道徑不通，彼必疑之；一相驚動，地險眾強，殆難為慮！

借道征漢中之事曹操交託鍾繇，連幕府中許多人還不知情，聞聽此信驚得目瞪口呆。高柔還沒站穩又跪下了：「衛覬所言極是，請丞相三思！若要征討張魯，必先定關中。今若遣大兵，西有韓遂、馬超等部，必以為丞相發兵乃是圖己，難免煽動作亂。丞相何不先收關中諸將之兵權，倘若他們不從，可先除之，後圖張魯；倘若他們肯從，合兵南下直逼張魯，漢中可傳檄而定矣。」

曹操瞧他這誠惶誠恐的樣子，又好氣又好笑——倒是個忠心耿耿之人，惜乎腦袋卻不靈光。和洽就站在高柔身旁，見此情景前跨一步道：「在下一事不明，想向丞相請教。」

曹操已摸透和洽的性格，只要這醜鬼一發問，必要將自己問住，於是笑呵呵道：「你又有什麼問題要難為老夫？」

和洽耷拉著那張大冬瓜臉，朗聲道：「在下請問丞相，您是真的要討張魯，還是別有他圖？」

真是一針見血——曹操兵入關中實是假道滅虢，真正目的就是逼韓遂、馬超等部造反，只有把他們逼反了，才能名正言順下手，剷除這股反覆無常的勢力。原先他還在考慮儘量平穩收權，可就在前不久得到南邊密報，那位在赤壁將他挫敗的周瑜也策劃著兵討蜀地，雖說自長江逆溯而上不易用兵，但若是與劉備合力，再暗通涼州諸部，大半個天下霎時化為仇讎。為防患未然，曹操必須搶先下手，先收拾掉韓遂、馬超，才能翻過手再圖江東。西征不過是為下一次南征掃除後患，其實他從回到鄴城那天起就開始籌劃了，早就祕密徵調青州部周曜、管容、張涉、李恕等將在渤海操練水軍，以適應風浪中實戰。現在看來鍾繇辦得很好，不單許都有了消息，連遠在弘農的衛覬也知道了，過不了多久，這消息就會傳遍關中各部，看來出兵之日已為期不遠。

和洽見他笑而不答，立時明白底細，也不再追問下去，屈身攙起高柔：「賢弟，這件事丞相早有籌劃，你不必多言了。」

曹操起身伸了個懶腰：「此事改日再議，就這樣吧！揚州刺史劉馥病逝，涼州刺史邯鄲商被殺，現在還空著職位。溫恢，老夫打算讓你去補揚州刺史之缺。」

溫恢嚇了一跳：「丞相，在下犯了什麼過錯，您不想讓我在您身邊做事了嗎？」

「莫要胡思亂想。」曹操和顏悅色道：「你機敏練達，處事穩妥，我非常想把你留在身邊，可揚州之事比府裡雜務更重要，老夫是想盡你之才啊！《尚書》有云：『股肱良哉！庶事康哉！』你無需擔心，有蔣濟為你擔任別駕，此人足智多謀，你們齊心協力必能內安黎民外禦孫權。」其實揚州的佐官蔣濟、劉曄都是不錯的人選，但他們皆屬淮南舊部，與曹操的關係不夠密切。自從經歷陳蘭、雷薄等部的反叛，曹操多了個心眼，像州刺史這樣的一把手必要用自己府裡的人，似蔣濟、劉曄之流，還要多觀察幾年。

溫恢以縣令起家，進入相府任事數年，如今雖被予以重任，可想到就要離開曹操，不禁落了幾滴眼淚：「在下將去，丞相多多保重。不知誰替我充任主簿？」

曹操猛然抬手，往群僚之中一指：「他！」眾人順著他手指的方向一瞧，皆感意外，原來是太尉楊彪之子楊修。當年他被辟入府中純粹是為了牽制楊彪，沒料到這小子才思敏捷多知多聞，竟為曹操寵信。主簿職位雖不高，卻屬近臣，日後前途不可限量。那些一般掾吏紛紛投去欣羨的目光，搞得楊修都有點兒不好意思了。可大堂另一側，兩位公子卻喜憂各異，曹植滿面微笑不住點頭，曹丕卻一臉陰霾。

不論別人怎麼想，曹操卻很為自己的決定得意：「就這麼辦，溫恢出任揚州刺史，楊修補主簿之缺。至於涼州刺史嘛……」

他話未說完，荀攸插口道：「前幾日令君有書信發來，提議由韋端之子韋康繼承刺史。張猛與邯鄲商爭執生禍，皆因外州之人不諳關中軍事所致。韋氏乃京兆望族，令君以為還是用關中之士穩妥……」他邊說邊關注著曹操顏色，說到最後簡直氣若遊絲。

錯用邯鄲商是曹操失察，荀彧舉薦韋康分明與他意見相左。如今曹操要辦的就是剷除關中諸部，荀彧竟還要用京兆韋氏的人當刺史。再聯想到衛覬的諫書也是荀彧轉來的，想必對出兵關中也持反對態度……反對！反對！反對！一切都反對！女兒都嫁過去了，難道荀文若還一心想著那個傀儡天子？

曹操順著這個思路越想越遠，不禁握緊了拳頭，可攥了片刻又緩緩鬆開了——要忍！至少現在還得忍！他緩了口氣，直勾勾盯著荀攸：「令君要舉薦韋康，那軍師你又是什麼意見？」

荀攸趕緊把頭低下：「在下唯丞相之命是聽。」荀曹不睦，他夾在中間夠難受了，再不敢擅自表態。這位大軍師的地位已一天不如一天。

曹操慢慢坐下，不陰不陽道：「既然如此，就依令君說的辦。都散了吧……慢！王粲、陳琳、劉楨、阮瑀、徐幹、應瑒、繁欽、路粹，你們幾個留下。」

「諾。」除了點到名字的，其他人盡數告退。曹操又朝兩個兒子揮了揮手：「你們也走。」

「孩兒告退。」曹丕、曹植一併施禮，退出聽政堂。哥倆對望一眼，雖沒說什麼，但彼此的疑惑一樣——天已經晚了，父親把這幫人留下密議什麼？這幾個都是以文采著稱之人，難道父親要斟酌什麼大文章？莫非與天子增賜封邑之事有關？

將星隕落

曹操籌謀兵發關中，不僅為消除內患，更是防備周瑜進犯蜀中、進而與馬、韓串通。殊不知數千里之外，事情已發生變化——那位意氣風發滿懷壯志的江東周郎，生命即將戛然而止。

赤壁戰後周瑜與曹仁在江陵交惡，雙方周旋半載有餘，終以曹仁放棄城池撤往襄樊而結束。孫、劉聯軍打了一場大勝仗，可這並不代表天下無事了，曹操畢竟雄踞北方，一次戰敗可能會引起內部不安，但遲早是要捲土重來的。曹軍退守襄樊，表面上看是大踏步後退，實際卻扼住了北上咽喉。襄陽、樊城隔漢水相望，成犄角之勢，實在難以逾越半步，合肥方面也有張遼、李典等精兵悍將防守，江東還不具備挑戰曹操的實力，孫氏若要發展必須另謀出路。

更糟的是，那個曾經哀哀求救的劉備根本不甘心屈於人下，也在擴充勢力。戰後孫權也曾嘗試著與其結好，適逢劉備之妻甘氏病逝，孫權便把妹妹嫁與劉備作為正室夫人，並在魯肅斡旋下默許其攻占了江南四郡。但孫、劉結親注定是一場失敗的政治婚姻，孫氏二十出頭，劉備已有五旬，年齡上就不般配。加之這位孫夫人自出嫁那日就帶了百餘名全副武裝的親兵、婢女，這幫人對劉備一黨時時以恩人自居，頤指氣使驕縱不法。孫夫人也一副大小姐脾氣，凡事皆為娘家謀利，儼然江東派到荊州的眼線，搞得劉備處處提防。

但根本問題在於劉備從開始就想保持一股獨立的勢力，孫、劉聯合只是權宜之計，現在共同的敵人暫時退卻，彼此之間的摩擦就凸顯出來。劉備據江北南郡之地，孫氏卻始終不忍放棄要塞江陵，劉備便在油江口修建了公安城作為大本營。很明顯，孫、劉兩家都在想方設法擴大地盤。孫權北伐困難，西進之路又被劉備擋著，在地理位置上十分不利。而劉備的發展倒很快，尤其劉琦死後，他融合新舊部署又招賢納士，使得馬良、潘濬、陳震、廖立、宗預、輔匡、殷觀、張存、習禎等荊州士人投效其麾下。劉備甚至「上表朝廷」，表奏孫權為車騎將軍、領徐州牧，意思很明確——北伐曹操的事你去辦，至於西面就別做打算啦！

江東周瑜、魯肅乃至甘寧早就有沿江而上進取蜀地的戰略設想，豈能接受這樣的分工？為了扭轉局面，江東接二連三派使者交涉借道征蜀之事，無奈給劉備地盤時是爺爺，再找他辦事就成了孫子。劉備推三阻四就是不允，最後還是孫權親自寫了一信，掰開揉碎道：「米賊張魯居王巴漢，為曹操耳目，規圖益州，劉璋不能自守。若操得蜀，則荊州危矣。今欲先攻取璋，進討張魯，首尾相連，一統吳楚，雖有十操，無所憂也。」又承諾兩家共圖蜀中，日後得地再行劃分，劉備這才勉強應允。

在這期間周瑜一直駐兵江陵，親眼目睹了劉備的反覆，胸中早就堵了口惡氣。得到交涉妥當的消息，他立刻趕回江東面見孫權，詳述了用兵計畫，然後風風火火折返江陵準備調兵。可剛走到巴丘，又從前方傳來消息，劉備再次變卦，口口聲聲說自己與劉璋同屬漢室宗親，不容他人征伐，並在長江沿岸加派人馬，擺出一副攔路阻兵的架勢。

赤壁之戰江東諸將歷經磨難，到頭來只得到半個江夏郡和南郡的一座江陵城，荊州大部分地區被劉備強占，還堵死了西進之路，一場辛苦為誰忙？周瑜欲戰，卻恐曹操坐收漁利，就此罷兵又委屈，憤恨交加因而病倒。原以為在巴丘休養幾日會好，哪知病勢越來越重，只半個月工夫，這位名揚天下的美周郎已步入彌留之際。

其實病根早落下了。自他臨危受命以來無半日清閒，赤壁鏖戰，追擊曹操，攻打江陵，一直勞碌奔忙。加之荊州正鬧瘟疫，他勞碌奔忙早已感染，不過是憑著一股熱忱硬頂過來。如今這熱情已燃燒殆盡，生命之火也將隨之熄滅……

初冬的江畔一片肅殺之氣，天空灰濛濛的，兩岸蘆葦皆已枯萎，在陣陣寒風中沙沙作響。周瑜身裹裘氅倚在一張胡床上，默默注視著淒涼的江岸——病魔的侵擾使他越發地白皙清臒，甚至有幾分病態美，再加上這身雪白的裘皮，簡直宛如天人。病入膏肓之人是禁不住這種天氣的，但周瑜執意要來，他想在生命最後一刻再看看他為之奮鬥且引以為傲的長江。

宋謙、公孫陽等小將就侍立在他身邊，皆是一臉愁容；連周瑜的小僮都眼圈紅紅的，不知偷偷哭過多少次了。而周瑜卻一動都不動，默默忍受著這最後的痛苦。

茫茫江上出現了一條小船，雖逆流而上卻箭打似地飛快，不多時就停靠到眾人面前。武烈都尉凌統從船篷中一躍而出，跪倒在周瑜面前，急道：「都督稍待幾日，主公已招丹陽太守孫瑜，不日就將趕到巴丘接替您領兵。」孫瑜乃孫權叔父孫靜之子，為人穩重識大體。

周瑜輕輕歎了口氣：「恐怕我熬不到了……僮兒，準備吧……」

還未出來前小僮已知道他要寫遺書，這會兒聽周瑜吩咐，也顧不上難過了，趕緊將筆墨帛書準備好。周瑜強打精神，幾乎是一字一頓地述說道：

瑜以凡才，昔受討逆殊特之遇，委以腹心，遂荷榮任，統御兵馬，志執鞭弭，自效戎行。規定巴蜀，次取襄陽，憑賴威靈，謂若在握。至以不謹，道遇暴疾，昨自醫療，日加無損。人生有死，修短命矣，誠不足惜，但恨微志未展，不復奉教命耳。方今曹公在北，疆場未靜，劉備寄寓，有似養虎。天下之事，未知終始，此朝士旰食之秋，至尊垂慮之日也。魯肅忠烈，臨事不苟，可以代瑜。人之將死，其言也善，儻或可采，瑜死不朽矣。

小僮強忍悲痛搦管擬完，捧給周瑜過目。但周瑜卻再沒心思看上一眼了，只是強撐著搖了搖頭，便躺倒在胡床上。昔日的周公瑾何等爭強好勝，敢以三萬江東之士抗拒十餘萬大軍，如今卻行將就木抱憾於胸，凌統、宋謙等將都不禁掩面。

周瑜置若罔聞，目光呆滯地仰望著天空，方才就在他吩咐遺書時似乎意識到一些事。周瑜與魯肅是至交，也同為孫權心腹。但自從赤壁得勝以來，魯子敬的一些所作所為實在令他感到不快。先是默許劉備強占江南四郡，結果肉包子打狗，地盤有去無回；然後是與劉備結親之事，也是魯肅從中穿針引線，劉備過江迎娶孫夫人時，周瑜與呂範都主張脅迫其留在江東，最後還是在魯肅堅持下把人放走了；再就是最近龐統的事。龐統字士元，襄陽人士，足智多謀又通軍事，被荊州隱士龐德公贊為「鳳雛」，與「伏龍」諸葛亮齊名，曹操南下之際恰到江東避難，本欲出仕孫氏。不過此人恃才傲物，尤其對周瑜頗為輕慢，惹得孫權極不高興，堅決不予辟用。似這等人物孫權不用就算了，讓他老死江東也罷，魯肅竟主動將其推薦給劉備。龐統不去便罷，這一去便得劉備賞識，一年間連升數職，從一介縣令晉升為軍師中郎將，與諸葛亮平起平坐，成了劉備的左膀右臂——魯肅到底在幫誰啊？

周瑜對這些事感到不理解，甚至埋怨過魯肅，這些日子他又一直為兵伐蜀中之事擔憂。現在他病倒了，而且再也不可能指揮軍隊馳騁天下了，就在生命即將結束的時刻，他終於可以能靜下心來好好體會魯肅的想法了。

世間之事不可預料，凡人只可盡人事，而不能知天命，再了不起的謀劃其實都只是既定之策，事到臨頭還需相機而動。固然周瑜早就有過西取荊州，謀奪蜀中，進而與曹操二分天下南北對峙的戰略，但現在看來這已不太可能。其實從曹操南下，孫、劉聯合那天起，劉備就注定成為一股獨立存在的勢力。平心而論，赤壁之戰雖然勝了，但後面的仗也不容易，周瑜與曹仁在江陵周旋了將近一年，而孫權攻打合肥也沒成功，雷薄、陳蘭等部的叛亂被迅速剿滅。劉備雖然是在孫氏默許下奪得江南四郡的，但在孫氏兵力吃緊的情況下，若非他下手搶占四郡，真要是給了曹操派去的劉巴以喘息之機，四郡整備人馬興風作浪，恐怕周瑜就會落入南北受敵的困境。那還能拿下江陵嗎？還能逼得曹仁兵撤襄陽嗎？

雖然逼退了曹仁，但除了周瑜親自拿下的江陵以外，大多數南郡的城池不約而同倒向了劉備，荊州的士人也更樂於為劉備效力，這又為什麼？道理很簡單，赤壁之戰前劉備在劉表帳下效力七載，而孫氏卻與荊州為仇十多年；就在與曹操為敵前還攻殺了江夏太守黃祖，孰親孰仇一目了然，憑什麼與劉備爭奪荊州人心？天下大勢北強南弱，若不能迅速安定荊州，這片地盤早晚會被曹操蠶食，莫忘了蒯、蔡等大族已經倒向曹操了。在這種情況下，劉備占荊州固然瓜分了孫氏的利益，但總比讓曹操得去要好得多。劉備就像一隻盤踞荊州的臥虎，明知他遏制了江東發展，卻不能對其下手。孫、劉反目彼此都沒好處，反而會使曹操坐收漁翁之利，即便將劉備消滅了，留下的也只是荊州這個爛攤子，以及獨自面對曹操的嚴峻局面。

既然荊州不可定，孫、劉暫不能翻臉，那謀奪益州又有多大可能呢？且不論三峽之險蜀道之難，即便江東軍可以順利攻入蜀中，只要劉備願意，隨時可以切斷江東通往益州的補給，那時候前線將士奮勇拚殺又是為何而戰呢？更何況劉備現在根本就是一副抗拒的姿態，吳軍更是行進無路。毫無疑問，劉備也在算計益州，雖然他也未必有強攻蜀地的實力，但始終在等待機會，至少不會給孫氏機會……

周瑜漸漸明瞭，魯肅並不糊塗，他甚至比自己更實際，他明白孫、劉之間相互依存的關係，希望儘量維繫表面的和睦，不給曹操下手的機會，並力圖用柔軟的手段迫使劉備交還荊州。魯肅有他自己的策略，他也在等時機。

這就是天數，就是造化！誰也不曾預料，但天下之勢就偏偏走到了這一步，沒辦法！當周瑜力排眾議口口聲聲罵曹操為「漢賊」時，多少投降派說他逆天而行，不知天命。可到了今天，周瑜竟然也漸漸相信天命了。荊州的局勢走到這一步，還有他滿懷壯志難以伸展，這些難道不是天意嗎……想著想著，周瑜竟流下兩行淚水。

凌統見他傷懷，不禁伏倒在地，顫聲道：「都督切莫傷懷，末將誓要奪回荊州，為都督報仇！」

「不……」周瑜顫抖著雙唇，「目前還不是時候，現在你們應該盼著劉備好。若主公不能得到蜀地，讓劉備得去也好，就算劉備得不到，也要讓劉璋自守，絕不能落入曹操手中。劉備得手尚可協力抗曹，若是曹操得手，我江東休矣……」

凌統泣道：「難道就眼睜睜看著大耳賊聲勢坐大？」

「當然不能……若是他得到蜀地，就迫使他交出荊州……」

「與虎謀皮談何容易？」凌統擦了擦眼淚，「是該交涉索取還是發兵收復？」

「天數茫茫難以預知……我是趕不上了，那是你們和子敬要做的事……」周瑜無奈地仰望著蒼天，口中喃喃低吟，「天不佑我……天不佑我……」

巴丘！巴丘！可笑！可歎！

兩年前曹操狼狽逃命，就是在這裡棄舟登岸，想不到這位得勝的將軍今日也要命喪於此。他多想再見一眼孫權，多想再囑託魯肅一些事情，多想與嬌妻小喬再溫存片刻，多想輔佐英主開闢帝業……但這一切都不可能了。

蒼穹之間飛過一隻鴻雁，牠高聲啼鳴如此嘹亮，可眨眼間已劃過長空不見了蹤影。

建安十五年冬，周瑜病逝，年僅三十六歲。

慈父孝子

亡者已矣，活著的還在各費心機，就在周瑜含恨而終之際，韓遂正召集一場祕密會晤。得知曹操意欲討伐張魯，關中乃至涼州各部蠢蠢欲動，交權臣服還是放手一搏，這個節骨眼上大家必須保持一致，因此韓遂才把大家召集起來商量對策。不過現在是敏感時刻，各部首領都不便走動，程銀、侯選、梁興、馬玩之流皆是委派心腹代為與會，只有楊秋親自來了；至於馬超，因為其父在朝，根本就被排除在外。

大帳內的氣氛格外沉悶，雖然韓遂備了好酒好肉，但沒人吃得下，也沒人主動發言。無論如何，地盤是大家千辛萬苦打出來的，雖然他們時常內鬥，時常廝殺，但畢竟算是同一股勢力。若要交權歸曹，半輩子的拚殺化為烏有；若要抗爭到底，曹操勢力太強，除非大家齊心協力下必死決心，或許能鬥上一鬥。可誰拍得了這個板？

大家不說話看著韓遂，可韓遂也不明確表態。他縱橫捭闔幾十年精明得很，明白在座之人是什麼想法——所有人都不甘心交權，但又沒膽量自己出來鬥，都希望他來挑頭。可這個頭不好當，雖說一致對曹，可每個人都有自己的心眼，倘若打起仗來各顧自己，勢必功敗垂成。天塌了砸大個的，到時候這幫人往曹操眼前一跪就算投降了，自己這挑頭會是什麼下場？

這與其說是一場會晤，還不說是試探。韓遂在試探大家的誠意，大家也在試探韓遂的決心。沉默良久，楊秋先開了口：「大家別愣著，咱邊吃邊談，莫要辜負老將軍一番款待。這事也不要看得太重，畢竟還只是傳言，丞相也沒定下出兵的具體時日。今天咱就是隨便聊聊，大家回去後跟各自的將軍商量一下，明確了主意再來跟老將軍詳談。乾坐著管什麼用呢？」

楊秋勢力雖小，但畢竟比這些人高著一層，大家也不好駁了面子，這才紛紛舉酒：「是是是……敬老將軍。」

韓遂頗為欣賞地瞄了楊秋一眼，心裡熱乎乎的——莫看勢力小，可人家敢來親自赴會，比那幫縮頭縮尾的強。原先還有些看不起他，現在看來這才是個硬骨頭。真是日久見人心。

酒一下肚，自然而然就有人說話了：「依我看，咱們都是瞎操心，老曹討的是張魯，未必會把咱如何。八字還沒一撇呢，慌個什麼？」

話音剛落就有人反駁：「你太想得開了，真有這麼簡單？倘若老曹兵過潼關，下一道命令，叫各家將領不帶兵馬到他軍中報到，那時咱去不去？」

「沒錯。」有人附和道：「即便丞相真討張魯，到時候克定漢中，回過手來就該收拾咱們了，這叫假、假什麼來著……」這幫涼州粗人大多肚子裡沒墨水。

韓遂身邊一個中年將領說道：「假道滅虢。」此人名叫成公英（成公，複姓），涼州金城人士，曾讀過一些書。韓遂本身也是讀書人出身，世事無常才走上割據之路，因此他對成公英高看一眼。

「成公兄，您有何高見？」楊秋倒是不顧身分，捧起酒罈親自給成公英滿了碗酒。

「不敢。勞您屈尊了。」

「咳，都是自家兄弟，哪有這麼多規矩？」楊秋大大咧咧落坐，邊啃羊腿邊道：「我們都是一幫大老粗，就想聽聽您的高見。」

成公英聽他這麼恭維自己，一股豪氣上湧，索性打開話匣子把話挑明了：「諸位恕我直言，你們各自的將軍到底是何想法？要說打，咱就豁出命來幹；要說不打，趁早乖乖投降曹操。如今打又不敢打，降又不願降，生生擠對我們老將軍出頭。若是打輸了，你們一個個都能投降，我們怎麼辦？

況且我們老將軍的兒子還在許都呢，這是豁出兩代人命的事，哪兒這麼簡單？我把話撂這兒——願意幹的，叫你們將軍來歃血為盟，一個也別想跑；不敢幹的就他媽滾蛋，別兩面三刀跟著起鬨！」

這算是把韓遂的苦衷徹底道破了，又過了半晌，成宜派來的心腹說話了：「您說得對，是不該難為老將軍。可我們也有難處，韓老將軍德高望重，兵強馬壯，確實不假，我們也承認。但誰不知道涼州是兩家共同做主，別忘了馬家手裡還有兩萬兵呢，馬兒是何態度還不知道呢！」馬兒是這幫人對馬超的戲稱，「若是曹操大軍一到，我們衝鋒陷陣，他在後面把老巢一端，全完蛋！老將軍惹得起他，我們可惹不起他。」

這確實是個問題，韓、馬兩家都有人質握在朝廷，但韓遂在京的是兒子，馬家卻是馬騰及其二子皆在朝中，馬超能不能下狠心？這事還不能直接找馬超商量，萬一他不幹，人家一封信傳到許都，這邊還沒動手就先把謀反罪坐實了。而且馬、韓兩家也有心結，昔日西京朝廷以韓遂為鎮西將軍，馬騰為征西將軍，二人結為異姓兄弟，繼而失和，部曲相侵，韓遂甚至殺了馬騰的前妻；後因司隸校尉鍾繇、涼州刺史韋端解勸方才作罷，現在兩家雖表面上和睦，私下裡也較著勁。

成公英沒詞了，其他人也沒話了，韓遂面無表情呆坐在帥案後，楊秋一碗接一碗地喝著酒，這場會晤再次陷入尷尬。恰在這時，忽聽外面一陣亂，緊跟著帳簾一挑，有兩人廝打著闖進帳來。一個是手執大戟的守門兵；另一人三十出頭，面如冠玉，身量高大虎背熊腰，頭戴亮銀盔，身披亮銀甲，外罩白色戰袍，手中擎一口佩劍——來者正是馬超！

就在帳中諸人驚詫的一瞬間，馬超劍下已紅光迸現，將那大戟士刺死在地。最靠近帳口的位子坐著韓營部將蔣石，見此情景立刻起身要與馬超搏鬥，可劍還沒拔出來，胸口已重重挨了一腳，被馬超踢得一溜跟頭，杯盤碗盞摔了一地。

眾人還要再上，馬超把血淋淋的佩劍一舉，大吼道：「都別動！我有話要說，攔我者死！」

在場之人都有兵刃在身，但誰也沒馬超手快，若要拔劍站起來，恐怕命早沒了，連蔣石都趴在地上不敢動。帳外也熱鬧了，韓營士卒正與馬超帶來的十幾個親兵對峙，誰也不敢先動手，裡外都僵持著。

馬超冷森森環顧眾人，最後把眼光鎖定在韓遂身上：「韓將軍好興致，與大家飲酒作樂，為何不請我吃一碗？」

韓遂擠出一絲微笑，沒有答話，只是朝帳外揮揮手──那些包圍的兵立時撤了，將那具死屍移走，馬超的部隊也列隊站好。

馬超手持利刃步步靠近，二目炯炯逼視著韓遂。眾將見此情形驚得汗流浹背，韓遂卻穩如泰山道：「放心吧，他不敢殺老夫。就這點兒人馬闖我的大營，即便殺了我，他能活著出去嗎？再者諸位都在，殺我一人事小，若是得罪涼州諸部，他還想不想再混了？」

韓遂所言不虛，馬超確實不敢動韓遂，今日之事倘有半分差錯，他立刻會變成眾矢之的，步張猛的後塵。他凝視韓遂，緩緩將佩劍還鞘，點頭道：「沒錯，我不能殺您。方才眾將不服不忿，那不妨來殺我。」

這次輪到韓遂無言以對了。

馬超笑道：「我父在朝位列九卿，殺我如同造反！我是不敢傷害您，不過老將軍您也不敢害我吧？」

「何必拿刀動槍，既然來了，不妨一起喝酒。」韓遂說著話把一只空碗放在案邊，楊秋很識相地幫忙滿上酒。

馬超也不客氣，大搖大擺緊挨著韓遂在帥案邊坐了，笑道：「今日馬、韓同在，諸位有何話講？」

大家都鬆了口氣，但不知馬超此來是敵是友，誰都不敢多言，只是紛紛滿酒：「我等敬馬將軍……」

「少來這套虛的！」馬超把帥案一拍，碟碗蹦起老高，「我父連發三封書信，言說曹操已命鍾繇籌備糧草輜重，尚書令荀彧屢諫不從，不知何日就要發兵。此來征張魯是假，奪咱們兵權地盤是真，諸位皆已危若累卵，還有心思在這兒虛虛假假繞圈子？」

「此言有理！」楊秋腦筋一轉，也放開喉嚨，「咱來個痛快的吧！我就問馬將軍一句話，您幹不幹？」

「幹！」馬超脫口而出。

韓遂把碗中的酒喝了，低聲道：「將軍莫要衝動，別忘了令尊和令弟還在許都呢，您割捨得開？」這話是大家都想問的，誰都摸不清馬超所言真假，一時間所有的眼睛都望死死盯著他。

馬超卻道：「有人質在朝的何止我一家，各位的將軍不也有嗎？韓將軍的兒子不也在嗎？你們割捨得開，我又有何割捨不開？」

成公英道：「父子乃人間至親，將軍就不怕背負害父惡名？」

馬超冷笑道：「自古成大事者不拘小節，吳起殺妻求將，樂羊食子之羹，韓信受胯下之辱，光武忍弒兄之恨。我等身處亂世，多年拚殺才有方寸之地，豈可拱手付與他人？我馬氏創業不易，久經征戰，萬不能因一人而廢子孫之業。實不相瞞，我父已在書信中提到，倘若與曹操交惡，任我自為之，勿以其為念。我正是奉了我父之命才這麼幹的！」

「此言當真？」韓遂半信半疑。

馬超拱手道：「昔日官渡之戰，若非我等作壁上觀，曹賊焉能得勝？反取我等家眷為質，關東之人不可覆信。今超願棄父，以將軍為父，將軍亦當棄子，以超為子……」

連棄父棄子的話都說出來了，韓遂懸著的心終於踏實下來。楊秋趁熱打鐵嚷道：「在座的聽見沒有？馬將軍已經表態了，你們怎麼樣？到底幹不幹？」

眾人立刻響應：「當然幹，只要二位將軍挑頭，我們什麼都敢幹！」「咱們都湊在一塊有十萬大軍，憑什麼不幹？」「只要二位將軍發話，我們捨命陪君子！」大夥心裡有底了，剛才還默默無言，這會兒都豪橫起來。

韓遂點了點頭，抬手示意大家收聲：「既然如此，咱們……」

「且慢！」韓遂話未說完，又有一人闖進帳來跪倒在地，「此事萬萬不可！」眾人閃目觀瞧，原來是韓遂麾下愛將閻行——此人武藝出眾頗有勇略，曾為韓遂出使曹操，被朝廷任為犍為太守。但犍為郡在益州，他不可能真去赴任，不過是領個虛銜。只因其父也在許都為質，此番會晤韓遂沒讓他參加，可他在外面偷聽動靜，見風頭不對還是忍不住闖了進來。

「你起來說話。」韓遂愛他勇武，因而並不惱怒。

「諾。」閻行起身道：「各位捫心自問，大漢朝廷何負於咱？咱們遭逢亂世失身為賊，現有此良機不失富貴而保子孫長遠，豈可棄萬安而行險徑哉？」

眾人無言以答，馬超嘲諷道：「巧言令色騙得了誰？什麼萬安什麼險徑，不過是你父在朝為人質，你捨不得，當我不知嗎？似你這等胸無大志之徒成得了什麼氣候？乾脆去許都找你老爹，省得在我們跟前礙眼。」

「呸！悖父逆子，恬不知恥！」閻行罵了一句，又拱手向韓遂道：「末將跟隨主公十餘載，一片忠心天日可鑒，豈能因私而廢忠哉？主公三思！」

韓遂也很為難，從本心而論他還是願意賭這一場的，若不然也不會那麼熱衷於擴充實力，但閻行的話句句在理也不好答覆。他回頭瞧了眼成公英，成公英一咬牙一狠心，點了點頭，韓遂明白這意思，道：「今諸將不謀而同，似有天數。我意已決，你不必再說了。」

閻行見他們都是一頭的，多說無益，長歎一聲出帳而去。但他這幾句話也敲響了警鐘，眾人雖然還嚷著打，但底氣已不那麼足了。

馬超卻信心十足：「大家不用怕，咱們十萬人馬怕得誰來？光自保算得了什麼，大丈夫當謀深遠，咱們要打過洛陽進圖中原，與曹賊一爭天下！既然江東孫郎辦得到，咱們又有何辦不到？」他的志向已不僅僅在於割據一方了。

「對，馬將軍說得對！」楊秋始終跟著起鬨。

韓遂卻看得很慎重：「這不是小仗，籌備糧草調動兵馬非朝夕可就。具體怎麼安排，賢姪有何想法？」似乎他覺得叫「將軍」不親近，已換稱「賢姪」了。

馬超痛痛快快把酒一乾，順水推舟道：「叔父不必憂慮，我有一計可助成功。」

「計將安出？」

「真言不傳六耳。」馬超俯到韓遂耳畔，「我父子有兩家好友，乃是太原和藍田的……」他倆嘀嘀咕咕自顧自商量起來，旁人聽不見便吃吃喝喝。楊秋卻抱起酒罈，很適時地為二人滿上酒，並趁機把耳朵湊了過去……

第四章

一門四侯，曹操諸子加官晉爵

自明本志

建安十五年末，就在朝廷為征討漢中之事吵得不可開交之際，鄴城幕府又醞釀出一篇驚世駭俗的文章，不多時就傳遍了天下各郡，不啻在滾油中潑了瓢涼水，引起朝野上下巨大轟動。這就是曹操的《讓縣自明本志令》：

> 孤始舉孝廉，年少，自以本非岩穴知名之士，恐為海內人之所見凡愚，欲為一郡守，好作政教，以建立名譽，使世士明知之；故在濟南，始除殘去穢，平心選舉，違迕諸常侍。以為強豪所忿，恐致家禍，故以病還。去官之後，年紀尚少，顧視同歲中，年有五十，未名為老。內自圖之，從此卻去二十年，待天下清，乃與同歲中始舉者等耳……

表面上看曹操是對朝廷增封一事的辭讓，可他卻洋洋灑灑寫了千餘字，而且不是上表朝廷，是以丞相教令的形式頒布全國。這篇教令不僅詳述了自己的仕途經歷，也首次向世人剖白了自己的心跡。

曹操在文章一開頭就坦言了自己初舉孝廉時的自卑感，表明自己平生的志向僅是「欲為一郡守」，做一代能臣循吏。為此他在濟南相任上懲治不法，禁斷淫祀，結果處處碰壁得罪權貴，害怕招禍才稱病歸隱。

去官之後曹操閒居譙縣。當時舉孝廉的名士大多四、五十歲，曹操卻蒙父親關照早得多，他決心隱居二十載以待政治清明。因而在譙縣以東五十里蓋了座草廬，「秋夏讀書，冬春射獵，求底下之地，欲以泥水自蔽，絕賓客往來之望」。可樹欲靜而風不止，天下洶洶反賊四起，朝廷征他入朝擔任典軍校尉，為了不負朝廷重任、家族期望，他只好再次出山。這時他追求的目標也僅僅是「欲望封侯，作征西將軍」。董卓入京廢立天子之後，他雖然舉兵，但是「常自損，不欲多之」，從汴水之敗到揚州募兵，麾下始終只有三千人。

緊接著，曹操不厭其煩地歷數了自己輔政以來的功勞，平黃巾，征袁術，討袁紹，定荊州，繼而大筆一揮寫道：「設使國家無有孤①，不知當幾人稱帝，幾人稱王！」

曹操說自己「身為宰相，人臣之貴已極，意望已過」，並以樂毅、蒙恬甚至周公忠誠事君的史事來勉勵自己，聲稱要效仿齊桓、晉文，永遠忠於漢室社稷。他反覆強調自己絕無異志，但要他交出權柄是不可能的。「何者？誠恐己離兵為人所禍也。」他害怕有人對曹家不利，更無法接受以往的政治清算，「不可慕虛名而處實禍」，而且「江湖未靜，不可讓位」。對於朝廷的封賞他只有感恩、只有辭讓……

因為這篇文章不是上奏的表章，而是以教令形式頒布的，一時間無論朝廷官衙還是市井街巷，人人都在議論這位當朝丞相。擁護者高贊曹操聖德，認為他是敢說實話、敢說心裡話的真好漢，

---

① 孤，漢代侯爵以上皆可稱孤，非君王獨享稱謂。

也不禁感慨世事多舛身不由己；但抨擊者卻愈加認為曹操虛偽至極。說他早年懲治不法是為了自造聲名，坐抬身價；舉義兵不過三千，非不欲而是不能；他雖然當了丞相卻還在想方設法為自家謀私利，已將漢室朝廷蛀空；以周公自比實是欲蓋彌彰，無異於此地無銀三百兩……總之，這是一篇透著大奸大惡的虛偽文章。

無視世人的評論如何，半個月後朝廷有了新的決定，漢丞相武平侯曹操減封戶五千，將陽夏、柘、苦三縣的一萬五千戶封邑轉賜他三個兒子——曹植為平原侯、曹據為范陽侯、曹林為饒陽侯，各享封邑五千戶。

表面上看曹操讓出三縣二萬戶，三子受封一萬五千戶，曹家總體上少了五千戶封邑。但他讓出的是豫州中南部的封地，換來的平原、范陽、饒陽三縣均屬北方重鎮，曹家在幽、冀、青三州建起一道防線，構成了保護鄴城的屏障。而且值得玩味的是，根據朝廷的恩封制度，父親若是縣侯，他的兒子除嫡長子外，只能受封低於縣侯層級的關內侯。武平侯就是縣侯，平原、范陽、饒陽均為縣，曹家一門四縣侯，這明顯是違反制度。可誰又敢公然反對呢？

不論如何，誰占便宜誰心裡明白，曹家理當感激「皇恩浩蕩」。但曹丕卻高興不起來——說是朝廷恩封三子，其實是曹操早內定好了，董昭為此一趟趟到許都協商。這三位受封的公子，曹林是素來被曹操寵愛的美人杜氏所生，可以說是子以母貴；曹據乃環氏所生，誰都看得出這是託了其已故胞兄曹沖的福。可是曹植卻不一樣，固然按照嫡長子繼承原則，曹丕不當封侯，要等到曹操去世後繼承武平侯的爵位，但以此順延也應該先封老二曹彰。曹操卻繞過長子曹丕、次子曹彰，先封卞氏第三子曹植，這似乎就是有意為之了。

站在曹丕的立場上看，曹植是競爭大位的最強敵手，現在又先於自己封侯，長此以往養成了勢力，將對自己產生巨大威脅。就在他一籌莫展之際，又從許都傳來了消息，恰如陳群先前所料，朝廷正商議給曹丕封官——曹操對待老大、老三不偏不倚，一個封了侯，暫時不能封侯的給了官，這碗水也算是端平了。

曹丕大喜過望，都沒耐心再等朝廷的詔書了，忙不迭跑進幕府向父親謝恩。這日曹操沒有召見外臣，聽政堂空無一人，他索性一口氣跑進後宅，直接到鶴鳴堂向父親叩拜。

「你現在來做什麼？詔書還沒下來呢。」曹操嗔怪道：「這麼冒冒失失的，將來如何為官？還不快起來，給樓叔父行禮！」

曹丕一邁進門檻就顧著磕頭，這時才注意到，曹操正與樓圭相對而坐，桌上擺著弈局和幾樣果子——樓圭因許攸之死心中不忿，藉口生病不肯當差，已好長時間沒進幕府了，怎麼今天會來與父親對弈？看樣子這老哥倆似乎已推心置腹地談過了，心結已經解開。而在他二人身後，還站著兩個年輕人觀局。一個是王粲，另一個卻不認識，但看服色只是個沒什麼名分的小吏，這種人怎麼能進幕府後堂呢？

「孩兒參見樓叔父。」有父親的指示，曹丕只得執子弟之禮。

樓圭顯然所有精力都投入弈局了，竟對曹丕不理，兩眼盯著棋局。似王粲那等身分的就不一樣了，趕緊作揖；那小吏模樣的人更殷勤了，過來就磕頭：「喲！這位就是德才兼備、名揚四海、忠孝無雙的丞相大公子吧？早聽說您文武雙全年輕有為，果然是英雄之相。今天我得見真面目，三生有幸！當真是老子英雄兒俊傑，曹家滿門都是好樣的，小的給公子您磕頭啦……」說著話「砰砰砰」把頭在青磚上磕得山響，也虧他豁得出腦袋。

曹丕是個生性內斂之人，卻也經不起這麼多好話，讓他這一大套諂媚之言捧懵了，羞得滿面緋紅，連忙雙手相攙：「不必多禮，快快起來，敢問您是……」這人奉承了半天還沒說自己是誰呢。

「在下天水孔桂，來鄴城拜謁丞相，並有些軍務稟報。昨天還說要去拜望公子，沒想到這就碰上了，我這心願算是圓了。」孔桂說著話雙手加額，一副虔誠的樣子，「我們是小地方人，笨嘴拙舌不會說話，公子可別笑話。」

王粲心明眼亮——你還不會說話，死人都能叫你哄樂了！

曹丕卻沒怎麼飄飄然，倒不是不愛聽好話，而是被他的相貌吸引住了。孔桂生得面若傅粉，柳葉眉杏核眼，隆鼻小嘴牙排碎玉，兩撇毛茸茸的小鬍子，說笑之時還有酒窩若隱若現，似乎與以前見過的某人有些相像。曹丕凝思片刻恍然大悟——啊！此人像極了郭嘉郭奉孝！

剛想到這兒又聽曹操笑道：「吾兒千萬小心，這小子的嘴可比千軍萬馬都厲害。天底下拍馬屁的人湊齊了恐怕也抵不過他一人。」

「奇哉！」樓圭抓了一把棋子投入盒中，「兩個連環劫，你中有我我中有你，兩個時辰未見勝負，竟殺出一盤和棋，我下了半輩子棋從未遇到過此等情形。以前與丞相對弈皆是我勝，如今怎麼不成了？這盤棋真不知怎麼下出來的，奇哉怪哉！」

王粲笑呵呵走了過去：「在下依稀記得。」說著話從黑白棋盒中各自取子擺了起來，「樓公黑子在此角，丞相在這邊落子……樓公如此作劫，丞相反破之……然後是這樣，您是這樣……」他邊說邊擺，竟將弈局布得密密麻麻，與方才所下分毫不差。

樓圭額角滾落冷汗：「仲宣真乃奇人，竟有過目不忘之能！」

曹操面有得色：「子伯啊，如今我天天與這樣的高手對弈，你焉能勝得過我？」

樓圭淒然歎了口氣：「弈者，上有天地之象，次有帝王之治，中有五霸之權，下有戰國之事，覽其得失，古今略備。孟德今有丞相之位，氣奪天下。我這輩子是不能與您相比了。」他年輕時自視甚高，嘗有縱橫天下之志，才略也不遜於曹操，只是際遇不佳，始終屈居人下。也正因為如此，曹操雖然封他為將軍，卻不授予一兵一卒，實際等同於參謀，內心深處還是有防備之意。

曹操見他歎息，笑道：「還記得這盤棋的賭注嗎？」

「當然記得，我若贏了丞相，便從此在家高臥俸祿白拿；若贏不了丞相，自明日起還得回幕府當差。現在棋是和的，但打賭我輸了，況且我執黑子，實際已落下風。在下謹守承諾，明天一早就規規矩矩來當差。」樓圭說著話起身穿鞋。

「何事？」

曹操連連搖頭：「你若實在不喜拘束，不來當值倒也罷了，但是須答應我一事。」

「好，我願賭服輸。」

曹操捋髯道：「你早年曾遊歷關西，若有一日我出兵西征，你要隨軍前往出謀劃策。」

「好，我願賭服輸。」樓圭拱了拱手，慨歎而去。剛走到門口，忽見主簿楊修抱著幾份卷宗闖了進來，差點兒與他撞個滿懷。

「怎麼了？」曹丕嚇了一跳。

楊修捧卷奏道：「有緊急軍報，并州太……」

「太原郡土豪商曜舉兵造反。」曹操搶先說了出來。

楊修驚得下巴都快掉地上了：「丞相如何得知？」

「老夫不但知道商曜造反，我還知道馬超正在拉攏藍田土豪劉雄一同作亂。」曹操微笑著瞥了孔桂一眼，「馬兒無父無君包藏禍心，與關中諸將說他父默許造反。其實呢，馬騰幾次修書都囑咐他以家族為重不要胡來！」說著話從懷中掏出兩份帛書狠狠摔在地上。

這次輪到孔桂害怕了——這老傢伙怎麼連馬氏父子之間的書信都能搞到手？他哪裡曉得，曹操有校事盧洪、趙達等在京監視百官，什麼東西弄不來？曹操要的就是讓他害怕，要他清楚自己的立場，莫要跟楊秋腳踏兩隻船。

楊修緩過神來：「那、那太原之事該如何處置？」

曹操一臉不屑：「你放心，昨天我已祕密派遣夏侯淵、徐晃率兵赴并州平叛，而且給曹仁也發了封信，叫他率部北上準備接應鍾繇。馬兒想殺我個措手不及，我給他來個將計就計！」

孔桂不失時機湊上來：「丞相神機妙算簡直是活神仙。馬超狂妄小兒、韓遂愚鈍老狗，根本不是您的對手。」

曹操信手摘下腰間的佩刀，將雕飾精良嵌著美玉的廓落帶解開，塞到他手裡：「你辦事得力，這東西賞你了。」

廓落帶原本是匈奴、鮮卑等北方遊牧民族的一種皮革腰帶，上有掛鈎可以掛刀劍，傳入中原後漢人多加修飾，鑲嵌美玉寶石之物。因為只有士人才能佩劍，所以廓落帶成了身分的象徵。孔桂一介奴僕出身，哪用過這玩意，何況丞相親賜？半是感動半是故意做戲，抹著眼淚道：「丞相看得起小的，小的一輩子忘不了您的大恩大德。莫說這輩子，就是下輩子也給您做牛做馬。」話裡話外他已自詡是曹營中人了。

曹操告訴兒子要小心馬屁，可自己也被這一套哄得挺美，笑道：「這點兒小事哭什麼？若能再立新功，日後自有大富貴等著你。商曜謀反之事屬實，你可以走了，回去繼續給我盯住馬、韓二賊動向，有何風吹草動速報我知。」

「諾，小的一定不負丞相所托！」孔桂施罷一禮，雙手高捧那條廓落帶，像舉祖宗龕一樣去了。沒了廓落帶，腰刀自然沒處掛了，曹操攥著刀瞅了兒子一眼：「你就要為官了，這口刀為父賜予你。」

「謝父親。」曹丕接過三尺鋼刀，略微拔出一段觀看，見刀把上雕了頭猛虎，刀刃還沒有開。這刀樣式雖無奇，卻沉甸甸的很壓腕子。

「這是監冶謁者②韓暨去年督造的百辟刀，共有龍、虎、熊、鳥、雀五把。你們兄弟中有誰德才可造我就賞給誰，似彰兒那樣嬉戲無度好勇無謀的不行，精通文學深諳世道的才能得到。今天我先賞你一把，日後還有誰可堪造就，我也賞給他。」

「多謝父親。」曹丕暗自得意——這把刀賞給我，豈不是說我可堪造就？

曹操歸坐，撫著大腿道：「這韓暨是個有本事的人，他改進了鼓風之法，以水排代替馬排、人排[3]，不但節省牲口，而且利益三倍於前，若不然怎能有這千錘百鍊的寶刀？我今日把刀交付與你，就是想告訴你掌權如掌刀，生死決斷皆在一念，豈能不慎乎？也希望你為人處事能如此刀一般千錘百鍊反覆打磨。」曹操對曹丕前番的所作所為瞭如指掌，但有些話不方便直說，只輕輕點到——你結黨營私、賄賂官員我都知道，以後給我老實點兒！

曹丕躬身道：「孩兒銘記教誨。」

說是說做歸做，他究竟明白不明白，曹操也摸不清楚，只是直勾勾瞧著兒子。楊修與曹植相厚過於曹丕，可沒心思聽他父子推心置腹，見是個空子，趕緊奏道：「丞相，還有一事稟報。」

「說吧！」曹操的思緒被打斷。

楊修捧過軍報：「潁川發來軍報，朱靈所部無故滋事，哄搶別營糧草，兩軍發生械鬥。」

曹操不禁蹙眉——朱靈的兵滋事已不是第一次了，當年河北平定曹操命朱靈管理冀州新兵，與于禁、張遼、李典等六軍南下潁川屯駐。臨行之際曹操反覆囑咐朱靈小心謹慎，他全不入耳，結果鬧出中郎將程昂叛亂之禍。這才時隔幾年，老毛病又犯了。曹操不再手軟了，冷冷道：「火速致書

---

② 監冶謁者，專門負責管理冶金的官職。

③ 馬排，即用馬等牲口鼓風；人排，人力鼓風；水排，即利用水力鼓風進行鍛造。中國水排冶金始於公元三十一年，由南陽太守杜詩發明，但未廣泛推行。漢末韓暨改進前人技術，因此先後擔任監冶謁者、司金都尉，主管曹魏冶金，監督武器及貨幣的鑄造。因而一般認為韓暨是推廣水排技術的第一人，是我國古代著名的冶金專家。

于禁，令他持節鉞奪取朱靈所部兵權。哼！我能與之，亦能奪之，誰叫他行事不謹！」

曹丕並非粗心大意之人，他甚至比曹操心眼還細。但是今天人逢喜事，又被孔桂灌了一肚子迷魂湯，竟沒聽出父親這話不單說的是朱靈。曹操望著兒子的背影有些失落——難道這就是我曹某人百年之後的繼承者？大是大非未見建樹，蠅營狗苟卻有才華，心胸不寬，德行不廣，才智不具，行為不謹，哪比得上我死去的昂兒、沖兒……

曹丕得了賞賜剛出幕府，卻見孔桂不知從何處一猛子躥過來，不由分說拿著廓落帶就往他腰上繫。

「這是作甚？父親賞你的……」曹丕連忙推辭。

孔桂滿臉笑意：「公子別嫌棄，小的遠道而來也沒帶什麼東西，這件寶貝丞相既賞與我，我就轉奉公子了。」

「這如何使得？」

「丞相若問起，小的日後自會解說。丞相之物就是公子之物，莫說是一條寶帶，丞相的一切早晚還不是公子您的？」這話正說到曹丕心坎裡，「我從小沒個爹媽，也不懂得怎麼孝敬人，您可千萬別笑話。」

曹丕看著腰上這條寶帶，又隨手掛上嶄新的寶刀，果然精神十足。官也封了，賞賜也得了，好話也聽了，不禁暈暈乎乎起來，拍著孔桂的肩頭道：「也罷，謝你一番好意。」

孔桂一邊撫平曹丕衣襟的褶皺，一邊笑嘻嘻道：「日後還勞大公子在丞相面前替小的多多美言，哪怕招我來這府裡當個奴才，天天給丞相和公子揉肩捶背，也比在涼州那破地方強啊！您說是不是？」

曹丕笑逐顏開連連點頭……

引狼入室

凡事有好的一面，也必會有壞的一面。曹操以討伐張魯為名謀定關中，成功逼反了韓遂、馬超；另一方面周瑜病死巴丘，孫權圖謀西進的計畫受挫。表面上看曹操完全掌握了天下征伐的主動權，殊不知禍患已在遙遠的蜀地生根發芽。討伐張魯的消息不脛而走，既然能傳到涼州，也就能傳遍天下。當消息傳到成都時，引起了振威將軍、益州牧劉璋的極大恐慌。

劉璋字季玉，乃劉焉第四子，本無繼統之望。因劉焉長子劉範、次子劉誕勾結馬騰兵犯長安，喪於李傕之手；三子劉瑁患有惡疾不能理事，益州牧的位子才落到他頭上。劉璋為人溫文謙和，全不似乃父陰狠霸氣，不過依仗部下趙韙、龐羲主持大局，而趙、龐二人又不和。趙韙是昔日朝廷太倉令，隨劉焉歸蜀有功，因其本人就是益州籍貫，所提拔的官吏也多為西州之士；而龐羲卻是中原人，曾任議郎，戰亂之際率三輔士人入蜀避難，受劉焉父子重用，屬東州派。東州西州兩派矛盾重重，趙韙迫於形勢起兵造反，串通劉表為外援，終被龐羲率部殄滅。但龐羲卻在與張魯的對抗中屢失利，搞得蜀中吏民怨聲載道，西州士人更是憤憤不平。劉焉父子治蜀二十餘載，大小征戰卻總是不斷，這如何能得民心？

劉璋有德無才膽小怕事，多少有些懦弱，得知曹操意欲征討張魯的消息，嚇得惶惶不可終日。張魯本是劉焉部下督義司馬，其祖父張陵曾在鶴鳴山隱居，研修儒道兩家典籍，並以河洛讖緯、陰陽巫術等注解《道德經》，定名為《老子想爾注》，在蜀中廣為流傳。當年劉焉借剿滅黃巾之機割據蜀地，派張魯與別部司馬張修攻占漢中，誅殺了朝廷任命的郡守蘇固。不想事成之後張魯又襲殺了張修，自己占據漢中，不稱太守而稱「師君」，並廢除朝廷法令，改用祖父留下的「道法」治民，因入道需繳納五斗米，因而被人喚為「五斗米道」。一來劉焉新定蜀地根基不穩，二來「米賊」斷道正好為其切斷與朝廷聯繫提供了藉口，加之張魯之母還在成都為質，劉焉索性聽之任之，默許了張魯的所作所為，彼此倒也相安無事。可劉璋繼位後不知聽了誰的餿主意，竟處死了張魯的老母，以至於兩家反目摩擦不斷。

劉、張之間雖有恩怨，但畢竟同屬益州界內。漢中乃蜀道咽喉所在，若曹操滅了張魯，蜀地門戶洞開，下一個倒霉的就是他劉璋了。

其實劉璋原本有意與曹操結好，為此還三次派遣使者拜謁曹操。頭一次中郎將陰溥拜謁曹操，為劉璋求來了振威將軍的加官；第二次從事張肅出使許都，恢復了許都對朝廷的貢奉。三年前曹操興兵南下，劉琮不戰而降，曹軍聲威震動天下。劉璋不敢怠慢，提高使者規格，又派別駕張松再次出訪。不想張松歸來的反應卻與前兩次大相徑庭，痛斥曹操傲慢無禮待人殘暴，勸劉璋與其斷交。劉璋半信半疑，正在猶豫不定之際傳來赤壁戰敗的消息，於是見風使舵，由親曹轉入反曹陣營，再次斷絕朝廷貢奉。

可是現在風向又變了，曹操從向東用兵轉為向西用兵，這該怎麼應對？關鍵時刻別駕張松又跑來獻策了：「劉玄德，主公之宗室而曹操之深仇也。此人輾轉南北善於用兵，若與之結好使之討張魯，魯必敗。主公若能奪取漢中，則全據蜀道之險，一夫當關萬夫莫開，曹操雖來，無能為也！」劉璋聽了這主意甚覺有理，於是召集僚屬商議此事。

「萬萬不可！」主簿黃權當即反對，「劉玄德素有梟雄之名，帳下又多心腹虎狼之士。今若延之入蜀，主公如以部曲遇之，則不滿其心，如以賓客禮待，一國不容二主。若客有泰山之安，則主有累卵之危。只恐劉備一到，蜀中再無主公棲身之地！」

劉璋是個沒主心骨的，方才還對張松的提議浮想聯翩，聽了這話竟也覺有理：「若不能請劉備，那曹操到來何以拒之？」

黃權拱手作答：「兵來將擋水來土掩，深溝高壘以待時清。」說罷不禁歎了口氣——歎的倒不是蜀中情勢不妙，而是劉璋身為人主竟只會依賴他人，寧可請外人幫忙都不敢自己一搏。

張松之所以有此提議實是暗懷他謀，豈容黃權阻攔？立刻反駁：「敵兵犯界如燃眉之急，若待時清則是慢計也。」

「敵兵何在？」又一人出班發言，眾人視之，乃是從事王累，「今曹兵未到，何有燃眉之急？況西北戰事紛紛，曹操關中尚不可定，更何談漢中？」

張松強辯道：「凡事預則立，不預則廢。關中諸將烏合之眾，必為曹操所破。關中若定，則兵及漢中禍不遠矣！」說著又朝劉璋深深一揖，「望主公思長久之計，早作打算。」

劉璋眉頭凝成個大疙瘩，正不知該聽誰的，忽見一人搶步出班，喝止道：「劉備乃人雄也，入必為害，萬不可聽張子喬之計！」說話的是劉巴。

當年赤壁戰敗，曹操逃亡之際命劉巴南渡，統領江南四郡抵抗。不想劉備來勢凶猛，曹操援軍又遲遲不到，四郡或破或降，劉巴北歸無路，南下逃往交州，欲借交趾太守士燮之力北歸。不想交州雖屬邊陲，卻是逃難者雲集之地，曹操、劉表、孫權皆欲染指，都在名義上委任了一些官員。各派勢力勾心鬥角，劉巴又與士燮計議不合，待了數月便決意離開，想從益州繞道北上回歸曹營，哪知半路途中被蜀中官兵捕獲，解往成都聽候處置。劉巴知劉璋斷絕朝貢，以為這一去就奔了鬼門關，不想到了成都才知，原來劉焉父子祖籍江夏，劉璋竟是自己先父劉祥任江夏太守時所舉孝廉。這位益州牧雖庸庸碌碌，心腸卻很好，懂得知恩圖報，三日一賞五日一宴，將其待為上賓，甚有挽留之意。劉巴感念劉璋厚意，便留下擔任從事，也是想等待時機勸其歸曹。

今日張松口口聲聲要引劉備入蜀，劉巴安能坐視？諫言道：「在下荊州人，素知劉備反覆無狀。

先事曹操，便思謀害；後從孫權，便奪荊州。心術如此，安可同處？」

張松瞥了劉巴一眼，冷笑道：「劉子初，你本曹營中人，走投無路才到益州，你的話能令人信服嗎？」

「你、你……」劉巴被他這話氣得面紅耳赤，卻無法辯駁。

「我怎麼了？」張松兀自不饒，咄咄逼人道：「我張家乃蜀郡人士，我兄長張肅受朝廷之命現任廣漢太守，闔家子弟皆在鄉里，豈有不為主公著想之理？不似你這等外來之人心懷鬼胎！」

「你才心懷鬼胎，」劉巴忍無可忍，不禁提高了嗓門，「你欲賣主求榮！」

「你賊喊捉賊！」

「你賣主求榮！」

爭論到這個地步已不是請不請劉備的問題，倒像是討論蜀地究竟應該倒向哪方勢力。不少人贊同黃權、劉巴的看法，也有人支持張松，但絕大多數官員都默默無言——他們早厭倦了這樣的爭論，也受夠了這位懦弱無能的主子，蜀中這等情勢，到頭來能有什麼好結果？聽天由命隨遇而安吧！

劉璋倒是有意解勸，無奈他平素沒有人主的氣概，支支吾吾不知該說什麼，急得滿頭大汗。正在無可奈何之際，大堂東南角傳來一陣洪亮的笑聲：「哈哈哈……區區小事列公何必爭成這樣？我有一法可為諸公決之！」

這聲倡議把所有人都吸引了，大家側目望去，一看之下，不少人都露出鄙夷之色——說話之人三十出頭，身量不高骨骼清瘦，頭戴武弁斜插翎羽，穿一襲普通皂色便服，腰間佩劍；面龐白淨三綹墨髯，鷹鈎鼻，高顴骨，短人中，尖下頜；與眾不同的是，此人生得一字連心眉，炯炯有神的三角眼，目光犀利眼角上翹，顯得頗為乖張。大家都識得，此人是軍議校尉法正。

法正字孝直，扶風郿縣人，若論起他的家世可謂聲名赫赫。他的曾祖父乃是大名鼎鼎的賢臣法雄，平賊寇、理冤獄、安黎民、促耕織，文武雙全一代之典範，就連身仕六朝、周歷三公的胡廣都出自其門下。法正的祖父乃是著名隱士法真，博覽群書通曉經籍，仰識天文俯察地理，世間學問無一不知無一不精，偏偏清心寡欲洗耳南山，隱居山林終身不仕，被譽為「玄德先生」。法正之父法衍也頗具才名，曾在洛陽任議郎、廷尉左監。

不過這個充滿傳奇色彩的家世並未給法正帶來多少好運，他在蜀中只是個不顯眼的小人物，當過一任新都縣令卻政績平平，又因生性桀驁、不拘小節，惹來不少非議。如今雖擔任軍議校尉，實際上只是個負責守衛幕府、參議政務的小官，並無實權可言。故而不少人都瞧不起他。

劉璋這會兒正拿不定主意，也顧不得法正其人如何，忙問：「孝直有何辦法決之？」

法正笑道：「也沒什麼出奇的。現有成都令李嚴李方正，此人原為荊州僚屬，既未降曹又不曾跟隨劉備，不偏不倚所言可信，主公何不把他找來問個究竟。他若言劉備誠遜可交，主公便遣使通之；他若言劉備奸詐無狀，就此作罷又有何妨？」

「哎喲喲，怎麼忘了此人！」劉璋連拍腦門——這李嚴乃荊州南陽人士，曾在劉表帳下任秭歸縣令。曹操大軍南下，豪強大族紛紛降曹，普通仕宦逃歸劉備，避世之人南下交州，卻唯獨李嚴西奔蜀中投靠劉璋。益州與荊州為仇已久，從未占過半分便宜，李嚴來投可成了稀罕寶貝；加之他聰明伶俐頗有才幹，竟被劉璋任命為成都縣令，當了益州首縣的父母官。

法正一席話給劉璋提了個醒，馬上派人去請李嚴；張松、劉巴兀自氣哼哼的，揣著手互不理睬。不多時李嚴就到了，劉璋焦急相問：「李縣令，你曾在荊州為官多年，想必對劉玄德頗有耳聞，未知其人如何？」

李嚴正在城裡巡街，突然被他們叫來本就一頭霧水，劉璋沒頭沒尾問了這麼一句，更不知是何意圖。只一遲疑，黃權猛然插口：「李方正，你初到蜀中就被任為成都縣令，主公待你不薄，可要實話實說！」

張松心裡也沒底，接著囑咐道：「我聽聞劉玄德乃謙謙君子，你可萬不能妄言！」

被他倆這麼一嚇唬，李嚴越發遲疑，只覺堂上眾人所有人都直勾勾盯著自己，更不知說什麼好了。法正一旁笑道：「諸公切莫多言……李縣令，你放膽直言。」

李嚴瞥了一眼滿面春風的法正，似有所悟，牙一咬心一橫，猛然抱拳道：「據在下所見，劉玄德雖有縱橫之志、折節之德，然失之於婦人之仁，恐不能成就大事！」

這話一出口，在場之人全愣住了——劉備半生雖敗多勝少，但南征北戰輾轉東西，麾下關羽、張飛、趙雲皆有萬夫不當之勇，縱橫之志是實實在在的；劉備三顧茅廬聘請諸葛亮，拔擢龐統於小小縣令，又遍集江漢之名士，說他有折節之德倒也不為過。可這麼個襲呂布、叛曹操、棄袁紹、依孫權的反覆之人，怎能與「婦人之仁」扯上關係？李嚴此論非但黃權、劉巴不信，就連替劉備說了半天好話的張松都不敢苟同。

李嚴知道他們不解，繼而解釋道：「昔日劉玄德在荊州，雖有北禦曹操之重任，終不被劉表所信。我聽人言其麾下諸葛亮、徐庶等勸其奪取荊州自謀大事，但劉備顧念漢室同宗之義，不忍為之，遂有劉琮降曹之事。長阪坡之戰，荊州十萬百姓扶老攜幼相隨，車馬輜重千餘，日行不過十里，劉備不思進取江陵，甘於敗北不忍棄之。此等人物雖擁虎狼之將、抱天下之志，不知變通固守舊德，焉能成就大事？」

刀怕對了鞘，李嚴表面上對劉備有褒有貶，卻句句戳在劉璋心坎上。劉璋乃仁義而庸碌之人，仁義之主最喜愛民之士，庸碌之主則最恐才高者奪己之位。李嚴一席話，劉璋顧慮盡消，尤其聽說劉備顧念漢室同宗之義，更是對了心思。這位素來缺乏主見的益州牧決心體體面面做回主，環顧堂上群僚朗聲道：「方正一言疑慮盡消，我決定了，就請劉玄德入蜀征討張魯！」

得意者得意，悵然者悵然，張松不待劉巴開口，搶先出班施禮：「我主英明，此舉必能保我蜀中無虞！」

劉巴、王累等人兀自爭取：「萬萬不可，主公三思啊……」

法正拱手讓出李嚴，轉身笑道：「天下之事多因爭論而廢，諸公如此喋喋不休又有何益？既然李縣令之言仍不能解列位顧慮，不妨遣一人先往公安拜會劉備，明為宣示結好，暗中窺伺其人，回來再做決定。」

「此言甚善！」劉璋覺得這個和稀泥的主意有理，「不知哪位願往荊州？」

張松趕緊接過話茬：「既然孝直有此提議，何不遣他前去？」

「不可不可。」法正連忙擺手，「在下無才無德難堪重任，況列位爭執多有異議，我若前去回來言好言壞，只怕都要落埋怨！」大夥一聽全洩了氣——你出的主意你都不願落埋怨，燙手的山芋往別人手裡塞，這叫什麼人啊！

他越不答應，張松越要勸：「孝直賢弟，益州岌岌可危，當此時節豈可推諉？你去總比別人去好，若心懷不軌之人前往拜謁，只恐從中作梗壞了大事。」說著話他還特意瞥了劉巴等人一眼。

劉巴頓時火冒三丈：「張子喬！你休要含沙射影，你恐我前去作梗，我還怕你前去賣主禍國呢！」

「哼。」張松冷笑一聲，「既然咱們各有見地互不相信，看來還只能偏勞孝直了。」

法正越發推辭：「在下官職卑微素無聲望，豈可唐突諸公？通使不成事小，折了主公和列位的臉面事大，張別駕還是另請高明吧！」眾人聽此言無不齒冷——說這等酸溜溜的話，豈不是拐著彎抱怨官小？殊不知這麼一想反而上了當，大家都以為法正故意藉機求官，竟無人思忖他對劉備是何立場。

劉璋也不得不發話了：「孝直，誰說你素無聲望？令尊令祖皆我大漢名士，你若辦好此事，我一定升你官職！」

「謝主公！」法正聞聽此言立刻答應，「在下不求高官厚祿，只願為主公多多效力。」眾人越發竊笑——這麼露骨，還不求高官厚祿，虧你說得出口。

於是一番爭論就此敲定，以軍議校尉法正為使前往公安拜謁劉備，回來後再作定奪。群僚有的滿意，有的歎息，有的已漠不關心，辭別劉璋紛紛而去。法正卻又畢恭畢敬聽劉璋嘮叨一番，這才離開幕府。

不過他沒有回自己宅邸，而是三繞兩繞，來到幕府後門一個僻靜之處，早有輛馬車停在那裡等候。車簾微微掀開一道縫隙，露出張松那張陰沉的臉：「怎麼現在才來？」

「我恐有人尾隨，多繞了幾圈。」法正四下瞭望，見無旁人注意，迅速躥上馬車——其實他二人早事先串通好了，剛才法正的推辭只是做戲！

確實如劉巴所料，張松力主請劉備入蜀絕非出於好意，實有不可告人之心。當年他奉劉璋派遣出使曹營，正逢曹操平定荊州志得意滿，因而頗受慢待；更令他無法容忍的是，曹操竟然假朝廷之令任命他為比蘇縣令。或許這只是曹操沒有考察清楚，不經意的失誤，但一州別駕豈能屈居縣令之位？自此張松便懷恨曹操，所以回到蜀中添油加醋，毀了益州與朝廷的關係。但赤壁之戰並沒有摧垮曹操，北方的強大壓力尚在，如今曹操已開始謀奪關西之地，早晚有一日會逼到益州。張松必須考慮如何進一步對曹操作梗；加之劉璋暗弱無能，他便有意出賣蜀地，另尋可輔之主，欲為內應將益州拱手相送，並以此為進身之階。今劉備占領荊州最為近便，沒有比之更合適的對象了。另外法正因懷才不遇也對劉璋頗多不滿，因而與張松一拍即合，兩人都想要賣主求榮，故意做這場戲欺瞞眾人，如今計謀得逞，由法正出使劉備，結果可想而知。

「方才你嚇我一跳。」張松猶有懼色，「怎麼把李嚴扯進來了，他又不是咱們的人，萬一言稱劉備不可信，豈不誤了咱們？」

法正卻毫不在意：「放心，我料定他一定會說好話。」

「事先又未通謀，你怎知曉？」

「劉琮降曹之日，多少人歸了曹操？又有多少人投奔劉備？為何偏偏他來到蜀地？我看這傢伙精明得很，知道憑資歷降曹也不會受重用，隨劉備又要吃苦受難，乾脆投到蜀中，既安全又得重用，這不輕而易舉就當上蜀中第一縣令了嘛！若論投機取巧，此人絲毫都不遜於咱們。」法正冷笑道：「前日我偶然與他閒聊，他提起鬼谷子之言：『將欲用之於天下，必度權量能，見天時之盛衰。』你聽聽，這位縣令爺是何心腸？如此精明之人焉能瞧不出劉璋是什麼材料？八成此刻心裡也正盤算著下一個進身之階呢！這時候牽出劉備，他樂觀其成豈能反對？」

張松手撚鬍鬚不禁嘆服：「孝直，你果真神機妙算。」

法正聞聽誇獎毫不謙虛，反而朗朗大言：「我本就有運籌帷幄扭轉乾坤之能，只恨劉璋有眼無珠，群僚嫉賢妒能，若非他們相逼，我豈能另謀他主？此番去荊州，我倒要看看這劉備是何貨色，若不能厚待於我，我還要另尋他人。」世間有才之人未免都有點兒驕傲自大，但自大到他這個份上的卻也不多。

張松可沒他那麼挑剔，唯恐他一時快意反誤大事，趕緊囑咐：「你見了劉備萬不可禮數有缺，倘若能引他入蜀篡奪蜀地，日後必能身列雲臺成一代功臣，何愁仕宦不順？你回來後一定要極力美言，促成劉璋請他入蜀。等過幾日我再設法叫孟達領兵前往，有你二人為劉備出謀劃策，我從中內應，何慮益州不失？」孟達乃先朝涼州刺史孟佗之子，如今在蜀中為將，與法正相厚，也是通謀者。

法正兀自咬牙切齒：「等我幫劉備平了蜀地，一定要讓那些騎在我頭上的人見識見識我的威風，看誰還敢輕視我法某人！」

張松真拿這個桀驁不馴、睚眥必報的人無可奈何，還要勞他辦事，也不便說他什麼，只得搖頭慨歎：「孝直，你也是賢臣名士之後，脾氣怎這麼不好？」

「這你就不懂了。」法正伸個懶腰，大模大樣倚在車上，侃侃而論，「我法氏一門最能安於世道。昔日我曾祖遇清明之君，故而大展其才成就功名；我祖父遇外戚、閹宦之世，故洗耳南山隱居不仕；我父親遇黨錮之赦，故回歸朝廷中庸一生。可我呢？趕上這麼個爾虞我詐的世道，就得精通權變入鄉隨俗。若能尋一個可保之主助他成就大事，便能平步青雲！抱著益州這只金碗焉能不獻？什麼良心道義，依我看都是欺人之言。這就是個昧良心的世道！」

第五章

坐鎮鄴城，曹丕結黨

曹丕開府

建安十六年（公元二一一年）春，天子任命曹丕官職的詔書終於傳到了鄴城，雖然此前曹丕已收到陳群的信，知道自己將擔任的是五官中郎將，卻沒有料到詔書中「五官中郎將」後面又加上了「丞相副」三個字，並注明可以開府。這不僅震驚了曹丕，也震驚了鄴城所有官僚。

五官中郎將原本只是南軍七署[1]之一，光祿勳的屬官，負責統領五官郎，守衛皇宮殿門，天子出巡時充任護駕儀仗。不過曹丕這個五官中郎將似乎根本不用跑到許都給天子當侍衛，倒像是另設了一個機構，還可開府辟掾。看來曹操意思很明確，已經把曹丕看作是接班人來培養，不僅給了他官職，還給了他招納一部分屬下的權力。但耐人尋味的是，既然給曹丕的詔書中明確指明「丞相副」，也就表示身在許都的那位御史大夫郗慮，不僅沒有副丞相的權力，連虛名都失去了。

曹丕大喜過望，為慶賀此事，特意邀曹真、曹休、夏侯尚、吳質、劉楨等結伴出遊青州。眾人

---

① 南軍七署，即五官中郎將、左中郎將、右中郎將、虎賁中郎將、羽林中郎將、羽林左監、羽林右監，皆是負責皇宮宿衛的官員。

到了渤海郡南皮縣郊遊數日，飲酒賦詩對弈撫琴，品評鄴下之士，眾人各自盡歡，這才心滿意足回歸鄴城。不過他們剛回到鄴城就有噩耗傳來，曹軍虎豹騎都督曹純病重亡故，終年四十歲。曹純雖然是曹仁的弟弟，但與曹操的關係比曹仁還近，昔日何進當政，宦官作亂，董卓進京，曹操在朝廷任典軍校尉，曹純擔任黃門侍郎，兄弟二人共同經歷了那段艱難的日子，曹純也是陳留舉兵的發起人之一。虎豹騎建立伊始就由曹純統領，從軍二十一年，東征西討屢立戰功，南皮斬袁譚，柳城戰蹋頓，長阪坡敗劉備，實乃曹營大功之人。其子曹演未及弱冠，也已襲爵高陵亭侯，食邑三百戶。曹操又命曹仁之子曹泰與他一同還鄉料理喪事，並親自出城十里相送，曹家眾子姪及虎豹騎將士多有相隨。

回城路上曹操始終沉著臉不發一語，曹純的死絕非喪失一員良將這麼簡單，還給曹操心裡蒙上了一層陰影——歲月如梭蒼老已至，他這一輩的人已經離死亡越來越近了。

曹丕、曹植、曹真、曹休等隨侍馬後，見父親臉色凝重，也不敢隨便說話，全都耷拉腦袋各自想心事。唯有曹彰瞧不出個子丑寅卯，嘀嘀咕咕道：「子和叔叔去世，今後虎豹騎該交與誰統領呢？依我說咱那幫叔叔伯父年歲都大了，也快不中用了，不如讓咱們年輕的管上一管。」

這聲「不中用」正觸了曹操心病，立刻反駁道：「年輕的？你們這一輩人中最勇武的就是你，整日在鄴城周匝打獵。早聽說你有射雕擒虎之能，想必這個虎豹騎都督非你莫屬了吧？」

曹彰再不知趣也聽得出這是反話：「孩兒不敢。」

「不敢？」曹操猛然發作道：「你有什麼不敢的？誰不知你是這鄴城的跋扈公子？誰不知你城內跑馬城外射獵，整日帶一幫惡奴肆無忌憚橫行於市，連官員見了你都要避讓三分！為父的訓教你幾時放進心裡了？如今你兄長當了官，你弟弟封了侯，連據兒、林兒那麼小的皆有份，唯獨沒你的份，難道就不想想這是為什麼嗎？」

「孩兒知錯了。」曹彰趕緊下馬跪倒。

曹操怒氣不消：「滾滾滾！回你自己的宅邸！我也老了，不中用了，從今以後別進府來見我。你逍遙自在，老子也少受幾天氣，興許活得長遠！」

這還跟著許多外臣呢，哪有不勸之理？毛玠、崔琰、楊修等趕緊過來說情，曹丕他們也跟著勸。曹操怒氣稍息，正色道：「似曹純這樣忠勇之將何可復得？既然他沒了，老夫自己當這個虎豹騎統帥，你們誰有意見？」

誰敢有意見？眾人諾諾連聲，這才對付過去。曹操的臉色更難看了，帶著兒子屬僚們進中陽門（曹魏鄴城的正南門），沿大道向北回府。曹丕、曹彰、曹植的宅邸就在幕府街對面，「平原侯府」、「五官中郎將府」的新匾額已經掛上了。

曹操突然駐馬對曹植道：「子建，你回去吧。」又掃了眼曹彰，「你也走，別在我跟前礙眼！」

「諾。」曹彰咽了口唾沫，牽馬欲去。

「慢著……」曹操歎了口氣又叫住他，「從明天起你到行轅充個軍吏，省得天天無事生非！」

知子莫若父，曹操雖然教訓他一頓，但也順了他心思。雖說只是小吏，可畢竟滿足了從軍的願望，曹彰想要道謝，又見父親眉頭緊鎖，竟沒敢再言語，拉著坐騎走了。

曹丕見曹操打發兄弟們，預感父親可能有重要的話對自己說，趕緊往前湊。果不其然，緊接著曹操連毛玠等人都打發走了，只留幾個親兵，繼而下馬道：「帶我到你府裡瞧瞧。」

常言道「君不進臣府，父不進子宅」，這可是莫大的榮幸。曹丕暗暗欣喜上前欲攙，卻被曹操推開：「你也覺得我不中用了嗎？」

進了府曹丕才明白，父親並非對自己有什麼特別關照，倒像是來巡查的。兒媳甄氏來見禮，他只點了點頭；曹叡跑過來抱爺爺，他也只是摸了摸孩子的小臉；前院後宅左右偏室都轉悠了個遍，這才回正堂落坐，看見牆上掛著自己前幾日賞的寶刀，點了點頭：「尚可。沒有什麼金銀奢華之物，家室衣著也很樸素，倒像個當官的樣子。」曹操生性節儉，非但自己不追求奢華，也不喜別人講究。

曹丕總算鬆口氣，趕緊親自捧上碗水。曹操咂了一口，緩緩道：「聖人明君者，非能盡其萬物，卻能知萬物之要。為官貴在謹慎求知，以後你要多多體會。」話雖這麼說，曹操本人的不謹慎處恐也不少。世間當爹的教訓兒子都頭頭是道，可自己也未必就能通達。

「諾。」曹丕規規矩矩站在一旁。

曹操望著這個表面上百依百順的兒子，心中卻並沒有多少器重之感。雖然他已讓曹丕擔任了五官中郎將，但實為自固之策，心裡並不滿意，而且曹丕上任伊始彈冠相慶的做法很令他反感。其實何止曹丕，曹操對曹植、曹彰都不甚中意。在他看來曹丕僅是中人之才，氣量也褊狹；曹植雖有才華，但行事不羈，又太過浮華；曹彰更是提都不要提！最好的永遠是死去的曹昂和曹沖。有時他也自己開導自己，曹昂活到現在未必有多大才能，曹沖長大了也未必還那麼聰明，但失子之痛實在刻骨銘心。孩子永遠是小的時候可愛，比如曹林，其實跟曹沖有什麼不一樣？如果天下統一，自己當了乾綱獨斷的九五之尊，什麼廢長立幼、嫡庶不分都是屁話！想立哪個兒子誰敢不從？只要能物色到一兩個可靠的託孤之人，即便像漢武帝那樣立個八歲的崽子，誰又能說什麼？

可問題就在於天下沒有一統，曹操也不能預知他有生之年還能不能完成統一。那他挑繼承人就不是單純挑兒子這麼簡單了，他要挑的是一個有德行，有能力，有氣魄，能繼承他事業，又能鎮住漢室天子的人。這可難了！甚至從某種意義上說，就算赤壁敗退後曹沖不死，以那孩子的年紀也難接住大權。浪漫的一廂情願早已經破滅，現在只有殘酷的現實。讓他們爭吧，讓他們比吧，不爭不比何以判高下？

曹操回過神來，歎道：「沖兒之死是為父之不幸，卻是你們兄弟之大幸。」

曹丕嚇一跳，趕緊跪下：「父親說出這樣的話，叫孩兒情何以堪。」

「不提了，不提了……」曹操連忙擺手，「詔書既已准你開府，你打算怎麼辦？」

這件事曹丕已經開始籌謀，甚至與吳質密議了一份名單，羅列了不少親信之人，就揣在他袖子裡。但眼瞅著父親嚴肅的表情，曹丕把要說的話又咽了回去，唯唯諾諾道：「孩兒願聽父親的意見。」

「也好，」這正是曹操所希望的，「甘陵相涼茂德才兼備，昔日出使遼東處亂不驚。我讓他到你府中充任長史，你意下如何？」

曹丕不甚滿意——長史是一個府邸最重要的政務官，涼茂這個人名聲自然沒得說，卻是個謹慎敦厚之人，請教政務還可以，卻不會給自己貢獻什麼固寵之術。心下雖不樂意卻難以明言，搪塞道：「父親選得好，涼伯方正堪此任。不過請一位郡將屈尊到我手下當個長史，恐怕不太合適吧？」

「就這麼辦吧！」曹操連理都沒理他，「至於功曹嘛……你覺得幽州刺史常林如何？」

又一個才輕德重的老實人，曹丕碰了釘子，不敢再推辭：「父親做主便是。」

哪知曹操卻道：「這叫什麼話？你府裡的人何以請我做主？你覺得常林這個人到底如何？」

曹丕哪敢說不好？昧著良心道：「常伯槐德冠一方，乃是良士。」

「嗯，那就是他了。」曹操順水推舟。

曹丕見他這樣處置，唯恐辟不到想要的人，趕緊請示：「父親，孩兒近來習學深感才力不逮，想請幾位有才學的先生來……」

「正要說這個。」曹操打斷道：「我也覺你才學尚淺，該找幾個學識廣博之人過來，那就讓徐幹、劉廙、蘇林他們過來充任文學[2]吧！」

---

② 文學，此處為官名，五官中郎將屬下，負責教育。

曹丕一聽就洩氣了：徐幹是幕府眾記室中性格最沉悶的一個，遠不及劉楨、王粲瀟灑詼諧，寫文章多是古板的道義，身體也不好，聽說最近還在編一部名為《中論》的道德文章；劉廙早年自荊州歸曹，受學於宋仲子、司馬徽，是荊州官學一派，研究天文曆法頗有心得，是個白面書生；蘇林更不必提了，那是個專門鑽研古文的人，整日的工作就是給古書作訓釋。曹操竟給兒子派了三個書呆子——很明顯，在他看來這座五官中郎將府，形象意義遠大於實際用途，不過是充充門面！

曹丕暗暗感歎——自己根本不是副丞相，卻是「兒丞相」！還是心有不甘：「孩兒想請邯鄲老夫子到我府中，父親意下如何？」邯鄲淳才名遠播年逾古稀，是現今鄴城幕府中年齡最高、名聲最大的文士，且頗具智謀。吳質為他列的掾屬名單中，第一個就是他。

曹操擺擺手：「有徐幹他們足矣，邯鄲淳我打算派到平原侯府。」

「派到子建府裡？」曹丕身子一顫。

「有什麼可奇怪的。他現在畢竟是個侯爵，有幾個屬下也算不得什麼。你們都是我的兒子，為父焉能有所偏廢？」曹丕隱隱不安——倘若曹植也可辟掾屬，那與我這個五官中郎將有何分別？看來自己連「兒丞相」都無從談起。

「咳咳……」曹操察覺出他神色有異，輕輕咳了兩聲，「馬超、韓遂已相繼起兵，而且正在密議奇襲弘農。我已命鍾繇在弘農備戰，曹仁北上增援。為父我不日就要起兵……」

「父親欲親自出征？」曹操已年近六旬，精力大不如從前，又常犯頭風，曹丕恐他長途跋涉吃不消，卻不敢說年老之類的話，只道：「已有夏侯淵、曹仁、鍾繇三部人馬，父親何須親往？」

「馬、韓之叛關中洶洶，匪患恐不下十萬，此番征討我必須親自出馬。我已有安排，提中軍精銳三萬，任竇輔為參軍、陳矯為長史，賈詡、婁圭為謀士，子建、子文他們也要隨軍出征。」軍師荀攸自赤壁受挫以來身體欠佳，因荀彧的關係又漸漸被曹操疏遠。賈詡本就是涼州人，婁圭年輕時曾遊歷關中，都是絕佳的參謀人選。不過為何要帶上曹植？還把今天挨訓的曹彰也掛上了。

曹操能看穿兒子的心事，歎道：「不僅是你兄弟，這次連你母親也要去。一來是照顧我，二來熊兒的病給她添了太多愁煩，出去轉轉也好。鄴城我就全權託付與你了。」

「父親放心，孩兒一定不負所望。」曹丕一陣興奮，父母兄弟都不在，這可是他表現自己的好機會。

不過曹操的話還有後半截：「考慮到你初任官職威望尚淺，我給你留幾個好幫手。國淵為留府長史，徐宣為左護軍，有何軍政事務你同他們商量著辦。另外程昱自請上繳兵權，我已經答應了，他在鄴城閒居，有何緊急事務你可以去找他。」對於程昱的安排，曹操並非出自本心。現今于禁、張遼、樂進、李典等皆防禦孫權，夏侯惇駐防許都，軍中正缺有名望的上將，程昱偏偏在這時候請辭。但人家說自己年邁體衰不堪重負，曹操也只好給他個參知軍事的閒職。

「孩兒明白。」曹丕已打起精神準備大幹一場了。

曹操又咂了口水，起身道：「《詩經》有云：『戰戰兢兢，如臨深淵，如履薄冰。』做人是這樣，為政也是這樣。新官上任最忌獨斷專行，凡事需謙虛謹慎。」邊說邊往外走。

「父親多留片刻，就在孩兒這裡用飯吧！」曹丕趕緊挽留，「前天劉威送來一筐棗，都有雞卵那麼大，正是佐酒佳品。叫您兒媳親自下廚，孩兒為您把盞如何？」

該說的說完了，曹操依舊不苟言笑：「奉口舌之欲算不得大孝，你把鄴城的事情辦好，我就心滿意足了。棗子還是留給我那孫兒吃吧！」

曹丕唯唯諾諾將父親送出大門，想親手攙他上馬。曹操卻道：「別送了，你回去準備辟令吧，明天一早我就叫徐幹他們過來。我出兵以後你可以搬到幕府住，處理事情也方便些。」

「諾。」曹丕退至階旁跪倒拜送。

哪知曹操沒有向北回府，卻沿著大街向南而去，拐了個彎又進了曹植的平原侯府。曹丕隱約感到一絲不祥，似乎當上五官中郎將並非意味著勝利，奪位之爭還遠遠沒有結束……

各自心腸

建安十六年夏，曹操正式決意親討關中，率中軍部隊自鄴城出發，西奔潼關與司隸校尉鍾繇、征西護軍夏侯淵、安西將軍曹仁三路人馬會合。並以剛剛擔任五官中郎將的長子曹丕留守鄴城，國淵任留府長史，協理政務；徐宣任左護軍，統留守部隊；另有奮威將軍程昱參知軍事。不過除曹丕外，曹操的第二子曹彰、三子平原侯曹植，連丞相夫人卞氏都要隨軍出征。

就在出發前一晚，曹丕的府邸燈火通明，大宴賓朋，吳質、竇輔、劉威、朱鑠、夏侯尚及幕府記室劉楨、阮瑀等盡皆在座。

這一晚曹丕顯得格外興奮，幾乎和赴宴的每個人都乾了杯，最後滿面春風走到了新任參軍竇輔的眼前：「竇兄，小弟敬你一盞。」

「不敢，不敢！」竇輔轉天就要隨軍出征，沒敢沾酒，聽到五官中郎將這麼稱呼自己，忙不迭站了起來，「大人切莫自折身分。」

曹丕卻道：「叫的什麼『大人』？咱們還照舊。你是我的竇兄，我是你的賢弟。」

竇輔自然不敢領受：「禮乃國之本，在下安敢逾越？公子如今是朝廷命官了，在下身為臣僚，理當……」

「不說這個！」曹丕漫指席間眾人感慨道：「竇兄，想來小弟結識你比結識他們晚得多，卻志氣相投，別有一番厚意。」這話倒也不假，當初赤壁戰敗，他與竇輔在逃亡路上一同服侍曹操，可謂患難之交，「人生在世為了什麼？若以我之愚見，既非富貴亦非仕祿，為的應該是情義。」

朱鑠這次未隨軍出征，明顯喝得有些過量了，笑道：「公子天生富貴，錦衣玉食使奴喚婢，自然無需為富貴而忙……哎喲喲！」一句話未說完就被夏侯尚提起耳朵：「你小子插什麼嘴？」滿滿一碗酒硬灌進他肚裡，惹得哄堂大笑。

曹丕接著道：「榮華富貴生不帶來死不帶去，溫香軟玉不過片刻韶光，便有蓋世的功業最終不免歸為塵土，唯有這人與人之間的深情厚誼可以永存！似我這等人，雖生於侯門口銜珪玉，卻難有幾個知心的朋友。竇兄，請飲下這盞酒，此乃我之情義。」他侃侃而談說得感人肺腑，眾人也附和道：「竇參軍領受吧，莫要辜負公子這番厚意。」

竇輔有些激動，端著酒微微直顫：「在下願領受公子厚遇。」說罷一飲而盡。

「好。」曹丕不容分說又為他滿上第二盞，「來，這盞酒我依舊要敬你。願此番出征旗開得勝馬到成功，隨我父建功立業大展宏圖！」

「這……」竇輔頗有些為難，倒不是怕喝醉，是曹丕的話太重，自己簡直有些喧賓奪主了。還在猶豫著，朱鑠又插了話：「快喝呀！公子敬你，你不喝就是不夠意思。」竇輔無奈又乾了。

緊接著曹丕又滿上了：「來來來，這第三盞酒……」

「公子切莫再斟了。」竇輔趕緊攔下，「非是在下不願領受，實是怕吃酒誤事，明早誤了點卯。」

曹丕笑道：「這是最後一盞，小弟有事相求。」

「公子千萬別這麼稱呼了，我實在不敢當！」

「兄長聽我把話說完。」曹丕歎了口氣，背著手踱著步子道：「為人子者理應在父親身邊盡孝，但我留守鄴城也是為國出力。常言道『為人莫當官，當官不自在』，這也是忠孝不得兩全。父親年近六旬兀自征戰沙場，我又不在他身邊，煩勞竇兄替我盡人子之道，多多侍奉處處關照，方不負我這片赤子之心。」

夏侯尚贊道：「公子至忠至孝，這酒竇參軍一定要喝。」

劉威也站了起來：「竇兄，你就只管替公子承歡吧，你家中之事我等替你照料。若需要什麼錢財之物，小弟一定幫襯。」

竇輔端著這盞酒環視眾人，漸漸品出了滋味——何謂承歡？何謂盡孝？大公子留守鄴城，三公子隨軍從征，承歡盡孝也輪不到我這個外人啊！即便我此番受了重用，這幫人也不至於如此恭維。夏侯尚乃曹家之婿，劉楨、阮瑀是幕府近臣，劉威聽說已內定為豫州刺史，不日就將赴任。這幫人為何如此殷切……哦！我明白了，大公子不在軍中，唯恐三公子大展才華被父青睞，威脅他五官中郎將之位。在座之人皆與其相厚，也怕三公子在丞相面前進言。他們是叫我緊隨丞相，盯住曹植啊！

竇輔想清楚了，隨即應道：「公子放心，丞相我來照顧。軍中若有大事小情，我修下書信派心腹親兵給您送來，以免公子掛心。」說罷一仰脖把酒乾了。

「多謝多謝。」曹丕感激不迭。

吳質始終沒說話，這會兒才端起酒來：「別光讓公子敬咱，我們也該敬敬公子。」要緊的事已辦完，他不動聲色轉移了話題。

劉楨是個生性灑脫的文人，一拍大腿站了起來：「對！公子待我等真是不薄，記得前年在譙縣還曾關照過咱們。在下願賦詩一首，為公子慶賀。」說罷吟道：

昔我從元後，整駕至南鄉。過彼豐沛郡，與君共翱翔。
四節相推斥，季冬風且涼。眾賓會廣坐，明鐙熺炎光。
清歌制妙聲，萬舞在中堂。金罍含甘醴，羽觴行無方。

長夜忘歸來，聊且為太康。四牡向路馳，歡悅誠未央。

（劉楨《贈五官中郎將》四首之一）

一片吟誦聲中，曹丕緩緩坐到了吳質身邊，低語道：「賨輔已答應通報軍情，應該沒問題了吧？」

吳質沉吟道：「這都是小伎倆，關鍵要看公子自己。子曰『君子務本，本立而道生』，人能弘道，非道弘人。您把鄴城的事務打理好，善待群臣虛懷納諫，丞相自然會高興，群臣自然會擁戴您。不必在三公子那邊費太多心機。」

「是。」曹丕雖然答應，但心裡想的卻不是這個，「我給子丹他們也下了請帖，他們怎麼沒來？」

「哼。」吳質冷笑道：「如果我沒猜錯，三公子府裡也擺宴呢！」

「哦？你是說他們都去那邊了。」曹丕不禁蹙眉。

「不會的，論年紀他們皆與大公子相仿，論共事的交情也厚得多。但畢竟都是同宗兄弟，大面上不能厚此薄彼，兩邊都請客，索性哪邊都不參與，這才是曹真、曹休的精明之處啊！」

「司馬懿怎麼也沒來？」曹丕點手喚過朱鑠，「你小子就知道喝，叫你請仲達赴宴，你去沒去？」

朱鑠打著酒嗝道：「去了，他來不了。昨天他兄弟司馬孚從溫縣過來看他，哥倆出外閒遊，他不留神受了點兒涼，今天差事都沒應，在家躺著呢！」

吳質噗哧一笑，險些把嘴裡的酒噴出來，心道：好狡猾的小子！知道這時走動太敏感，剛下水沒必要蹚太深，在家裝病呢！

恰如吳質所料，此時此刻平原侯府也在宴客。這邊雖不及曹丕那裡熱鬧，卻透著一股風雅之氣。曹植只邀請了四位客人——丁儀、丁廙、楊修、邯鄲淳。擺兩張精巧的楠木小桌，中間燃著香爐，備下鹿肉、鵝掌、牛腱、魚羹等精緻小菜，酒裡浸著梅花。曹植與邯鄲淳對坐，那邊是丁儀、楊修，丁廙則在一旁撫琴助興。

丁楊二人與曹植暢談的無非文章詩賦，無半句仕宦之語；邯鄲淳年逾七旬鬚髮皆白，卻似一老饕，低著腦袋只顧著吃，虧他一把年紀牙口還真好。

丁廙瞧著老人家可笑，手底下一亂，瑤琴猛然迸出一聲雜音，壞了清幽的逸趣。楊修停箸笑道：「你這點兒本事淺得很，連你兄長都及不上，還敢在公子面前賣弄？」

丁廙歎道：「我何止琴技淺，聲譽也淺得很。公子幾番向毛孝先、崔季珪二公推薦，想讓我到幕府當個令史什麼的，人家都不要。」

「咳！誤矣！」楊修擺擺手，「越是公子舉薦，毛玠、崔琰越不能用。無公就有私，有私就有弊，你還是好好習學以圖將來吧！」

丁儀是心細之人，不想當著老前輩說這個，又欲顯耀曹植的學問，便道：「我與公子相交多年，卻不知您也擅琴藝，倒要討教公子幾個問題。」

曹植知他是何用心，便道：「好啊，我是有問必答。邯鄲老夫子，請您老做個見證，晚生答得對與不對，還勞您指教。」

那位邯鄲老夫子兩眼只盯著菜，嚼著牛肉連話都說不出來，只是點了點頭。

丁儀正襟危坐：「請問公子，方才舍弟所彈之琴喚作何名？乃是何人所創？」

「這有何難？」曹植笑道：「此琴乃太昊伏羲氏所作。昔日伏羲偶見五星之精，飛墜梧桐，遂有鳳來儀。想那鳳凰乃百鳥之王，非竹實不食，非梧桐不棲，非醴泉不飲。伏羲料想梧桐乃樹中之良材，奪造化之精氣，堪為雅樂，遂令人伐之。其樹高三丈三尺，按三十三天之數，截為三段，暗合天、地、人三才。取上一段叩之，空靈微弱，其聲太清，以其過輕而廢之；取下一段叩之，混沌悶響，其聲太濁，以其過重而廢之；取中間一段叩之，其聲清濁相濟，輕重相兼，便以之為良材。送於常流水中，浸了七十二日，以合七十二候之數。待到日滿，撈出陰乾，選良辰吉日，請高手良匠製成樂器。此乃瑤池之樂，故名瑤琴。」他一口氣把琴的來歷典故說得明明白白，回頭再看邯鄲淳——牛肉是嚥下去了，又端起魚羹來了，根本沒注意聽。

丁儀暗暗搖頭，接著又問：「那這瑤琴的尺寸、雕飾有何講究？七弦之中又有何玄機？」

曹植手撚梅花娓娓道來：「瑤琴長三尺六寸一分，應周天三百六十一度。前闊八寸，合八節之數；後闊四寸，寓四時之分；厚二寸，暗合兩儀。飾有金童頭、仙人背、龍池、鳳沼、玉軫、金徽，代表天上地下八方祥瑞。那徽有十二，按十二月來分；又有一中徽，乃是閏月。五條弦在上，合《洪範》之五行，水火木金土；按五音，宮商角徵羽。堯舜之世都是五弦琴，歌《南風》詩，天下大治。因周文王被囚，其子伯邑考被殺，文王為弔子，添一根弦，其因清幽哀怨，謂之文弦。此後武王伐紂，聚會諸侯，前歌後舞，又添一弦，激揚振奮，世人謂之武弦。合在一起共是七根，故後世亦稱武文七弦琴。邯鄲老夫子，晚生說的可對？」

「嗯嗯嗯……對。」邯鄲淳把魚羹吞下去，緊跟著左右開弓，抓起兩隻鵝掌。

丁儀見此情勢有點兒坐不住了，卻聽曹植反詰道：「你問過我，我也要考較考較你。你可知撫琴有六忌、七不彈？」

他倆比試學問並非作假，丁儀確實不知，羞赧道：「在下見聞難及公子，見笑見笑。請您賜教。」

曹植滿面得意道：「六忌者，一忌大寒，二忌大暑，三忌大風，四忌大雨，五忌迅雷，六忌大雪。」

「那七不彈呢？」

「所謂七不彈者，聞喪者不彈，奏樂不彈，事冗不彈，衣冠不整不彈，不焚香不彈，不遇知音者不彈。」說罷曹植起身淨手，「今日來的皆是知音，我就撫上一曲請列位賞耳。老前輩，您也多多指教。」

邯鄲淳兀自大吃大嚼，丁儀實在看不下去了：「老夫子，您倒是說句話啊！子曰『自行束脩以上，吾未嘗無誨』，公子如此厚待先生，您豈能一言不發？」

邯鄲淳把啃了一半的鴨掌放下，油膩膩的手捋著白鬍子，憨笑道：「說什麼？老朽遭逢亂世，避難荊州，原以為要客死他鄉了，沒想到丞相肯收留，又蒙公子錯愛，讓我在這侯府裡吃碗閒飯。我心裡慶幸之至，知足知福頤養天年，只要有吃有喝，還有什麼可操心的？」

一席話把大家說得啞口無言。曹植到底是豁達之人，笑道：「您老何必這麼自輕？一處吃酒說笑，並非議論軍國大事，隨便聊聊便是。您不是正在編《笑林》嘛，說個笑話也好啊！」

「笑話……」邯鄲淳眼珠一轉，「新近倒是聽到一件有趣之事。市井有甲乙二人爭鬥，甲咬下乙鼻子，乙挾其告官。官吏欲斷其案，甲卻言乙自己咬落自己鼻子。吏問：『人皆鼻高口低，豈能自己咬自己鼻子？』甲回奏：『他站在凳子上咬的。』」

四人一陣爆笑，楊修的酒灑了一身，揉著肚子道：「此人回得倒很巧，不過終究逃不過打板子。哈哈哈……」丁儀雖然也笑，卻不禁搖頭——費老大勁兒卻請來個老廢物，只會開心取樂。

哪知邯鄲淳接著又道：「老朽以為這個人說得雖妙，腦袋卻不甚靈光。需知鼻在上，口在下，嘴長得再好終究在鼻子底下，永遠不可能跑到上面。這沒什麼道理可言，人都是這麼長的，這就是規矩！」

剎那間，四人都意識到他說的是什麼，面面相覷半晌無言。邯鄲淳以嘻笑怒罵為掩蓋，實質上卻是最純粹、最保守的儒家之士，把禮儀宗法看得比天還高！

曹植一笑沒再說什麼，端然坐於琴邊，輕輕撫弄起來。眾人靜靜聆聽——幽幽咽咽，似泉水流淌；窸窸窣窣，恰密林搖曳；悠悠蕩蕩，若波濤起伏；嫋嫋婷婷，如流雲浮動；時而歡快激揚，時而舒緩輕柔，時而若即若離，時而纏綿悱惻；到最後音似傾盆暴雨、風捲狂沙，聽得人心弦顫動如醉如痴。

邯鄲淳也聽得入神，驚詫地望著這個風流俊逸、多才多藝的公子。但只愣了片刻，老人家長歎一聲又拾起筷子，繼續吃喝……

措手不及

狂暴的西風捲起黃沙吹過荒原，發出一陣嗚嗚的聲音，淒厲得如鬼哭狼嚎一般。放眼望去，正午時分天空竟一片灰暗，萬物都籠罩在滾滾黃沙之中。在通往潼關的古道上，整整齊齊行來一彪軍隊，少說也有五千人，將校都用麻布裹臉以避風沙，騎兵背弓挎箭，步兵攥著長矛大戟，迎著一路風塵奮勇挺進。

隊伍最前方有一騎高大的白色戰馬，馬上之人頂盔冠甲，外披戰袍，雖然口鼻已被麻布擋住，但看他滿是皺紋的額頭就不難發現，這位將軍年歲不輕了——此人名叫劉雄，京兆藍田人士，雖年逾六旬依舊武勇善戰。他原本只是個健壯的獵戶，以采藥狩獵為生。因驪山南麓的覆車山一帶常年雲霧繚繞，劉雄又每日穿行從不迷路，被鄉民視為奇人，甚至傳說他能吞雲吐霧。後董卓入京天下動亂，劉雄為保鄉土成立民兵，又與李傕手下叛軍廝殺，搶了不少輜重，進一步擴充人馬，逐漸有了些勢力。

劉雄畢竟一把年紀的人了，叛亂的事本無意參加，但他與關中各部將領頗為交好，尤其與馬騰更是意氣相投，兩人以兄弟相稱。此番諸部叛亂，不少將領都來拉他入夥，一口一個老前輩叫著。不跟他們反吧，混了一輩子到老落下個不仗義；跟他們反吧，甭管打得贏打不贏，這麼大歲數了還出來打打殺殺，也快吃不消了。正在他左右為難之時，馬騰之子馬超發來書信，說其父已被曹操關押入獄，不日就要處死，這可把老頭的火給挑起來了，當即同意入夥。如果能打入河洛之地震懾中原，就有本錢與曹操協商釋放人質。

事後劉雄聽說，這次關中叛亂規模之大為二十年來所未有，韓遂、馬超、程銀、成宜、梁興、馬玩、侯選、張橫、楊秋、李堪等十餘部盡皆起兵，還有太原商曜為策應，枹罕的「河首平漢王」宋建為後援，羌胡勢力也答應隨時接應，活動於興國一帶的氐族首領楊千萬也表示願意入夥，總兵力將超過十萬，頓時多了幾分信心。如今韓、馬兩家率先舉兵，其他各路也即將行動。劉雄的地盤在藍田，是最靠近潼關的一部，只要進入潼關進逼弘農，就能打鍾繇一個措手不及，等到後續人馬趕到，便可以拿下弘農郡（弘農郡，治所在弘農縣，郡縣同名），進而取洛陽、入關東、攻許都。

關中原本是天下最富庶的地方，秦漢兩代建都於此，不過近一百年間逐漸衰落了。自孝安帝時起，羌人叛亂幾次打到這裡，豪強勢力也愈加慓悍。特別是李傕、郭汜主政期間，內鬥外鬥征戰不休，又逢乾旱，穀子賣到五十萬錢一斛，豆麥二十萬一斛，人相食啖，白骨委積。雖說近些年沒怎麼打仗，但涼州的舊勢力和關中土豪依舊各劃地盤，只是名義上歸附朝廷。這些人精於戰鬥而疏於治民，因而關中的生產恢復得並不快，許多地方人口稀少都成了荒原。

老將軍看著眼前的荒山野嶺、千溝萬壑，心中喜憂參半。喜的是沒遇到一個曹兵，看來情報很可靠；憂的是鄉土之地如此荒破，令人心酸。不管怎樣，行軍很順利，平平安安就到了潼關。

其實古時所言關東、關西指的並不是潼關，而是戰國時秦國的東大門、崤山之中的函谷關。但隨著時運變遷，函谷關早就荒廢得不成樣子，董卓挾天子西遷，為了防備義軍進犯，將京兆與弘農交界的古桃林塞草草修繕。此塞以北恰是渭水與黃河交匯處，河水潼激關山，因此得了潼關之名，實乃天險之地。不過再險要的關卡也是拒敵用的，潼關卻沒派上用處。義軍自相攻伐土崩瓦解，董卓喪於呂布之手，只可惜這座關卡，草草修繕閒置無用，又荒廢了。

其實並非鍾繇無力修復，只是怕與關中諸部發生嫌隙，故意放著沒管，只派百餘官兵駐守。劉雄本以為來到這裡會打上一仗，哪知關口周匝只留下一座破爛的空營，半個兵也沒看見——想必已有探馬發現自己行動，守兵人少心怯，見勢不妙就溜了。

劉雄精神大振，馬上傳令加速前進。他心裡有算計，弘農雖然已開始備戰，但只有三千多兵，裝備不甚精良，況且鍾繇乃一介文人，自己即便攻不下城，也能將其擊敗。至於夏侯淵的軍隊，還在與商曜糾纏，短期之內無法趕到，即便趕來，自己也可紮下營壘堅守不戰；等馬超、韓遂大兵一到，曹兵必敗無疑。

潼關一過，景致完全不同了，雖也是群山古道，但遠處漸有良田。鍾繇治民得法，謁者僕射衛覬又調撥耕牛，召集流民墾荒，百姓多樂其業——果然是有王法的地方，還真不一樣！剛行了五六里就有探馬來報：「前方有一支部隊正向東逃。」

「向東逃？多少人？」

「不足百人。」

劉雄笑了：「必是潼關逃亡之兵。咱們趕上去殺乾淨，省得他們到弘農報信。」

這些關中之兵都知道此番叛亂勢大，又一路走來未曾對敵，這會兒都躍躍欲試，跟著老將軍一通猛追。繞過一道山梁，便瞅見了官軍旗號，稀稀拉拉地正在奔逃。人多欺負人少哪有不起勁的？扯著嗓門吶喊著，玩命地追。

畢竟薑是老的辣，追了不到一里地，劉雄發現可疑之處——不足百人倉皇逃竄，豈有不丟旗幟之理？怎麼還舉著不放？

劉雄立刻勒住韁繩，回頭吩咐副將陽逵：「速速喝止兵士。」

「諾。」陽逵領命而去，好在騎兵在前步兵稍慢，只有千餘人追得較緊。劉雄剛鬆口氣，還未緩過神來，忽聽左右喊殺震天——原來山林間有埋伏。

「步兵先撤，老夫親自斷後，倒要看看鍾繇有何本事。」劉雄還未覺得可怕，在他想來弘農只有三千未加訓練的新兵，而且不可能都派出來，即便有埋伏也沒什麼可怕。

可當曹軍衝下來的那一刻，劉雄意識到自己失算了。那滿山遍野的曹兵沒有一萬也有八千，前方大道上也隱約出現了敵人。劉雄再想走已來不及了，只覺敵人如潮水般湧來，不多時就將他這千餘騎團團圍住。

禍到臨頭須放膽，劉雄還想賣賣老精神，把長槍一挺要率部突圍。哪知還沒認準方向，一陣箭雨襲來，冷不防臂上被創，鋼槍脫手；緊跟著三四個驍勇之士已將長矛刺入了他的馬頸。劉雄栽下馬來那一瞬間，隱約瞧見了寫著「夏侯」二字的大旗，可沒等他再抬頭，老胳膊老腿已被曹兵綁了個結結實實。

第六章

入關中曹操先打心理戰

劉雄歸降

老將劉雄糊裡糊塗被曹軍設伏擒獲，關押在一個狹小的軍帳內，倒是不愁吃喝，也無需上綁了，就是不能出去。時隔多日他才從送飯之人口裡打聽明白，擊敗他的根本不是司隸校尉鍾繇，而是趕來增援的夏侯淵。原指望馬超、韓遂速速出兵解救自己，哪知盼來盼去，夏侯淵、徐晃卻先到了。劉雄頗感不妙——莫非老曹早有預料，太原商曜已被剿滅？我又會是什麼下場？

當了俘虜著急也沒有用，只能一天天挨著，所幸自己從藍田帶出的軍隊大部分突圍而去，被俘的只是少數。一把年紀的人還出來打打殺殺的，真不該蹚這渾水，如今出師不利，鬍子都白了還當俘虜，真把老臉丟盡了。乾脆要殺要剮悉聽尊便，頂多不過一死嘛！

但是偏偏沒人來取他性命，只這麼關押著，送來的伙食反倒越來越好，有時候還有一小壺酒。天長日久混熟了，他甚至可以在衛兵監視下到囚帳外轉兩圈透透氣，最憋屈的莫過於見不到曹營將領；若是曹仁、夏侯淵、鍾繇肯召見，哪怕大罵一頓馬上被殺，也比這痛快得多。這豈不是成了曹營的人質？莫非曹操要利用自己牽制關中諸軍？劉雄百思不得其解，還是這麼昏天黑地過日子，大約過了一個多月，終於有曹營一位官員走進了囚禁他的帳篷。

來者不到六十歲，個頭不高花白鬍鬚，頭戴武弁，穿一身灰色布袍；身後還跟著兩人，一個是相貌清秀的文生公子，另一人虎背熊腰頂盔冠甲，豹頭環眼相貌凶惡，似乎是員悍將。

劉雄被囚一月有餘，早沒了戾氣，只沒好氣地瞥了一眼，便把頭低下了。這位官員繞著他轉了兩圈，笑呵呵問道：「你就是藍田來的劉將軍？」劉雄不答，那官員又道：「民間傳言藍田生玉，可是也出奇人，都說你能吞雲吐霧，可是真的？」

劉雄把頭一扭看都不看他一眼，那位年輕公子笑道：「我看他是吐霧迷了自己眼睛，若不然怎會被咱擒住？」

「不要多言。」那官員衝公子擺擺手，又問：「你麾下多少人馬？為何要反叛朝廷？」

劉雄依舊不發一言。那高個子戰將喝道：「我家大人與你講話，為何不答？」

「不必這樣，你退後。」這位官員還真好脾氣，自己搬了張杌凳，就貼身坐在劉雄身旁，伸手招呼那公子，「這一路可把老夫累壞了，來給爹捶捶背。」原來那公子是他兒子，過來輕輕為他揉肩捶背。

這官員也不管劉雄了，只顧著跟自己兒子念叨：「唉！若不是為了你們這些小的，為父一把年紀何必勞師遠征受此顛簸？我都五十多了，子曰『五十知天命，六十耳順』，似為父這等年歲就不鬥氣了，都快成老棺材瓤子了還親自上陣打打殺殺，難道叫人家戳著脊梁骨罵咱們為老不尊？」

五十多歲就為老不尊，旁邊這六十耳順的又該說什麼？劉雄聽出他指桑罵槐，卻強忍著不搭茬。那官員歎了口氣，又自言自語道：「我這輩子受苦的命，年輕時想安心奔個前程，誰料昏庸佞臣阻塞廟堂，又逢黃巾作亂，董卓入京，天下就亂起來了。舉兵打仗固然是有縱橫之志，但更是為了自保，往大了說保一方鄉民，往小了說為保自家。南征北戰東擋西殺，好不容易站穩腳跟，有那麼一畝三分地，就指望能給後輩兒孫留個現成的富貴。可是不行啊，你們這些小的不懂事，偏要折騰。自己折騰還不夠，還要拉著我這半大老頭子出來撐門面。偌大年紀還得出來掙命！」這話恰是劉雄近日所思所想，正說到心坎裡，便留神聽下去，「老子有云：『曲則全，枉則直；窪則盈，敝則新；少則得，多則惑』，物極必反。你越是不知足，越去爭，最後得到的反而越少。其實陽關大道早就鋪好了，就看你走不走，若是放開膽子走下去，撥雲見日富貴無邊。若是非要自謀捷徑，呵呵……只怕連本錢都賠光嘍！」

劉雄心下暗想——這廝倒是句句在理，關中諸將若肯歸降，竭力輔保曹操，日後也未必沒有富貴？非要撐著自己墳頭大的地方當草頭王，又能自在多少？逐鹿中原這麼簡單？玩不好連老家都丟了，屍首都沒地方葬了！

那官員抓著兒子手，語重心長道：「你也讀了不少書，應該知道《尚書・洪範》有『五福』之說吧？」

「孩兒不知。」公子也是聰明人，其實倒背如流卻說不知，懂得這是說給旁人聽的。

那官員娓娓道來：「五福者，一曰壽，二曰富，三曰康寧，四曰攸好德，五曰考終命。」

「作何講法？」

「為父一一講來。這五福之首就是壽。人活一口氣，即便你身負縱橫之志，胸有錦繡韜略，沒了這口氣又有何用？世間千萬富貴也都是有命才能消受。故君子有三戒：少之時，血氣未定，戒之在色；及其壯也，血氣方剛，戒之在鬥；及其老也，血氣既衰，戒之在得。唯有此三戒方能得壽長久。人過二十而崩不稱夭折，為父年近六旬，壽是有了。」

劉雄心道——我更有了。

「二曰富。天下熙熙，皆為利來；天下攘攘，皆為利往。人常說錢財乃身外之物，但沒有這身外俗物還就寸步難行！不過大有大富，小有小富。大富者，富有四海坐擁江河，盡山川池澤之利；

小富者，安家守本衣食暖飽，聲色犬馬倒也無憂。為父官高爵厚，絕不愁囊中之物，富也是鐵定的了。」

劉雄又想——我雖稱不起官高爵厚，但在藍田也是堂上一呼階下百諾，大口喝酒大塊吃肉，不過是當年采藥時落魄些，近三十年倒是沒為錢愁過。

「三曰康寧。」那官員歎口氣，「這個求不來。樹欲靜而風不止，生在這年月，上至天子下至黎民，誰能享上太平？」

劉雄也暗暗嗟歎——趕上這世道，我這代人是康寧不了的。

「四曰攸好德，這個有趣。」那官員笑了，「老子曰：『上德不德，是以有德。下德不失德，是以無德。』依我說這話太泛泛了，須知人之德者非固於五常。德者，得也。有德者方能得，得天下之心者是為大德，得幸近之心者是為小德，故能得者必有其德。名重一方號令甚重，為眾人所擁戴，便是有德之人。」

其實這種解釋甚為牽強，不過投其所好，劉雄聽著高興——老子若不是有德，何至於叫他們拉下水？他越聽越入迷，靜等著聽這官員說最後一條，哪知話到此處竟不再說了。

公子忙問：「父親，那五福的最後一福呢？」

那官員沉默半晌，忽然朗聲道：「難！難！難！」

三個難字出口，劉雄實在憋不住了，轉身問道：「何言其難？」

那官員瞥了他一眼，捋髯道：「考終命者，便是善終，又不僅於善終。無災無難壽終正寢，可言善終，但未必就是考終命。」

「那何為考終命？」劉雄追問。

那官員站了起來，踱著步子道：「人活一生，樹功名於世，晚年保其功業不失，聲名不墮。言之易行之難，若錯走一步，晚節不保，一世英名付諸東流，貽笑千古之下。」

「不好！」劉雄聽罷連拍大腿，「誤矣！我被群小所誤晚節不保！」只這一聲喊罷他突然意識到自己上套了。

那官員轉過身來笑微微看著他：「老將軍，您後悔了？」

劉雄老臉一陣羞紅，想矢口否認，但話已出口還裝什麼硬骨頭？不禁慨歎道：「唉！晚矣……悔不該同謀反叛，快入土的人了出來摸兩手鐵鏽，真他媽晦氣！」

「老將軍既有悔意，向曹丞相請命歸順又有何不可？」

「事已至此，但恐丞相再難寬宥。」

「嘿嘿嘿！」那官員一陣冷笑，繼而手托鬍鬚倏然變色，「念你涉叛未深，也看在你我皆一把年紀的份上，老夫便饒了你。」

劉雄瞠目結舌：「你、你就是……」

「老夫便是曹操。」

一旁曹植、許褚都笑了：「虧你這老兒久經江海，竟也認不出我家丞相。」

劉雄根本沒往曹操身上想，他怎麼可能料到這個貌不驚人、衣著樸素的官僚就是當朝丞相？想來甚覺好笑：「我活了六十多，非但沒見識，而且沒眼力，真是個老糊塗！不過罪將還有一事不服，您為何囚禁馬騰致使馬超作亂？」

「老夫何時囚禁馬衛尉？他就在許都，安安穩穩並無異樣。」

「此言當真？」劉雄不信。

「我乃當朝宰輔，焉能信口雌黃？」

劉雄呆愣愣坐在那裡：「這又是怎麼回事……難道……」

曹操早覺出這老頭打仗雖勇腦子卻不靈便，冷笑道：「老將軍還不明白？非是老夫囚禁馬騰致使其子謀叛，是馬超不念其父身處險境，執意舉兵作亂。」

劉雄初時不信，但是細細想來曹操乃當朝丞相，豈能信口雌黃？況且自己眼下乃一介囚徒，又有何可欺？想至此跺腳大罵：「這逆子真真可恨！」

曹操捋髯冷笑：「古人曾云：『至亂之化，君臣相賊；長少相殺，父子相忍；弟兄相誣，知交相倒；夫妻相冒，日以相危；失人之紀，心若禽獸；長邪苟利，不知義理！』這亂世之中利令智昏之徒甚多，無父無君又有何奇？」

「我若知此內情，焉能與之同謀？」劉雄追悔不已。

曹植過來給劉雄施一禮：「老將軍，這便是方才我父所言，不循其父既定之道，自謀捷徑引禍上身。我王師數萬皆百戰之精良，量那韓、馬兩家不過烏合之眾，螢火之明怎堪與日月爭輝？」說罷朝許褚一揮手。許褚會意，一掀帳簾自衛兵手中搶過長矛，兩臂猛然使勁，耳輪中只聽「砰」的一聲——已將長矛折為兩截！

劉雄更吃一驚，莫說自己已然年邁，就是年輕時也沒這等氣力。曹植趁熱打鐵：「我營中此等驍勇之士數不勝數，關中諸將焉能不敗？」

「唉！天意如此豈能違之？」劉雄已是滿頭冷汗，「但我與諸將皆盟為兄弟。若丞相肯開洪恩，末將願回歸關中勸說眾將散兵歸順，化干戈於無形。」

曹操要的就是這句話，忙拉住他的手：「老夫前日做了個夢，夢見兵進關中得一神人相助。現在想來靈驗得很，這神人就是老將軍你呀！」

「不敢當，不敢當。」劉雄滿臉羞愧。

曹操又吩咐曹植：「吾兒回去叫韓浩他們準備一下，少時就讓老將軍搬到中軍休養，改日我親自備宴為將軍送行。」

劉雄手撚銀鬍苦笑道：「無功不受祿，這兩月夏侯將軍也不曾虧待我，有什麼休養的？明日一早我便回西邊大營，若能勸他們散兵歸降自然最好，若是不能，就率部回藍田以為策應。」

「好，將軍真是個爽快人！」曹操站了起來，「老夫這廂先謝過將軍。」說罷就要作揖。

劉雄哪裡敢受？就著杌凳一溜，先給曹操跪下了：「丞相不可自折身分，末將受朝廷之恩，得免反叛之罪，自當盡犬馬之勞！」他已被感化得服服貼貼。

曹操終於滿意了，連忙攙起：「也罷，事成之後老夫再謝你，也為你兒孫謀個富貴。」說著話指了指曹植，「咱們這把年紀出來打仗還不是為了小的？他們不懂事，還處處叫咱操心！」

「誰說不是啊！」劉雄深有感觸。

「唉，您早休息吧，咱們這些老的還得繼續掙命呢！」曹操裝出一臉無奈，扔下這麼句話就出了帳。

這會兒外面可鬧熱呢！樓圭、賈詡、陳矯、審輔、王粲都在外面等著，還有不少親兵僕役，聽這老頭三兩句就被曹操繞進去了，一個個捂著嘴直樂，見曹操出來都禁不住連挑大指：「丞相高明！」

曹操示意大夥收聲，朝親兵僕役擺了擺手──早準備好了，什麼錦袍、玉帶、美玉、寶劍、肥雞、美酒，各種好東西排著隊往裡端，還有兩個標致的丫鬟捧著香爐也往前湊，還不得把老頭美上天？

眾人各自掩口，直出了夏侯淵大寨才迸出一陣笑聲。王粲笑道：「丞相略施小計就將這老兒收服，他已感恩戴德，此去必定說動關中各部，收服叛將指日可待！」

「豈能這麼容易？」樓圭卻不無憂慮，「人心不足蛇吞象，劉雄是年紀大了好說話，其他那些天生反骨的可未必肯聽。關中軍閥都是狗脾氣，翻臉不認人，事情不會這麼順利。」

賈詡卻漫不經心隨口道了句：「說動是好，說不動也好，只要他肯在眾叛將面前遞個話，咱們就沒白忙。」曹操聞聽此言不禁瞥了他一眼——好個賈文和，就你是明白人，知道我想什麼！

一陣涼風襲來，吹得眾人瑟瑟發抖。誰也沒注意到，竇輔竟隨身夾了件狐裘，立刻披到曹操身上：「丞相，快穿上吧！」

「還是你細心啊！」這次出兵他原本帶著卞氏，還指望老妻照料自己。哪知夫人也是多災多難的命，兵馬剛出河北就先病了，既來不了潼關又回不去鄴城，只好留在孟津休養。

竇輔關切道：「如今夫人不在，您可得保重身體。若是勾起頭風的老毛病，休說我們犯難，就是留守鄴城的大公子也不免牽掛，父子連心啊！」他總是能適當地提到曹丕。

「他掛念老夫，老夫何嘗不掛念他？」曹操歎道：「他若能踏踏實實守好鄴城，也不負老夫對他的一番期望……」

「阿嚏！」沒等曹操話往下深說，曹植倏然打了個噴嚏，「這該死的鬼天氣，八月天怎麼這般冷？」

「公子錯了，現在不是八月，是閏八月。」王粲揣著手笑道：「民間有句沒由來的話，叫『閏七不閏八，閏八動殺伐』。動不動殺伐在下不知，凍死人倒是半點兒不假！」

「嘿嘿嘿，咱大兵至此可不是要動殺伐？」曹操也笑了，「回去都換厚衣服，吃飽穿暖好跟馬兒拚命！咦，子文哪兒去了？」他猛然想起曹彰。

王粲回道：「二公子閒不住，今日徐晃將軍麾下巡營，八成他也跟著斥候去了。」

曹操一聽就急了：「快把他叫回來！戰場是鬧著玩的？這不是獵鷹射兔子，就他那性子，真遇上賊兵准殺起來啦！若有三長兩短，還不疼死他老娘？快去快去！」許褚、韓浩諾諾連聲，趕緊催親兵上馬去尋。

說歸說罵歸罵，當爹沒有不疼兒子的，即便曹操也一樣。

坐纛公子

自曹操領兵出征那天起，曹丕就搬進了幕府。負責留守已經不是第一次，但以往就是掛個名，一應事務自有別人料理，他只管做他的逍遙公子。如今可不一樣，他以五官中郎將、副丞相的名義總督留守事務，鄴城的大事小情件件都由他經手。曹丕也知道這是父親對自己的考驗，時時留心處處謹慎，不敢馬虎片刻。

他每天不到卯時就得起來，梳洗完畢顧不上吃早飯，先到聽政堂看看有沒有緊急公文，接著再奔鶴鳴堂，隔著紗簾向諸位夫人問安；胡亂吃幾口東西就開始處理公務，悶頭忙一上午，到中午與長史國淵、護軍徐宣一同用飯，談談為政的心得，有話沒話也得搜腸刮肚編幾句。殘席還沒撤乾淨，劉廙、蘇林這幫人就在一旁抱著書等著了，或是古人大義，或是道德文章，嘰哩咕嚕念叨半天，聽得進聽不進也得忍著。好不容易打發走他們，涼茂、常林又來了，自己府裡還一攤子事呢。都忙完也快天黑了，又要陪曹林、曹彪等兄弟一起用晚飯，溝通溝通感情；若時候早還得耐著性子陪他們下盤棋，到後面給夫人們問晚安，或是招曹真、曹休他們過來論論軍務，或是與阮瑀、劉楨聊聊文章——周而復始天天如是，真把這位新官上任的公子忙得昏天黑地。

曹丕之所以這麼忙，問題出在曹操身上，他已經允許曹丕開府，又讓其總督留守事務，這麼幹不啻把丞相府、冀州府、五官中郎將府三方面的差事都壓到了曹丕一人身上，再加上後面還一大堆家務，就是三頭六臂也照應不過來。但是這位大公子新官上任，既要向父親表現自己，又要在群僚面前逞強，故而八面玲瓏滴水不漏，硬挺著也要把事辦周全，豈能不累？

眨眼間過了兩個月，曹丕實在吃不消了，整日睡不足覺吃不飽飯，漸漸疲乏懈怠。幹了這麼長時間也摸出點兒門道了，只要往聽政大堂一坐，即便一句話不說，國淵、毛玠他們也會把公文捧來叫他用印，曹操出兵之前早有安排，似乎他再操心也是白忙。

這日清早起來還沒瞧公文，徐宣告進，請他出城巡營。雖然徐宣是左護軍，都督留守兵馬，但曹丕等同於曹操替身，每隔半月還得去一次中軍大營。曹丕換上全副披掛，由段昭、任福保著登戎車，出城閱兵。對曹丕而言，這次留守最舒心的就是巡營，中軍將士陣容嚴整列立兩旁，齊呼萬歲口號，真有統帶千軍萬人之上之感。

不過這只是象徵性的，短短兩圈繞過來，還得回幕府。曹丕一進聽政大堂就頭疼——耽誤這半日，國淵、涼茂、毛玠早捧著公文在裡面候著了呢！

於是曹丕摘盔卸甲，匆匆忙忙換好衣服，坐在案前看公文：冀州田賦提高至三成，青州水軍徵集船隻，揚州屯民擅自逃役，趙國諸侯王劉赦病逝，代郡烏丸進貢良馬……樁樁件件紛亂複雜，好在大部分國淵已批示過了，只等用印下發，曹丕只一掃而過，看著看著，有份教令引起了他的注意。

「呂貢呂效通出任豫州刺史？」曹丕一陣詫異，「這是怎麼回事？不是定了劉威任豫州刺史嗎？」

國淵立刻作答：「啟稟將軍，此事經我等商議已經改了。」曹丕任五官中郎將，名義上屬武職，國淵等人不便再稱呼「公子」，故而改叫「將軍」。

「誰的主意？」曹丕抓住不放，「父親出征前親口吩咐，當時你也在場。劉琮調京任諫議大夫，孫觀補青州刺史，李立為荊州刺史，劉威為豫州刺史，為什麼別人都不曾變，唯獨免了劉威差事？」

劉威與他私交甚篤，曹丕當然不答應。

國淵輕描淡寫道：「事有利弊，權衡度之，這是屬下與諸位大人複議的。豫州乃天子所在，使君當以德望之士擔當，呂貢乃名臣後裔才德兼備；劉威雖小有才名，但處事不謹奢華忒過，只恐名聲不佳，故而改之。」

「這是丞相親口所定，能輕易改嗎？」曹丕知他句句在理，只得用父親來壓。

國淵面無表情道：「在下署長史之事，可便宜行事。若裁度不當，自會向丞相謝罪，還請將軍用印。」

曹丕被他噎得無話可說，心中暗暗不平——父親授我專命之權，而他們也可便宜行事。這一便宜，我還有什麼命可專？這副丞相當得可真憋屈！只得忍著氣把印蓋上，接著看下一份，是毛玠親書的一道調令。

「崔林崔德儒為冀州別駕。」曹丕不陰不陽道：「我沒記錯的話，這崔林是西曹掾崔琰的從弟吧？」

「正是。」毛玠湊了過來。

「崔季珪現居幕府西曹，又任崔德儒為冀州別駕。他崔氏昆仲在冀州權柄太重了吧？」曹丕大為不快，曹植娶的就是崔氏之女，在他看來幕府裡多個姓崔的就是多個曹植黨，「方才你們道『事有利弊，權衡度之』，難道這麼辦也行？崔琰本身就掌管人事，如今又辟本家兄弟，豈不是有任人唯親之嫌？」

毛玠與國淵對望了一眼，實不知這位大公子今天是怎麼了，狠狠心硬頂道：「崔德儒確有其才，冀州之人無不知曉，況且此事乃屬下操辦，非崔西曹所舉。換言之，即便為崔西曹所舉，舉賢不避其親，乃厚德也，又有何非議？」毛玠是個直脾氣人，有什麼說什麼，從來不看人臉色。

「好好好，反正你們都有便宜之權，聽你們的！」曹丕氣哼哼把大印一扣，「我說毛公，您既能幫崔氏的忙，為什麼不幫我的忙？我向您舉薦的人，時至今日您都未加提攜，是不是我哪裡對不住您老？」這已經是賭氣的話了。

毛玠哪受得了，一撩袍襟跪倒堂上：「老臣以能守職，幸得免戾，將軍所舉之人履歷尚淺，是以不敢奉命。望將軍以社稷之心公正行事！」他人是跪下了，話可一點兒都不軟。

曹丕被這番大道理頂得又氣又恨又無可奈何，愣了半晌，嚥口唾沫道：「不必說了，繼續辦差。」他茫然瀏覽著卷宗，卻早已心不在焉——崔琰肯定是曹植之黨，現在毛玠也與他們穿一條褲子，長此以往這府裡根本插不進我的人了。

好不容易把一大摞公文都處理完，國淵、毛玠告退了，曹丕捏著眉頭疲憊地望著涼茂：「涼長史，您是父親指派給我的，如今我署理政務，你理當鼎力輔佐。國淵批示公文，你怎麼不跟著一起過目？」

涼茂回道：「屬下不敢玩忽，皆已過目。」

曹丕火往上撞：「皆已過目？那為什麼他們修改教令你不阻攔？」

哪知涼茂自有道理：「屬下是五官中郎將長史，國淵乃丞相長史，他處置政務屬下無權過問，只是一旁觀瞻。若將軍您有事差遣，屬下自當盡命。」

「你、你……下去吧！」曹丕理屈詞窮，只得打發他走——涼茂本來就是曹操硬派給他的，又怎麼可能跟他一條心？這副丞相幹得真是窩囊！看來這兩月跟國淵他們談的那些政論全是對牛彈琴。

涼茂無奈而去，曹丕兀自背著手氣哼哼踱來踱去，這時小廝進來稟奏：「公子爺，午飯已預備妥當，給您端過來還是……」

「不吃啦！氣都氣飽了！」曹丕猛一嗓子把那僕僮嚇了個跟頭，連滾帶爬就跑了。

「嚯！好大的脾氣呀，我以為丞相又回來了，哪知是咱們大公子呀！」又有一個戲謔的聲音傳來，曹丕轉身欲罵，卻見卞秉與呂昭笑呵呵走了進來。

「舅父……」曹丕自然不敢對卞秉使性。

卞秉大搖大擺坐了：「人走時運馬走膘，當多大官有多大脾氣，你小子變臉變得夠快！大中午的嚷什麼？離著八里地都聽得見，好大的官威。」一席話說得呂昭咯咯直笑。

曹丕知道這位舅舅沒正行，也懶得與他磨嘰：「您有什麼事？」

「喲！開門見山倒是乾脆，你小子嫌棄我了吧？家長里短就不許我串串門子？」卞秉嘻皮笑臉道，「小時候騎著我脖子撒尿也敢這麼說話？你就照這麼長，以後你有事求到我門上，我叫你嬸子拿擀麵杖把你打出去！」

曹丕急不得惱不得，只能陪笑臉：「我的親舅舅！今天差事不順，孩兒心裡煩著呢，您就別玩笑了。」

「嘿嘿嘿，不為難你了。」卞秉微微點頭，這才正容道：「沒什麼要緊的，銅雀臺的料不夠了，另外姐夫臨走前說要在城西北角再修一片府邸，預備以後賞賜大臣。現今鄴城周匝也沒有太好的料了，洛陽還在翻修，我想從東面上黨郡調些好木料，你給辦一下。」

「您寫個章程吧。」

「嘿！一句話的事，這還要什麼章程？」卞秉頗不耐煩。

呂昭詳細解釋道：「將軍可能不太清楚，修銅雀臺的錢一半是從武平侯封邑出，這筆公私兩攙的帳不太好算。卞司馬若是上個章程，莫說來回批示耽誤時間，就是那幫主事的先生也不好做主。如今錢糧都有，勞您給并州刺史梁習遞句話，我們到地方把樹一砍就成了。」

「行，這點小事我還做得了主。」曹丕總算遇上件管得了的事，「舅父留下吧，孩兒陪您喝兩杯。子展也不是外人，你作陪！」

曹丕這會兒心煩，想跟知近的人聊聊，哪知卞秉卻朝外努嘴道：「嗯，還算有點兒良心。不過今天不擾了，他還等著呢！」說完拉著呂昭走出房門。曹丕一看——劉廙捧著書已經來了，就在外候著，下午讀書的時候又到了。

曹丕一腦門官司，哪讀得進去？不等劉廙開口道什麼古今大義，搶先道：「劉先生，正有事找你商量。」

「將軍有何吩咐？」劉廙恭敬守禮深深揖拜。

曹丕腦筋一轉：「前幾日我與梁孟皇談論書法，他甚是推崇張氏父子的草書。張奐乃先朝名將，其子張芝、張昶皆已作古，前年張猛也死了，張家草書筆帖多散於民間，我很想學學，不知先生可否傳授？」他心裡有數，劉廙這等念四書五經念呆了的人，不可能會寫草書。

果不其然，劉廙伏地請罪：「屬下才疏學淺不通草書。」

曹丕心中暗笑，嘴上卻道：「哎呀，這可就不方便了。先生能否搜集些草書筆帖臨摹一番，等演練嫻熟再教給我呢？我近幾日太忙，您也聽見了，少時還要給梁刺史寫公文，實在沒時間研究。若是您學會了，以後我在府裡照著您的筆體就練了，無需再麻煩外人。」

劉廙很為難：「草書非行文之正法，將軍何必非要學？何況屬下不過與您共論學問，不敢擅自為師。」

「謬矣，謬矣！」曹丕連連搖頭，「前日先生還與我論慎微之德。《戰國策》曰：『有以九九求見齊桓公者，桓公不納。其人曰，九九小術而君納之，況大於九九者？於是桓公設庭燎之禮而見之。居無幾，隰朋自遠而至，齊遂以霸。』一事不知學者之恥，一藝不能愧於廊廟，怎麼能不學呢？」

劉廙想不到曹丕會引經據典搪塞自己，見他振振有詞，還真當回事了，作揖道：「尊卑有逾，禮之常分。因而屬下貪守區區之節，不敢修草。蒙將軍開導，不可再推辭。苟使郭隗不輕於燕，九九小術不忽於齊，樂毅自至，霸業以隆！將軍放心，屬下這就去尋張氏手跡，不出半月必能演練嫺熟授於將軍。」

「好好好，先生慢走。」曹丕恭恭敬敬把他送出去——這下好了，給這書呆子找點兒麻煩，至少耳根清靜半個月。

打發走劉廙，大堂上就剩曹丕自己了，這位忙得不可開交的公子霎時閒閒得百無聊賴起來。他展開雙臂躺在帥案之後，原來當丞相也可以這樣偷懶。這會兒他也懶得琢磨崔琰、毛玠之事，熬了這些天，難得半日空閒，他只想甜甜地睡上一覺，把所有不快都忘掉。哪知剛剛合眼，又有個嬌滴滴的聲音道：「兩個月不回家，天天為你牽掛，沒想到你這副丞相當的清閒，睡起大覺來了。」

曹丕豈會辨不出？是愛妻甄氏的聲音，初始迷迷糊糊只覺是夢，既而坐起——果見甄氏笑盈盈走進堂來。常言「小別勝新婚」，曹丕在這府裡忙了兩個月，見著媳婦哪還打熬得住？陡然起身，拽著衣袖拉到屏風之後，扳著脖子就要親嘴。甄氏嗔怪著推開：「大白天做什麼？留神孩子們瞅見。還有外人呢，朱鑠送我過來的。」

曹丕慚愧一笑，在甄氏鬢邊嗅了一下，這才扒著屏風往外看——果見朱鑠正在院裡哄著倆孩子，一個是自己八歲的兒子曹叡，另一個十四歲的是內姪甄像。甄氏之兄甄儼早喪，留下一子甄像，自幼就被甄氏撫養，後來也隨著帶入曹家，曹丕夫婦視若己出待之不薄。

眼見朱鑠趴在地上要給小曹叡當馬騎，曹丕憋不住了，一猛子躥出來：「這是聽政大堂，成什麼樣子？快起來！」

朱鑠連滾帶爬笑道：「公子可不該埋怨，我這兒替您哄著孩子，您好辦正經事啊！」

「貧嘴！」曹丕臉上閃過一絲羞紅，「天下最無情無義的莫過於你們這幫人！沒差事的時候整天在我府裡泡著；如今我坐纛辦事，都不見了蹤影，快兩個月了也不進來一趟，生生把我憋悶死。」

「大公子別這麼說，小的如今天天在營裡坐帳。丞相不在，小的得好好辦事給您長臉。今天您巡營，喊得最起勁兒的就是我，您沒聽見嗎？」

曹丕歎口氣：「你不來也罷了，怎麼吳質、司馬懿他們也不來？天天在府裡做事，我在後院他們在前院，多邁兩道門檻就這麼難？」

朱鑠往曹丕跟前湊了湊，小聲道：「實不相瞞，越是公子您主事，他們越不能來。幕府終究不是您的，多少眼睛盯著呢！瓜田不納履，李下不正冠，他們又不是長史功曹，走得太近惹人閒話。子曰『非其鬼而祭之，諂也』，這道理您會不懂？」

曹丕聽他這大老粗竟掉起了書袋，想必是吳質一句句教的，也就不埋怨了，只道：「好啦好啦，你們這幫人總是有理。你替我轉告吳季重，外面有事寫個條子遞進來，三弟這一去，也不知丁儀兄弟忙些什麼，可得謹慎些。竇輔去了這麼久，一封信都沒來過，也著實令人擔憂……」

這時從堂後環佩叮噹繞來一群侍女，為首之人悄悄過來給曹丕道了個萬福：「奴婢參見公子。」

曹丕只顧著與朱鑠閒話，猛一抬頭瞧那女子，不禁看呆了——這女子雖身分低微，白布衣衫薄施粉黛，卻另有一番風情。二十五、六的模樣，身材高挑體態豐腴，肌膚細膩宛若凝脂；一張白淨鴨蛋臉，俊眼修眉顧盼神飛，隆鼻秀口紅唇飽滿，淡掃娥翠猶如新月，後梳著整齊的墮馬髻，挽著髮鬏，沒半點兒簪環飾物。雖是身位下賤卻天生高貴之氣，不像夫人身邊的丫鬟，倒像是來這府裡串門的青年貴婦，真真怪哉！

曹丕初時一愣，竟不禁隨口道了句：「姐姐有何吩咐？」

「公子折殺奴婢了。」那侍女微微一笑，臉上露出兩個酒窩，「聽說少夫人過來了，環氏、王氏二位夫人叫我迎少夫人進去說話。」環、王皆是側室，聽說甄氏來了少不得禮數，當初在一處居住關係又不錯，自然有說不完的話，但庶母嫡子又不方便親自出來，這才打發個侍女叫她進去。
曹丕微笑著朝甄氏揚了揚手：「姨娘喚妳，去吧去吧！」
那侍女又過去給甄氏見禮，甄氏卻道：「我同公子有幾句話說，有勞姐姐先帶孩子們去吧！」
曹丕一旁觀看倒覺有趣——甄氏楚楚動人若風擺荷葉雨潤芭蕉，那侍女沉著穩重像一樹蘭桂雍容大氣，誰道天下之人氣質身分相符？這一主一僕倒似生反了。
那侍女領著倆孩子走了，曹丕兀自痴痴地看，甄氏將秀腕在他肩頭一搭，笑道：「這大涼天的還有蚊蟲，瞅準了不放往肉裡叮！」
「說什麼呢……看看都不成？」
甄氏卻道：「誰不准你看？你便有本事弄到家裡我也不管。只是小心老爺子生氣，你招惹不起。」她話有所指，一年以前曹丕納同鄉校尉任福之妹為側室，惹曹操老大不高興，說他不務正業耽於美色，還責怪他不加請命私自與中軍將校結親。這回若再順手牽羊拐走幕府侍女，老頭子更要動怒了。
曹丕白了她一眼：「這話也就咱倆私下說說。人皆言上行下效，老爺子年輕時比誰都風流，到如今也是一房一房地娶，偏就不許我們兄弟多納，這叫什麼道理？」
話未說完甄氏就把他嘴捂上了：「胡說些什麼？你瘋了？」
「想妳想的。」曹丕又抱她腰。
「別……」甄氏掙道：「說正經的吧，我可不是特意來看你的。母親行軍路上生病了，如今在孟津住著，雖有丫鬟伺候著，到底不算周全。聽說最近想熊兒，整日以淚洗面。我這趟來是想跟兩位夫人說一聲，明天我帶幾個人也去孟津，親自服侍婆婆。」
曹丕大喜：「好！好！還是吾妻心思細膩。」父親遠在潼關伺候不上，甄氏若能將母親服侍好了，這對自己也是有頗多益處的，「叡兒捨得你走嗎？」

甄氏歎道：「咱孩兒倒是離得開我，偏我卻捨不得這冤家。為了照顧婆婆，也為了你，暫叫他到幕府住幾日。今兒聽說要進來，連蹦帶跳，嚷著要跟宇兒玩。」大戶人家怪事多，曹叡乃曹丕之子，卻與環氏最小的兒子曹宇同庚，這對小叔姪不論輩分互稱乳名，倒能玩到一起。

曹丕緊緊攥著甄氏的手：「有妻如此，夫復何求？我在這府裡忙政務，母親那邊就拜託你了。如今咱多受些委屈，日後不愁沒有玉簪鳳襖讓妳穿戴。」

甄氏嫣然一笑：「你呀，就是這張嘴！」嬌滴滴地去了。

曹丕見妻子走遠了，伸手招呼朱鑠——他夫妻說體己話，朱鑠可不敢聽，離著老遠在儀門下蹲著。這會兒一見招呼趕緊躥過來：「大公子有何吩咐？」

「有件事叫你查查。」

「莫非您想知道那侍女是誰房裡的？」

「嘿嘿嘿，」曹丕笑了，「你小子就在這等事上機靈。」

朱鑠諂笑道：「公子放心。恰巧呂昭回來了，我跟他私交厚著呢，一準幫您打聽得清清楚楚。這府裡侍女多了，丞相也記不清楚，公子若是中意，小的疏通疏通，把她弄到您府裡去？」

「少貧嘴，先問清楚再說！」曹丕擺出一副大義凜然的樣子，「我忙的都是軍國大事，這些不要緊的還用得著我吩咐？你看著辦吧。」

「明白。」朱鑠會心一笑——別的地方倒也罷了，唯獨對女人這方面，大公子真是隨老子！

遊說失敗

韓遂、馬超及關中諸將的叛亂，並不如預想得那麼順利。當初一起謀劃時都信誓旦旦，大有不誅曹操誓不罷休之勢，可真到了行動的時候卻人人退後，不是糧草不濟就是境內盜賊作亂。本來就是賊出身，還鬧什麼賊？其實大多數人還是信心不足，都在觀望之中。真正起兵的只馬、韓兩家以及離潼關較近的梁興、李堪、張横。而行軍過程中壞消息接踵而至：太原商曜還沒怎麼造出聲勢就被夏侯淵、徐晃剿滅，劉雄突襲弘農遇伏遭擒，曹仁所部已趕來增援，最後連曹操都到了。關中叛軍與曹軍隔潼關對峙，形成將兵相持的局面。

潼關以東是曹操的人馬，將近七萬人；潼關以西是關中部隊，也有六萬，雙方勢均力敵。但馬、韓是叛亂者，還有人質在朝廷手中，明顯趨於劣勢。

「宵小鼠輩無信無義，說好了不來，難道要坐山觀虎鬥？」馬超怒不可遏連拍帥案。

帥案的另一邊坐著韓遂，他倆同掌中軍大帳，儼然是平起平坐的兩大統帥。相較馬超而言，韓遂穩重多了，畢竟年近花甲久經滄海，人情冷暖世態炎涼要清楚得多：「賢姪莫動怒，各部駐地有近有遠，既已盟誓豈會不來？他們不過懾於曹操一時之威，不敢輕舉妄動。只要咱們據守潼關挫其銳氣，各部見曹操出師日久不過爾爾，便會陸續趕來。放心吧，咱們的人會越聚越多。」

「曹賊固不能西入潼關，然我等亦不能破之，如此相持何日才能得勝？」馬超顯然不贊成長久之計，「若以我之言，速發精銳之師往曹營挑戰，給老賊一個下馬威！」

「戰不戰可不是咱們說得算的。」成公英盤腿坐在一旁，手裡玩弄著根馬鞭，此番出兵他儼然成了叛軍的總軍師，「關中動亂多年，城池崩壞無險可守，即便長安也難以屯兵。反之潼關以東經略多年，鍾繇、衛覬鎮守弘農已久，彼攻我易，我取彼難。」

馬超越聽越著急：「既然如此，還不速速挑戰？」

成公英倒很沉得住氣：「將軍勿急，曹賊深溝高壘雖不利於我，然終不能長久。莫忘了曹操之南尚有孫權、劉備，如臥虎棲於其側，天長日久必然生變。我等但阻潼關扼其要道，曹操進不能進戰不能勝，一旦肘腋生患急於退兵，我等尾逐其後必能破之。那時只要一戰得勝，各部得訊蜂擁而至，洛陽以西唾手可得也。」

他把局勢洞察得很清楚，計謀也甚是老辣。韓遂不住點頭，馬超也無可爭辯，只忿忿道：「話雖如此，各部將領違約不來實在可恨，絕不能便宜了他們……蔣石！」

蔣石是韓遂麾下，如今馬、韓合兵，馬超這樣頤指氣使，蔣石心中不快又不敢得罪，只得勉強出列：「將軍有何吩咐？」

「你給我火速致書各部，限他們一月內必須起兵來此會合。倘若再敢推諉，等老子擊敗曹操，一個一個收拾他們，叫他們掂量好了！尤其是楊秋那廝，他媽的盟約之時就他喊得嗓門高，事情一出就閉門裝孫子了，什麼東西！」

韓遂笑道：「楊秋區區幾千人馬，不過跳梁小丑，有他不多無他不少，你何必偏偏為難他？」

「事不在大小，這口氣實在難嚥。咱們豈不是被這廝騙了？不把我馬超放在眼裡，我絕不讓他有好日子過！」

言者無心聽者有意，梁興、張橫、李堪就在一旁坐著，聞聽此言不禁咋舌——這小子與他爹相比真是一天一地，半分同袍之情都沒有，現在就如此狂妄跋扈，日後真破了曹操，我們這些勢力小的還不得被他擠對死？

韓遂已經覺出大夥心不齊，耐著性子勸馬超：「賢姪年歲尚輕，做事不可偏激。咱們同在關中，理當以和為貴，何況現在又是兩軍對陣之時。若無緣無故招惹事端，只恐人心離散自相爭鬥，到時候莫等曹操來戰，咱們自己先亂了，還談什麼逐鹿中原？令尊、令弟的性命也都不保啦！為今之計當同仇敵愾互相包容，即便有人來遊說挑撥，也當……」

說什麼來什麼，韓遂話還未講完，只見田逵大步流星闖進帳來：「我家老將軍回來了！」

「什麼？」韓遂一陣蹙眉，其他人也交頭接耳起來——劉雄被獲遭擒，沒被曹操斬首就算燒高香了吧，怎麼竟被放回來了？

成公英腦子極快，馬上警惕起來：「劉老將軍何在？」

田逵道：「正在我營中與將校敘談。」

成公英都顧不得請示了，站起身來指派道：「張橫、蔣石，你們速帶親兵去田將軍營裡把劉雄帶來，千萬別叫他跟將士們胡言亂語，就是綁也得把他綁來！」

二將領命而去，不多時帳外便熙熙攘攘起來，緊跟著帳簾一挑，劉雄大搖大擺走進來——說是綁來，豈能真綁？一來老將軍有威望，這幫人不敢動；二來老頭也不傻，逆來順受，能吃眼前虧嗎？

韓遂一見劉雄起身相迎：「老哥哥，你在曹營受委屈了吧？快快歇息，我這就派人置酒布菜給您壓驚。」其他將領更殷勤，攙著扶著都陪笑臉，唯獨馬超端坐不語。

劉雄一副倚老賣老的架勢，毫不客氣地往東首頭一張杌凳上一坐，翹起腳來道：「唉……命苦啊！一把年紀了還得在外面掙命，這輩子圖的什麼呢？這趟曹營我算沒白去，想明白啦！」

在座的不少是精明人，聽他這不鹹不淡的話就知道他立場變了，八成是回來勸大夥散兵投降的。韓遂不接他話茬，轉而歎道：「自從那日聽說您遭擒，我心裡就不好受。偌大年歲的人了，豈能讓您衝鋒陷陣？這是小弟慮事不周，慚愧慚愧……既然您平安無事回來了，就好好休息吧！今後的仗也不勞您打了，明天我就派人護送您回藍田。您就安安穩穩在家吃太平飯，等著小弟的捷報。」

劉雄心中暗罵——好狡猾的韓文約，竟想糊裡糊塗了事！又接著發起牢騷道：「太平飯？太平飯這麼容易吃的？倘若曹操打過潼關，咱們十幾路人馬玉石俱焚。我是端上太平飯了，只恐你們連吃飯的傢伙都叫人家砍了。我也是養兒養女的人，於心何忍？」

這老頭說話真夠可氣的，韓遂卻也不好翻臉：「老哥哥何必說這喪氣話，您只管回去高臥，戰場的事小弟自有主張。再說還有這麼多兄弟呢，過兩天程銀、成宜、楊秋他們都來，咱人多勢眾萬無一失。」韓遂倒不是怕劉雄，論實力劉雄根本不算什麼，他被擒之後田逵已被自己收編，這老頭掀不起多大風浪；但劉雄德高望重，在這一擺就是個幌子，若真與他鬧翻，非但面子上不好看，也會令其他將領寒心。人心一亂事情就不妙了，最好的辦法就是快快打發他離開。

劉雄見他不肯盡言，話不挑明是不成了，歎息道：「賢弟勸我放心，我倒想勸勸賢弟放手。咱們都是大半截入土的人了，還出來摸一手鐵鏽幹什麼？打打殺殺幾十年，做過多少惡事你心裡也清楚。說好聽的咱們是亂世英雄，說不好聽的就是趁火打劫，趁著大漢朝動亂打下一畝三分地，不過就是個賊出身。雖說亂世無義戰，可朝廷對咱們也不薄了，好歹有個將軍之位，還有什麼不知足？你看看那段煨、韋端，一個個都有了好歸宿，生榮死哀兒孫富貴，咱們為何不學他們？你也快六十的人了，還能撲騰幾天？你就認了吧，難道要到老了沒個歸宿，也不為兒孫遠謀，落一個賊父賊母賊子賊孫？」

韓遂低頭不語，成公英卻接過話來：「老將軍莫要聽曹操一面之詞，現今我等已然舉兵，若再投降焉能寬縱？況且關中諸部非韓將軍一家，各路兵馬齊心思戰，這也未嘗不是長遠打算。曹操敗於荊州，精銳盡失不足為懼。若襲破曹軍揮師東進，非但地盤可保，就是逐鹿中原也大有希望啊！」

「呸！」劉雄把眼一瞪，「就是你這等不省事的挑唆得天下不寧！口氣倒不小，還想逐鹿中原？也不照照鏡子，瞅瞅自己有那本事嘛！」

成公英還沒生氣，馬超倒一拍帥案站了起來：「住口！你這兩面三刀背信棄義的老東西，曹賊給你什麼好處，竟敢跑回來離間挑撥。若不是看你偌大年紀，早將你亂刃分屍了！」

劉雄起身把布袍一扯，露出瘦骨嶙峋的胸膛：「你還別嚇唬我，老子就是不怕死，若怕死就留在曹營不回來了，有本事拿刀往這兒招呼，眨一下眼睛我不姓劉！老子刀尖上舔血時你還沒出娘胎呢！你指著鼻子問我，老子還沒問你呢！你口口聲聲說你爹准你起兵，可有書信為證？」

這一句話就把馬超堵住了。

劉雄兀自不饒，破口大罵：「你個小白眼狼，曹操都告訴我了，你爹屢次寫信囑咐你不可造次，你竟連父子之情都不念啦！你們這些在座的都睜眼瞧瞧，這小子到底是個什麼東西！他連自己親爹死活都不顧，日後能拿你們當回事嗎？」

馬超被他罵得惱羞成怒，眼瞅著就要拔劍，韓遂見狀趕緊阻攔：「賢姪不可……來人吶！老將軍瘋迷了，把他攙回大帳看管起來！」

「誰瘋迷了？我看你才是利令智昏！朝廷何負於你們？有此良機還不歸順，真要挨那項上一刀嗎？」劉雄罵不絕口，已被眾武士死死抓住；回頭一看，攥自己手腕的正是麾下愛將田逵，更為光火，「你小子是我一手提拔起來的，怎麼也吃裡扒外？」

田逵又羞又愧，卻不肯放手：「老將軍恩重如山，但也要為我們這幫年輕人的前程著想啊！小的我也想裂土分茅為一方諸侯，給兄弟們掙些富貴。咱跟著韓、馬兩位將軍幹吧，人多勢眾絕沒有虧吃！您就忍一時之氣，日後我要是跟著韓將軍混出息了，我一定像孝敬親爹一樣孝敬您，這還不成嗎？」說著說著連眼淚都下來了。

劉雄又憐又氣：「你個傻小子！現在早不是二十年前天下無主的時候了，舉兵作亂能有什麼好下場？」繼而衝著韓遂、成公英罵道：「你們這幫狼心狗肺的，張嘴閉嘴同袍之義，卻吞併我部眾，慫恿我的崽子給你們當槍使！走著瞧，你們得不了好下場……」

「快轟出去！轟出去！」韓遂連忙擺手，眾武士又拉又勸總算把劉雄拖走了，找個空閒軍帳軟禁起來——這老爺子也是倒霉，在曹營當了兩個月俘虜，好不容易放出來，又被這邊扣下了。

大帳又恢復了平靜，上至韓遂、馬超，下至偏副將官誰都不言語了，各想各的心事。劉雄之事暫時壓下了，但問題也暴露出來。馬騰根本就不贊成起兵，馬超野心勃勃擅自為之，全不念父子之情，此等心腸實在可怖！而韓遂滿口仁義，卻也兼併了劉雄的部眾，做的可不似說的那般好聽。各部人馬本來心就不齊，叫劉雄這麼一攪，彼此間防備之心更重了。

這時有斥候來報：「啟稟眾位將軍，程銀、馬玩兩部已過新豐，明天便可到此會合。」

「好。」韓遂似乎是想趕走這尷尬的氣氛，故意提高了嗓門，「請列位兄弟各歸營寨謹守營盤，待明日二位將軍到來再做商議。劉雄之事大家不必在意，等咱們打了勝仗再勸老將軍吧……散帳！」

眾人參差不齊地應了一聲，退出大帳各歸營寨。成公英緊走幾步輕輕拉住梁興袍襟：「梁將軍，慢行一步。」

「成公兄有事嗎？」

「借一步講話。」成公英將他帶到帳後僻靜之處，「方才有幾句話沒法同著馬超說。今劉雄被執，曹操遊說之計已破，必將謀戰。強突潼關是不太可能的，只怕要分兵渡河謀取渭北之地。」

「兵來將擋水來土掩，這有什麼藏著掖著的？」梁興沒弄明白，「成公兄有何為難之處？」

「潼關不利於戰，曹操若取渭北之地便可繞出險隘與我周旋。我想請將軍率領本部兵馬防禦渭北，以防曹軍渡河。若將軍不去，只怕那馬兒……」成公英話說一半頓住了。

梁興瞧著成公英熠熠的眼神，漸漸明白了——渭北是左馮翊一帶的戰略要地，而梁興的大本營在鄜城，因而左馮翊不少地盤屬梁興的勢力範圍，由其防衛再合適不過了。馬超剛猛好戰，若是容他搶去這差事，即便打敗了曹操，恐怕渭北之地也不再為梁興所有了。成公英唯恐馬超趁機坐大威脅韓遂，故而背地裡悄悄地對梁興說。

「承情承情。」梁興連忙道謝，「今晚我就移師渭北，悄悄地走。只是兩位將軍這邊……」

成公英笑道：「韓老將軍與您是一條心的，不必在意。至於馬超我去支應，咱們共戰曹操，大局為先，他又有什麼可爭的？」他說著話緊緊攥住梁興的手，「雖然都在一個鍋裡舀湯喝，誰是真朋友，誰是以利相交，將軍可要認清好人啊！」

「是是是，咱們才是一家人。」梁興嘴上雖這麼說，心裡卻冷笑——什麼一條心一家人？不過爾爾！馬超是個不折不扣的狼崽子，可韓老賊又能好到哪兒去？賊吃賊，越吃越肥，劉雄所部已叫他吞併了，又豈會對我真心？這不過是想借我遏制馬超罷了。天下烏鴉一般黑，認清什麼好人？包括我在內，這裡有他媽一個好人嗎？

第七章

曹操渡渭水險喪敵手

蒲阪之戰

劉雄被扣留的消息很快傳到曹營，但這似乎並不出曹操意料，他只是微微一笑，隨口道了句：「馬兒反狀畢露，現在可以致書許都，將馬騰及其二子馬鐵、馬休連同家眷下獄了。他既然不念骨肉之情，老夫就幫他把逆臣逆子之名散布天下！」

這是一場簡單的會晤，只有少數文武參加，天越來越冷了，大帳裡點著炭火盆，大家圍坐一處。不過並非所有人都像曹操一樣樂觀，長史陳矯就顯得很沉鬱：「兩軍僵持數月，眼看嚴寒將至，如此拖延只恐孫權、劉備將有不測之謀。丞相還要早作打算才是。」

曹操一副滿不著急的樣子，卻問倆兒子：「子文、子建，以你們之見接下來該怎麼辦？」

「這還有什麼說的？真刀真槍跟他們幹！」曹彰騰地站了起來，差點兒將炭盆碰翻，「我就不信這幫烏合之眾有什麼本事。兩軍交鋒勇者勝，孩兒願提一彪人馬以為先鋒，至叛軍陣前討戰！」

曹操連連搖頭：「你不讀書習學慕聖道，而好乘馬擊劍爭強好勇，此一匹夫之勇，何足貴也？還是回去多念念書吧。」

曹彰聽父親貶低自己，有意辯駁卻被曹植攔住，輕輕拉他坐下：「殺敵一千自損八百，強攻硬取非善戰之法。用兵之法，全國為上，破國次之；全軍為上，破軍次之。是故百戰百勝，非善之善者也；不戰而屈人之兵，善之善者也。」

曹操眼前一亮：「依你之見？」

曹植笑道：「劉雄雖已被制，然敵心必亂。今當再遣合適之人前往勸諭，設法解其干戈，但求不戰而屈人之兵。」

曹操的眼神又黯淡了——兵法倒是背得頭頭是道，真用起來就顯出書呆子氣了。想至此他戲謔地瞥了眼坐在角落喝水的賈詡：「文和，吾兒有意再遣遊說之人。你乃武威郡名士，在西州久有大名，再派人沒有比你更合適的了。」

賈詡知他是戲耍，也笑道：「只怕我有命去，無命回來。劉雄尚且被挾，我去豈不是送死？謀叛者懷必死之心，父子至情皆可不念，豈容我一敵營老叟說短論長？若真似公子所想的那般深明大義，他們就不叛亂了。這天下也不至於干戈不斷了。」莫看賈詡現在像個坐而論道的先生，當年可是保過董卓的，腦筋可一點兒都不古板。

「說到底還是得打。」竇輔歎了口氣，「關西兵強，多習長矛，又征戰不休未有弛懈，皆百戰驍果。我軍若與之戰，非精選前鋒不可以當也。」

曹彰一聽要選精銳先鋒，又卯足了勁，曹操卻道：「戰在我，非在賊也。賊雖習長矛，假使不得以刺，空無用武之地，又何能為也？」

竇輔精於政務，卻不甚通用兵之法：「丞相之意是……」

「固然要戰，但不可強攻硬戰。近聞成宜所部六千也已抵達潼關，賊勢已眾於我。今當謀牽制之法，使賊隨我動，賊疲我攻，趁其不備而擊之。兵法有云：『夫地行者，兵之助也。料敵制勝，計險易遠近，上將之道也』。」說著話曹操站起身來，指指身後的屏風，那屏風之上掛著羊皮卷，正是潼關一帶的地圖，「你們看看此處的地勢，可有良策？」

眾人心思不同——竇輔、王粲不諳兵略，瞪大眼睛看著這幅圖，依舊腦中空空；曹植冥思苦想，眼睛都快瞪酸了，父親用意他是領會了，想法卻模模糊糊似有似無；曹彰沒那耐性，只瞅了一眼就打起哈欠。其他夏侯淵、徐晃、鄧展等將也是絞盡腦汁，唯有樓圭、賈詡不屑一顧，一個扭頭竊笑，一個悶頭喝水，眼皮都不抬。

曹操期待地望著曹植，希望他有所領悟，但等了半晌，最先打破沉默的卻是徐晃：「某得之矣！我軍盛兵於此，而賊不復別守蒲阪，知其無謀也。末將願請精兵渡蒲阪津，出其不意突襲敵營，賊可擒也。」這正是曹操所謀——此間地形甚為奧妙，黃河自北向南，渭水由西向東，兩川恰會於潼關之北，天然形成了一個「丁」字形河口。如今兩軍列陣於潼關左右，皆在渭水以南。此處地形狹窄道路險要，曹操若不破敵，則無法馳騁平原大展用兵之才，反之關中諸軍若不能破曹，也不能進取弘農之地，故而兩軍僵持不動。徐晃的建議是分兵北渡渭水，然後再從黃河蒲阪津西渡，到達敵人的北部，這樣就繞過了潼關直趨敵後，可以打破韓、馬的部署，相機而破之。

曹操微微點頭：「善矣……」但這不是兒子的答覆，心中不免有些遺憾。

「我也去！」曹彰根本沒明白怎麼回事，也跟著起鬨。

曹操根本沒搭理他，回身自帥案取來一卷書，遞到曹植手中：「險形者，我先居之，必居高陽以待敵。你好好參悟一下吧！」

曹植低頭細看，原來是孫武子《地形篇》，就在「我先居之」四個字旁邊，父親用朱筆注道「地形險隘，尤不可致於人」，這才明白父親早就成竹於胸，是故意考較自己，不禁慚愧：「孩兒紙上談兵，今後一定多加習學兵法，請父親將此書賜予孩兒。」

「我也要看！」曹彰又跟著起鬨。

「你呀……先去讀《論語》、《中庸》吧。」曹操回歸帥案，抽出支令箭，「徐晃聽令！」

「末將在。」

「命你提本部四千人馬今夜北渡，搶占蒲阪津。」

「遵命。」徐晃趨身向前，還未接過令箭，忽聽帳外有人大呼：「且慢！」緊跟著帳簾掀起，涼風襲面，有一員悍將風風火火闖進帳來，繼而甲葉嘩啦，直挺挺跪倒在地，「懇請丞相把這支令箭交與末將！」曹操據案而視，來者乃是朱靈。

朱靈因所部兵馬屢次械鬥生事，被曹操革去兵權收在中軍，仗依然可以打，卻不能自己帶兵了。遍觀曹營諸將，除了樂進、于禁及曹家親信之外，無人比朱靈資格更老，從軍多年也是戰功赫赫。沒想到只因治軍不謹就被革了兵權，而且還是被他生平最不服的于禁接管了部眾，這口氣朱靈怎嚥得下去？而且最難受的是面子過不去！當年他統領一軍跟隨曹操時，張遼尚在呂布麾下，張郃保著袁紹，徐晃還是白波賊呢！如今人家都厲害了，自己倒越混越不濟，連他當年不放在眼裡的王忠都有將軍之位，比他晚來十年的鄧展現在自統一部。朱靈情何以堪？故而想方設法要將功補過，與于禁爭鬥且放一邊，血性漢子至少得把臉掙回來。今日密議本來無他，可他耐不住性子，跑到帳外偷聽，守大帳的許褚也是老熟人，知他所思所想也不好意思轟他走。耳聽得一場大功要歸徐晃，趕緊進來請令。

曹操一見是他，立刻板起面孔：「朱文博，你乃中軍之將，應隨老夫而動，豈能出來爭功？」

朱靈抓耳撓腮：「丞相……我、我……」他也是粗人，不知說什麼好，憋了半天才道：「我知道錯了，您就別擠對我了！」

「哈哈哈……」眾人哄堂大笑。

曹操也忍俊不住，卻清清喉嚨道：「領兵乃作戰之本，兵尚不能治好，談何打仗？誅大為威，賞小為明，以賞罰為禁止而令行矣。正因你功高名重，罰你一人足可震三軍，老夫越發不能姑息！今雖有悔過之意，卻不能無故赦免。你既願討令，我便命你充任徐晃副將，與其同往蒲阪，若有戰功再做商議。」

朱靈亟不可待：「我若立功可否授還舊部？」

曹操正要激他，淡淡一笑：「那就要看你立多大的功了。」

「成！我當先鋒官！」朱靈猛然躥起，一把奪過軍令。

徐晃忿忿道：「我才是主將。」

「我怕你丟了，替你收著，替你收著……」朱靈憨笑。

「當將軍能把令丟了？快給我！你若不給我不准你當先鋒。」

「哎呀！咱都是老交情，這點兒面子都不給……」

他二人正鬥嘴，帳簾一動，負責糧秣的典軍校尉丁斐走進來。曹操擺手叫他倆閉嘴：「有何軍情？」

「弘農太守賈逵解送軍糧千斛、牛馬牲畜百餘匹，已屯入後營。」

「來得正好。」曹操道：「先分二十頭牛給兩位將軍，叫兵士飽餐戰飯養精蓄銳，今晚也好出兵。再致書河東太守杜畿，大軍近日就將北移，改由他就近供給糧草。」

「諾。」徐、朱二將與丁斐一齊退下。

曹彰躍躍欲試也要請命，不待他張口曹操一拍帥案：「陳矯、王粲、曹植聽令！」

「在。」三人沒想到還有自己差事，連忙起身。

曹操一指曹彰：「你們三個把他給我盯住了，別叫他出去惹禍。老夫的兒子是不少，但也經不起一個接一個地死！」說罷起身招呼在場所有人，「傳令全軍拔營起寨，西進十里逼近潼關再紮營。」

曹彰咕噥道：「明明要北渡了，為何還要逼近敵人？」

曹操拍了拍他肩膀：「傻小子，何時你能明白這是什麼道理，為父就不用這麼盯著你啦！」

曹軍西進十里，毗鄰潼關紮下營寨，只有徐晃所部四千兵士未動，殺牛宰羊吃飽喝足，往帳篷裡一臥，睡不著瞇著，靜候太陽落山，直耗到戌末亥初天已大黑，徐晃才傳令啟程。鑼鼓軍帳、輜重糧草、轅車藩籬盡數收好，小船是早預備下的，二將督率士兵北越關山，先渡渭水。

渡渭水還算順利，雖然水流湍急，但沒有任何人干擾，只是輜重軍帳不能捨，因為過黃河還要再次下寨，故而耽誤了工夫。曹營諸將中徐晃出了名的謹慎，素來是「先為不可勝，然後戰」，治軍也最嚴，這邊渡著河，那邊就開始排列輜重——藩籬在前，轅車居中，軍帳糧草居後。已經過河的兵四下戒備，還沒過河的就排列這些東西，黑燈瞎火的竟沒一人閒著，無愧軍中有諺「不得晌，屬徐晃」，萬事都想在前頭。

偏偏朱靈卻是眾將之中治兵最鬆的，又是個急性子，只要當兵的打仗肯拚命，其他什麼都不管，無怪乎落到這步田地。他瞧徐晃慢慢吞吞安排這些雜物心裡就起急，若非屈居副將之位，早就帶兵衝出二里地了。催了徐晃半天，總算是等全軍都渡了河，這才列好隊伍接著前進。

這會兒已近子時，明月朗照，皎潔的月光灑滿大地，給漆黑的荒原帶來幾分光亮。渭河以北不知有無叛軍，這月光可幫了大忙，徐晃也不傳令舉火了，就借著朦朧月色前進。若依朱靈之法，過了渭水就西奔黃河河口，順著河岸北上，先聲奪人遇著敵人就拚；徐晃不聽他言，偏偏不走河岸，直接向北行軍，哪怕繞個大圈子，也要防止暴露行蹤。

曹軍在漫漫荒原上行軍，有條不紊隊列整齊。朱靈暗暗光火——徐公明磨磨唧唧簡直像個老嫗，黑燈瞎火列這漂亮陣勢有個屁用？徐晃也不理他，督著隊伍繼續前行，直走了一個多時辰，昏天黑地不知到了哪裡，士兵們眼皮子都打架了，這才傳令西轉。過了蒲阪縣境，大家摸黑來到河岸，隱約望見自北南流的黃河——這段河道雖不及渭水湍急，但河面卻寬得多，對面還有叢叢密林。依著朱靈這就渡河，徐晃還是不著急，順河道接著向北，走走停停，又耗了小半個時辰，直到一處兩岸都平緩開闊的地方才勒馬，笑道：「先鋒官，該你顯身手了，千萬小心。」

朱靈忍了半宿，就等這句話了，哪還顧分布船隻，領著幾十個親兵就上了船，搶先離岸撲奔河西。行軍可以借著月光，渡河可就得打起火把了，朱靈身先士卒，登到船頭親自舉火，為十幾條小舟引領方向。可船剛行到河中央，忽聞對面傳來馬蹄之聲，緊接著也有稀稀疏疏的火光朝這邊靠攏——有敵人！

渡半受敵是兵家大忌，這地方要是過不去，敵人隔河堵截，走到哪兒人家堵到哪兒，永遠也過不去。曹軍已是有進無退，朱靈把牙一咬，轉身從親兵身上抽出把環首大刀，將左手火把一搖，嚷道：「小的們看好了，跟著老子殺啊！」說話間船離對面已不足一丈，岸上早閃出一大片黑影。朱靈估摸著淹不到了，奮力往河裡一躍，踏著齊膝的河水就往上衝。他立功心切，士兵們可沒見過這麼打仗的，萬一對面備好弓箭，就成刺蝟啦！猶豫片刻，見對面亂烘烘，似乎也未準備好，這才齊聲吶喊跟著衝下去；使船的也都是人精，見士兵們下去，調轉船頭又去接第二撥。

朱靈今天豁出去了，完全一副不要命的架勢。對面的敵人也搞不清狀況，只是看見火把知道躥過一人，匆忙中竟沒人想起來放箭。眨眼工夫朱靈已然殺到，剛一上岸就有個騎兵挺槍刺來，朱靈身子一晃，讓過槍尖揮刀便劈，頓時齊腰砍翻血噴如雨，後面十幾個親兵趁亂而上，西岸可就熱鬧了。

但曹兵不知，這可不是普通斥候，乃是梁興麾下勁旅，約有五六百，且多為騎兵；統兵之人叫趙青龍，在關中諸部頗有勇名。梁興得成公英之謀已移師渭北，派遣部將往來巡視河岸，就防著曹軍前來，今夜負責巡查的就是趙青龍，行至此間偶見河上火光搖曳，忙派百餘騎前來查看，哪知糊裡糊塗打起來了，趕緊率兵接應。他一馬當先趕到河灘，見百餘騎與數十曹軍殺得難解難分，其中有個又高又壯的將領，又喊又叫也沒騎馬，左手舉著火把，右手攥著大刀，舞得車輪相仿，奮力廝殺勇不可擋。趙青龍火往上撞，他手中一杆丈八馬槊，也有萬夫之勇，當即催馬直奔那將殺去！朱靈影影綽綽見一騎奔來，也預感到不是尋常之輩，自己步行又是短傢伙，情急之下左臂一掄：「去你娘的！」將火把扔出去了。

趙青龍正要取他性命，突見一道火輪奔自己面門打來——挨一下不要緊，把戰袍引燃可就燒活人啦！忙橫過馬槊擊飛火炬，哪知緊跟著黑影一縱，朱靈舉著大刀撲過來了。趙青龍嚇得魂飛魄散，翻不過腕子也來不及撥馬，饒是這小子反應快，立刻棄槊抬腿跨鞍，擦著朱靈的刀尖跳下馬去，撿了條命。

人是逃了，馬逃不了，大刀照著馬背就劈下去了。也是朱靈一股急勁兒，竟生生將這戰馬斬為兩段。噴得周遭一人一身血，嘩啦啦的腸子肚子流了一地，可把敵兵嚇得不輕。趙青龍跳下馬去一個側歪摔倒在地，又是泥土又是膿血，黑燈瞎火也找不著自己的槊了。青龍變了躥地長蟲，摸了半天摸不到傢伙，索性也不找了，站起身把佩劍一抽：「我照應著，快去搬兵！」可他的兵受此一驚已有些心怯，曹兵趁勢渡過數百，兩軍黑咕隆咚地扎到一起，火把全撒手了，這可真亂了！

黑黢黢也瞧不清楚，有的兵瞧誰都像敵人，舉著刀亂砍；也有的瞧誰都像自己人，一下都不敢招呼，喊得比殺得還凶！糊裡糊塗一頓亂撞，猛然又見西南方撞來一彪人馬——乃梁興麾下另一部巡哨，為首之將名喚靳富。

朱靈此刻已上馬換槍，眼見敵眾我寡大軍還沒盡數過來，情知唯有死戰，催動坐騎大喝一聲：「老子要洗雪前恥！」帶著兵就撲過去了，嚷得敵人直納悶：什麼洗雪前恥？

他們哪知道，朱靈前番被于禁奪營，在中軍受了不少委屈，今夜算是撒開手了，竟把對于禁的恨傾洩到敵人身上！他手下親兵也都是不要命的，徐晃的兵也頗受激勵，索性全豁出去了，迎著敵人一通猛殺，針尖對麥芒，雙方死傷嚴重。這時徐晃已經過河，後面的兵開始運輜重了，關中軍瞧出便宜了，那個不要命的將軍不好惹，這位穩穩當當的還不好欺負？於是齊奔徐晃下手。

哪知這位更不好惹！徐晃將手中大刀一擺，登岸的數百曹兵原地不動，一起彎弓搭箭，齊刷刷射死一排。朱靈左衝右突殺得血瓢一般，將將戰了半個時辰，兩下夾擊竟將斬富的兵殺散了；剛緩口氣，又見西方火光沖天——梁興親率五千人馬趕到了！

曹兵總共只四千人，奮殺半宿又是搶渡，這次可真危險了。朱靈連喘大氣，低頭看看自己這杆槍，不禁悲從中來：今日恐怕有死無活了，也罷，拚死在此也算把臉掙回來了……想至此又要再突梁興的隊伍，忽聽身後徐晃放聲大笑：「文博！連殺兩陣累了吧？何不進來歇歇？」

朱靈回頭觀看，大吃一驚——河灘上已立起整齊的寨牆！

磨刀不誤砍柴工，徐晃渡渭水時就安排好了，前面跟朱靈的一千人只管禦敵，中間自己帶兩千人就是放箭，後面一千兵負責紮營。運輜重頗有講究：藩籬在前，轅車居中，軍帳糧草居後。那柵欄從潼關大營拆下來就是大片大片，運著不方便，用起來可好使。而且徐晃過河前又選好了地勢，士兵過來把柵欄一插就算立住了，後面的人把轅車一架就有寨門了。剛開始是人護著牆，後來就是牆護著人了。

朱靈欣喜若狂，連忙催馬進營：「徐公明，我服了你啦！」

「文博兄之驍勇，我也欽佩！」

「彼此彼此。」二將握手而笑，曹兵盡數退入牆內，隔著柵欄夾起長槍，搭起弓箭，恭候梁興大駕。

這會兒趙青龍、靳富聚攏殘兵歸隊，梁興大軍強突曹營，哪知人家早布置好了，三突兩突攻不進，反傷了不少士卒。又折騰了半個時辰，天已濛濛亮，梁興放眼望去——曹兵以逸待勞穩居寨內，後面的小舟往來不絕，糧食、鑼鼓、軍旗都過來了，有人支起了帳篷，還有人都開始挖灶埋鍋了，這還怎麼打？

趙青龍吃了個虧，狂吼不已：「絕不能饒他們，繼續攻！給我攻啊！」

「別攻了，還瞅不出個子丑寅卯？」靳富白了他一眼，「人家寨子都紮穩了，即便攻下來得死多少人？韓遂、馬超都是幹什麼吃的，憑什麼叫咱當這冤大頭？叫他們玩命去！」

梁興苦笑著搖了搖頭：「收兵吧……」

險渡渭水

徐晃、朱靈夜渡蒲阪津，力退梁興紮下營寨，這不啻在黃河以東楔進一顆釘子，打出一個入口，此後曹軍從潼關到蒲阪津暢通無阻，可以順利到達敵軍以北了。曹操聞訊下令佯攻叛軍大營，韓遂等部誤以為曹軍有意兩面夾擊，於是謹守營寨。如此叫囂兩三日，曹操料想敵人不敢輕易出動了，這才開始部署渡河。

從潼關以西望去，曹軍營寨森嚴旗幟林立，透著威武煞氣，可這只是表面現象，殊不知大部隊早已無聲無息自後寨門撤走，只有少數人虛設旌旗，敲鑼打鼓以為疑兵。六萬大軍渡河絕非易事，需要周密布置，更須防備敵人趁亂進攻。

曹操統領中軍之士坐鎮渭水岸邊親自殿後，督促大軍過河。曹軍舟楫雖不多，但軍令嚴明列隊整齊，加之臨時打造了一些浮板，速度倒也不慢。一天一夜時間，夏侯淵、曹仁、張郃等部皆已渡河，輜重糧草也已運過大半，只要中軍再盡數渡過，曹軍就可以拋開潼關之敵揚長而去了。

曹操身披白狐裘穩坐胡床之上，眾謀士左右相陪；曹植也侍立在他身旁，望著波瀾壯闊的渡河場面甚是激動。不過曹操本人卻不怎麼欣喜，雖然眼下這場仗已撥雲見日，但這熱鬧的渡河場面讓他想起了赤壁——現在只有不多的小船，尚且可以精心謀劃，當初擁大小戰船千餘艘，若是平心靜氣，豈會敗於孫、劉？在他心目中，韓、馬之流不過是無關痛癢的小角色，劉備也不過爾爾，真正的對手只有江東孫權。據聞周瑜已病逝巴丘，孫權、劉備險些因荊州之事反目，這恰是再次南征的好機會；而且青州臧霸傳來消息，周曜、管容等操練水軍已然純熟，這可是在海上訓練出來的部隊，應該敵得過江東水軍。曹操已暗下決心，只要打完眼前這一仗，立刻揮師向南再討孫權。

「父親快看！」曹植一聲呼喚打破了曹操的沉思，「二哥在對岸朝咱們招手呢！」曹彰是個好熱鬧的，哪裡耐得住性子？曹植等人一個沒留神，他便躥上了船，跟著前軍先渡了河。

曹操遙望對岸縱馬馳騁朝自己揮手的兒子，笑道：「這傻小子早些過去也是好事，他若留在這邊我更不放心。」說話間只聽眾人齊聲贊歎——原來天上有隻失群孤雁，寒風中打著盤旋正不知飛往何方，曹彰搭弓在手竟將此雁射了下來。

「公子好箭法！」眾謀士不禁誇讚。

曹操看了也很高興，口中卻道：「此不過匹夫之能，你們莫要謬讚，縱得他越發不知深淺。」

王粲飽學多識，也很會說話：「古人云：『將不仁，則三軍不親；將不勇，則三軍不銳。』依在下所觀，平原侯忠孝可親，占一仁字，二公子武藝出眾，占一個勇字，皆是治軍之才。」

曹操擺擺手：「仲宣所言謬矣，為將者需仁勇兼備，他們倆一則以仁，一則以勇，難道打仗的時候要他們倆一起為帥？」

連曹植自己都樂了：「真要是讓我倆一同為帥，軍營非亂了不成！」

大家說笑間，竇輔與丁斐縱馬自後面趕來。丁斐下馬道：「我等已派兵收起旌旗軍帳，少時便可運來。」竇輔卻總是一番憂慮之色：「我軍虛張聲勢渡河，因而賊不敢出，今收起軍帳，只恐賊兵探得我動向過來騷擾。」

曹操冷笑道：「他們這會兒得知已經晚了。大部隊已渡河，少時中軍也渡完了，即便趕來只能隔水而歎。你們做好準備也過去吧！」

這會兒中護軍韓浩已經帶著不少士兵上了船，並空出兩條稍大的請曹操父子以及眾謀士登船。曹操婉拒道：「將乃兵之膽，兵乃將之威，我若渡去，只恐剩下人心中不安。你們先去吧！」他不肯走，別人也不好意思走，彼此推讓一番，最後還是荀攸與賈詡、樓圭、陳矯、王粲等先上了船。

一篙撐開舟楫離岸，曹操指著樓圭的背影小聲問曹植：「你以為樓子伯其人如何？」

曹植道：「父親年少之交知近舊友，乃社稷之才。」

曹操搖搖頭：「樓子伯雖有其才，然亦為父之儔也。昔日曾有天下之志，因際遇不佳難以自立，才肯屈身保我。他每與人言常常自比，爭雄之心可見。故而我雖任其為將軍，卻不與其兵權。」說到這兒他歎了口氣，「似這等人雖可用，但不可授之以權，絕不能給他半點兒機會！」

曹植已聽得心驚肉跳。他平日只覺父親與樓圭相親相厚，賞賜優於眾人，卻不知暗藏此等心機，甚覺可怖。

繼而曹操又問：「賈文和其人，你以為如何？」

曹植按捺了心緒，答道：「此老沉鬱中庸，乃忠厚之人。」

「你又看走眼了。」曹操笑道：「賈詡少時馳名關西，先保董卓，後輔李傕，又助張繡。若非有吞天之膽，豈敢煽動涼州部誅殺王允，禍亂長安？你可不要被此人忠厚外表給蒙蔽了，他是因身負禍國之罪而不得不如此。其智可及，其愚不可及也！」

曹植不禁寒顫，哪想到一團和氣的曹營竟藏著這麼多詭祕心機？軍師荀攸與賈詡同乘一條船，看見賈詡自然也看見荀攸了，曹植以為這是個沒毛病的，贊道：「荀軍師運籌帷幄公忠體國，此人最好。」

這次輪到曹操無言以對了，想起他與尚書令荀彧的關係，低下頭喃喃自語：「世上沒有十全十美之人……」

曹植隱約察覺到自己可能失言了，荀攸近兩年來並未貢獻奇謀，或許他與父親之間出現了什麼看不清、摸不著的芥蒂吧？

曹操倏然問：「你知道方才王仲宣所論『將之仁勇』出自何典嗎？」

「孩兒知道，乃是太公《三略》。」若論讀書之廣，諸子無出曹植之右。

曹操漫指這片河灘：「昔日姜太公垂釣於渭水，其釣竿不用相餌之食，離水面三尺，乃言『願者上鈎』，輔保武王開成周之八百年社稷。想來世間君臣際遇，也不過這鈎餌之術。夫魚食其餌，乃牽於緡；人食其祿，乃服於君。故以餌取魚，魚可殺；以祿取人，人可竭；以家取國，國可拔；以國取天下，天下可畢！」說到這兒他扭臉緊盯著兒子，「你說說，咱們曹家是要做鈎餌，還是做魚？」

曹植萬沒料到父親會把這麼大一個難題突然拋給自己，一時間竟手足無措，慌了片刻屈身道：「孩兒願聽父親訓教。」

曹操有些失望，不過他並不埋怨兒子，因為就連他自己也不知道答案。曹家就是臣，就是要吞大漢的鈎餌，可這條魚不老實，不但吞了鈎餌，還要把釣魚之人扯下河。若要曹家恪守君臣之道，那就只有老老實實做魚，等待清算和沒落；若不恪守君臣之道，固然可以問鼎天下，然而又有何資格去教諭自己的臣子尊崇禮法，效忠自己？對於君不君臣不臣的曹家而言，這似乎永遠是個悖論。

曹操也不去想了，只是感歎：「君不肖，則國危而民亂；君至賢，則國安而民治。禍福在君，非在天時……事在人為……」

剛說完這句話，恰好舟楫回來了，曹植似乎想趕快結束這可怕的話題：「父親，咱們渡河吧！」說著便要攙他起來。

「吾兒先渡，為父身為統帥要在最後渡河。」

「只恐敵患生變。」

「一天一夜都沒事，這麼會兒工夫豈會出差錯？你先去吧。」

這時竇輔也笑盈盈走了過來：「平原侯但去無妨，我在這邊服侍丞相，還有許褚將軍保護呢！」

曹植訥訥而去，大部分中軍將士也都上了船。只數百虎豹騎保護曹操，那旁丁斐也張羅士卒搬運軍帳、糧草還有牲畜牛馬，六萬大軍馬上就要盡數渡完了。

曹操默然坐於胡床之上，呆呆地望著兒子，心裡沉甸甸的。老三雖讀書知禮學識超群，但其心機不密。若說曹丕尚有雞鳴狗盜之才，那曹植倒像是一疋白絹。讀書人自有讀書人的呆氣，雖詩文雋秀氣質飛揚，然終不免受禮法桎梏。看得出來他欲爭，可是連他自己都不知道如何去爭。相較而言，曹丕有長子優勢，而曹植年歲尚輕資質可造，也難分出孰優孰劣，看來還要繼續比下去……想至此曹操不禁又憶起了曹昂，倘若昂兒還在，何須如此為難？宛城之戰實是一生無法撫平的創傷。

曹操浮想聯翩，全然沒有注意到身邊的騷動，許褚、竇輔上前將他攙起，大呼道：「賊兵來了！」他這才注意到，虎豹騎已行動起來。眨眼間征塵驟起吶喊震天，有一隊關中騎兵赫然殺到岸邊，旌旗之下閃出一將，三十出頭白淨臉膛，頭戴亮銀盔，身披亮銀甲，外罩素白袍，坐騎大白馬，手執一杆馬槊，渾身煞氣八面威風——正是馬超！

原來關中諸將未知曹軍動向，不敢擅自出營，唯有馬超自恃驍勇屢屢請戰，皆被韓遂勸阻。剛才斥候回報，曹營偃旗息鼓收拾軍帳，諸將方悟曹操已暗中渡河。馬超氣不過，即刻提一萬兵馬直撲曹營，果見寨牆空空營壘皆撤，更覺怒火中燒，馬不停蹄繞過關山追到河邊。

千防萬防還是被敵人切了個尾巴。此刻曹操身邊僅數百虎豹士，哪抵禦得住？馬超猛催坐騎，恰似一道白光扎入曹軍之中，後面眾騎兵也勢不可當，將曹兵衝得七零八落；虎豹士勇則勇矣，卻寡眾懸殊，霎時間死傷過半。馬超自舉兵以來未嘗交鋒，今日殺得興起，正耀武揚威，忽見河畔有一老將，身披狐裘頭戴兜鍪，被武士簇擁著倉皇而逃。他雖未見過曹操，但也曾聽人描述模樣，八九不離十，況且此將明顯是統帥，即便不是曹操，也是曹營高官，想至此立刻舉槊嚷道：「擒賊擒王！先誅此老賊！」

眼看大禍臨頭，許褚、竇輔架起曹操狂奔河畔，一邊逃一邊幫他解去裘衣拋之於後。原指望棄了這件顯眼的衣服就能混於兵中，哪知馬超心明眼亮早已看個真切，槊尖往這邊一指：「速速放箭！」

箭雨一來避無可避，天大本事也逃不脫了，竇輔舉目四顧，運兵的船還沒過來，但在不遠處有一葉小舟，似是運牛馬牲口的。這會兒也管不了許多，二人幾乎是抱著曹操上了船；使船的一篙尚未撐開，箭雨已到——十餘名貼身護衛喪於河畔。

這船實在太小，恰容下三人，只有一個搖槳的船夫。這船夫死命猛划欲脫虎口——這不光是救曹操，也為救自己啊！馬超哪裡肯依？督促將士追至河岸殺散殘兵，眼見兵刃不及這船，再次傳令放箭。

箭支似飛蝗般直奔這條小船，許褚、竇輔各抽兵刃護在曹操與船夫身前，曹操身子幾乎縮成一團，死死貼著船板，但覺飛箭如雨點般墜入河中，濺起陣陣水花。許褚一身鎧甲尚能支應，竇輔只穿著軟甲武弁，全憑掌中佩劍撥打雕翎，不多時已身中兩箭，痛若鑽心；回頭一望，三軍將士翹首觀望，已有十幾艘船趕來接應。

竇輔頓感有望，低頭嚷道：「丞相稍忍一時，咱們的船就快……」話未說完又覺右臂一痛，佩劍立時脫手；緊接著又一箭，正中面門！竇輔晃了兩晃，身子一歪栽入河中——可憐這位忠義雙全前程似錦的名門之後，年紀輕輕便命喪渭水！

「竇輔……」曹操痛叫一聲，想去拉扯又怕中箭，眼睜睜看著他被河水沖走。

死了一個護駕的，許褚更照應不過來，緊接著又一陣箭雨，船夫登時喪命。渭水流淌湍急，對面的船將將就要迎上，哪知船夫一死，小船立時失去控制，搖搖擺擺順流而去。此刻曹操萬念俱灰，俯在船板上只覺天旋地轉。許褚一腳把船夫死屍踹入河中，見船舷角落有一具破馬鞍，隨手拾起，佩劍也不要了，一手抄起船槳，一手舉著馬鞍護在曹操身前。

關中軍眼見小船順流向東而去，兀自不饒，打馬揚鞭邊追邊射。許褚護主心切，手持馬鞍將曹操擋得周全，自己卻已身被數箭，所幸鎧甲厚實未有重傷，只要把臉護好，渾身上下敞開叫他們射吧！可他一心二用，腳下小船已成隨波逐流之勢。

馬超隱隱約約已聽到曹兵呼喊「丞相」，情知此人就是曹操，更不肯捨，催促將士馳馬狂射。可就在這時，又見東面一陣混亂，百餘頭牛馬亂哄哄朝這邊撞來——原來丁斐督運輜重，大半已渡過，只剩零星的旗幟軍帳和這百餘頭牲畜，都由繩子圈在後面。馬超一到，他自以為大禍難逃，領著十幾個兵撒腿便逃。哪知敵人的注意力都被曹操吸引了，竟無人朝他們下手。丁斐已尋到三四隻小船準備逃脫，卻見關中軍士屢屢放箭，情急之下有了辦法，割斷繩索將百餘頭牲口盡數放出，逐入馬超陣中。關中之兵本匪類出身，搶東西比打仗更在行，一見這麼多牲口送上門來，立時捨了曹操來搶牛馬。

馬嘶牛吼人聲嘈雜，陣中一片大亂，丁斐趁亂駕上小船便跑了。馬超情知中計，連聲呵斥：「不許搶！先殺曹操，違令者斬！」可人人都搶，誰聽他的？連喝數聲仍不能止，抬頭再看，曹操的小船已隨著急流漂出一里之外了；有意傳令再追，曹軍十幾艘船已到河中央，反而張弓搭箭朝這邊射來，只得後退收兵。

馬超是不再追了，但曹軍還得趕，岸上的快馬、水中的船一股腦向下游追去，卻不見那小舟的蹤影；直尋出四五里外，才見那船泊在北岸一棵歪脖樹下。曹操、許褚席地而坐，皆已氣喘吁吁。

曹彰一馬當先，跳下馬來連滾帶爬到曹操身前：「父親！」

曹操臉色蒼白，強自擺了擺手：「沒事。」看來卻是受驚不小；許褚已累得上氣不接下氣，兀自拔著鎧甲上的箭支。

後面眾文武都陸續趕到了，一個個摘盔下馬，呼啦啦跪倒一大片：「丞相受驚，我等之罪！」曹植以膝代步跪爬到曹操面前，死死抓住他手腕，再也不鬆開。

「老夫沒事……」曹操見大家神色關切，強撐著擠出一絲笑容，「是我一時不慎，幾為小賊所困，非爾等之過。」

眾人鬆了口氣，這才陸續起身簇擁到他跟前說著勸慰話。曹操嘴上雖硬，心裡仍不免後怕，他愴然望著茫茫東流的河水，卻再也尋不到竇輔的屍身……

凝冰築寨

曹操雖在北渡時遇到意外之險，折了參軍竇輔，但大軍順利轉移到渭北，緊接著又從蒲阪津西渡黃河，與徐晃、朱靈所部會合。兩軍隔潼關對峙的局面徹底打破。

由於東西對峙驟然變成南北對抗，關中諸軍原先的布置被打亂。韓遂與馬超作為叛軍主力，不得不從重點防守的西邊移至北邊，兩個人還在用兵策略上發生了分歧。馬超主張傾全軍北渡，轉移陣地與曹操長久相持；韓遂則力主藉渭水為屏障抵禦曹軍。結果各部將領大多數贊成韓遂的策略，於是關中軍稍稍北移，沿渭水南岸紮營，就連原先尚在渭北的梁興都退了過來——殊不知正中曹操下懷！

曹操兵離潼關打破了原先的僵持，但也讓出了通往弘農的要道，關中諸軍固然不敢忽視曹軍貿然進犯弘農，但弘農對於曹軍的補給也斷了，改由東北方向的河東郡供給糧草。河東離渭北較遠，運糧還要渡過黃河，比弘農麻煩許多。若關中諸軍依馬超之計北渡相持，只怕曠日持久曹軍糧道困難，可他們一旦讓出渭北，曹軍便可以肆無忌憚大展身手了。曹操動員將士砍伐樹木，栽鹿角，挖壕溝，自蒲阪津起沿著黃河修建甬道，直通到渭水岸邊，把糧道護了個嚴嚴實實，關中諸軍再想耍什麼花招已無從下手了。時至建安十六年九月，渭水以北黃河東西皆已落入曹軍控制，曹操已掌握戰事的主動權。

但曹軍要想進一步取得有利形勢，就必須再次南渡渭水與敵交鋒，馬、韓有了上次的教訓，這次南渡就不容易了。曹軍人數眾多，戰船卻有限，因而依舊採取偷渡之法，在南岸再立營寨。朱靈在蒲阪津力戰有功，足以將功補過，曹操恢復他原先官職，並授予其三千士卒依舊自統一部。朱靈大受鼓舞，決心趁熱打鐵再立新功，自請率先渡河。曹操也正有此意，當即撥付船隻趁夜行動。

朱靈立功心切信心滿滿，而且有了跟隨徐晃的經驗，對立寨之事胸有成竹。夜半子時他率領三千士卒依次渡河，所有輜重完全按上次的經驗布置，等藩籬、轅車運到了南岸，一動手立寨可就傻了眼——竟是一片沙地！

渭南渭北不過一川之隔，兩邊的地貌卻大不相同。黃河乃是南北流淌，兩岸土地堅實，甚至有大片樹林；可渭水由西向東水流湍急，尤其潼關以西是一望無際的關中平原，多年征戰土地荒漠，風沙又特別大，渭水南岸幾乎是一踩就陷的沙地。寨牆立不住，轅門架不起，溝塹修不出，可把朱靈急壞了，動員將士挖了一個多時辰沙子，好不容易見著夯實的土地，寨牆還沒豎立又刮起大風來了。沙塵飛揚漫天蓋地，挖好的沙坑全都白幹。朱靈有心前行幾里另擇別處下寨，又恐離北岸太遠接應不過來，只得耐著性子重新開始。

三千士卒折騰了一宿，直到東方破曉也沒把營寨紮好，倒把敵人招來了。馬超率領數千騎兵奔馳而來，曹軍寨子沒立穩又辛苦一夜，哪還抵禦得住？馬孟起勇不可當，一杆大槊左衝右突如入無人之境，他麾下愛將龐德也有萬夫不當之勇，那幫西涼騎士也驍勇善戰，殺得曹兵丟盔棄甲哭爹喊娘。柵欄也倒了，帳篷也挑了，轅車也翻了，帶的那點兒乾糧全歸人家了。朱靈空有一身氣力，被敵人殺得團團轉，最終帶著殘兵撤回北岸，剛領的這三千士卒折損大半。

朱靈回到營中述說經過，曹操並未多加斥責，再遣徐晃渡河下寨。哪知徐晃也敗了，再換張郃也不能成功。渭南地形不利，敵人又防禦謹慎，曹軍每渡一部，馬超都率騎兵前往突擊，一連幾日皆是如此，曹軍死傷六千，輜重損失不計其數。曹操見此法不行，又調集所有船隻，在上面鋪木板搭設浮橋，哪知敵人又來騷擾，從對岸放箭干擾，浮橋沒鋪一半，士兵就被亂箭射散了。曹軍冥思苦想，仍不能越渭水一步。

雖然是九月天，但因為有一個閏八月，實際上已步入冬季，天地間一片肅殺之氣。曹操身披裘皮佇立渭水北岸，望著對面歎氣。廣袤無垠的大地上連荊棘石崗都沒有，零星有幾棵孤樹峭拔而立，還離河岸甚遠。乾黃的沙土橫亙原野之上，一陣西北風吹過，漫漫黃沙捲著枯草飄來飄去，盡顯荒涼之感。

兩個兒子一左一右伴著老爹。曹彰即便到了這會兒依舊鬥志不減，嘟囔個沒完：「父親為何不派孩兒去？要是我去，即便立不起營寨，也能將馬超擊退！憑孩兒之勇，即便關中諸部盡來又有何懼？」

曹操耳朵都快磨出繭子了，早懶得搭理他，只揣著手不住搖頭。曹植卻道：「兵法有云：『欲戰者，無附於水而迎客』，馬超馳於河岸阻我立寨，表面看是英勇，實也是心懷怯意。若真想與我軍決一死戰，何不任由我軍渡過，一舉而殲之？足見他心裡還是懼怕父親。」

「你能瞧破這一層，很有長進。」曹操一陣苦笑，「只要咱們一過河，賊眾必然軍心大潰。但問題是如何才能過這條河呢？前日已得到軍報，益州劉璋遣使結好劉備，還派了數千叟兵協防荊州，江東孫權西進無望，轉而謀劃奪取交州。逆水行舟不進則退，咱們若不能早定關中，勢必要受他們牽制。」真正令曹操心煩的並非眼前的戰事，他還有實力增兵，實在不行再調人馬西出潼關，兩面夾擊，韓、馬還不敗？問題根本沒到那一步，他腦子盤算的是怎麼兼顧東方的局勢，韓、馬並不可怕，若為了對付他們而耽誤防禦孫權，可就得不償失了。

正說話間寒風襲來，曹操頓覺刮在臉上似小刀子一般，伸手摸了摸，幾顆晶瑩的小冰粒掛在鬍鬚之上：「下雪了……」

曹植仰頭觀看，倒看不見什麼雪花，天空一片碧藍：「我看這雪下不大，可能就是隨風刮刮。河邊風大，咱還是回帳吧！」曹操無奈地瞥了眼對岸，垂頭喪氣回歸大帳。哪知剛到帳口，就見樓圭正揣著手笑呵呵地與許褚聊天呢。

「子伯，有事嗎？」曹操緊了緊裘衣，隨口問了一句。

「說有事就有事，說沒事也沒事，聊聊天而已。」

這叫什麼話？曹操心下詫異，卻道：「有事進來談。」親手掀起帳簾與老朋友共入。

樓圭一落坐便道：「你可知孫權已插手交州之事？」

「相隔路遠剛剛聽說。」曹操也坐下了，在炭盆前烤著手。

「孫權遣心腹步騭為交州刺史，士燮兵馬薄弱已表示歸順。劉表以前派去的交州刺史賴恭與蒼梧太守吳巨不睦，賴恭北投零陵，聽說投降了劉備。吳巨此番又要驅逐步騭，但這次步騭有士燮支持，恐怕成功不了，交州之地遲早落入孫權手中。」說到這兒樓圭一陣壞笑，「你可要注意了，只要交州一定，孫權就該掉過頭來跟咱們幹了。我若是你，就該早作準備。」

若是眼前戰事順利，曹操早做準備了，還用得著他提醒？這不是故意氣人嘛！不過曹操察覺到樓圭笑得很詭異，而且不經意間又帶出「我若是你」這樣的話，想必無事不登三寶殿，絕非是來聊閒天的。曹操眼珠一轉，問道：「莫非子伯已有破敵之策？」

樓圭並不直接回答，反而搓著手閒話道：「這天可真冷啊，滴水就上凍。」

曹操咂摸這話的滋味，沉吟道：「莫非子伯叫我等渭水結冰引兵而過？那要耗到什麼時候？再者我已打聽清楚，渭水結冰很薄，騎兵根本行不過。」

樓圭聽罷白了他一眼，起身便往外走，手都掀起帳簾了，才回頭悻悻道：「河是死的，人是活的。河裡的水不結冰，那岸上的水難道也不結冰？」說罷揚長而去。

「他在說什麼？」曹植、曹彰面面相覷。

曹操卻已露出笑容：「樓子伯果然聰明過人，他教我築寨之法。」

「築寨之法？」二子目瞪口呆。

曹操霎時抖擻起精神，手據帥案站起來：「哼！他有築寨之法，我也不能輸給他。不但要築寨，還要給馬超來個下馬威！立刻傳令，把所有船隻、馬匹集中起來。再把眾將叫來，我有計策相授！」

「諾。」曹植、曹彰答應得挺脆，心裡還糊塗著。

當夜子時曹軍再次渡河，這回出動了所有船隻，兵力約有一萬，夏侯淵、曹仁、徐晃、朱靈等都過了河。不過這次沒準備藩籬柵欄，而是帶了好幾船的縑囊①和鏟子。曹兵沿渭水南岸挖沙壘牆，這邊挖沙子，那邊就有士卒以縑囊盛水往上澆。天寒地凍冷風陣陣，滴水便結冰，水往沙土堆上一澆，沒多大工夫就凍住了。這辦法簡便省力就地取材，沙土腳下就有，舀水又守著河邊，萬餘士兵一齊動手，越幹越起勁，寨牆越壘越高。架上轅門，布好鹿角，支起營帳，又在牆外灑水結了層踩上就摔的堅冰──半宿的工夫，一人多高的營壘築成了！

果不其然，天剛一亮馬超就來踹營了。關中兵吃慣了甜頭，哪知今天大不相同，這些四肢發達頭腦簡單的粗人怎麼也想不明白，曹軍何以能在一夜之間築起這麼堅固的營寨。

馬超也知憑一己之力難以突破，但腦子還算清楚，若不搗毀這座大營，不出半日曹軍就會盡數過河，戰局將更不利。想至此回頭吩咐龐德：「速回連營請各部人馬前來，一定得毀了這座營，快去！」

龐德不敢怠慢領命而去，馬超催馬往前靠了靠，但見鹿角丫杈排列整齊，營壘之外還有層溜滑的堅冰，情知這仗不好打。還未想好下一步對策，忽聽一陣狂笑，土壘攀上一將，人高馬大虎目虬髯，正是曹營大將夏侯淵：「逆子馬超！你欺我軍立寨不成，哪知我家丞相乃有神助，一夜之間築此堅城！還不下馬歸降，更待何時？興許丞相大發善心，還能饒你父子不死。」

「滿口胡言！」馬超怒吼道：「有膽的出來一戰！憑營壘拒我算何本事？看我大兵一到踏破土牆，千刀萬剮了你！」

夏侯淵笑道：「我才不與你戰，由著你罵好了。罵人不理罵自己，罵人不答罵爹媽。你小子連你親爹死活都不管，多挨幾句罵算什麼？老子今天就充你爹，叫你這忤逆子敞開罵吧！」

馬超惱羞成怒，兵太少又不敢向前，氣得催馬在陣前狂奔。這時正南方征塵大起──韓遂與各

①縑囊，細絹製成的口袋，比一般的布袋密度大，不漏水。

部將領聞知消息，各率兵馬前來接應。

夏侯淵一見此景心頭狂跳，只要這些人馬一起上，再結實的營也保不住，穩了穩心神，按照曹操交代的話喊道：「且慢！馬超賊子，你既好鬥便與你鬥。我家丞相今日親率一千騎兵與你見個高低，你若能勝，這潼關以西之地就讓與你們！你若戰敗速速退去，少生干戈！」說罷猛一揮手——營壘正門打開，一隊精銳騎兵吶喊著衝出，隊前打著曹操的丞相纛旗。

馬超果真驍勇，臨危不懼迎著曹軍而上，哪知曹操偏偏不與他接觸，衝鋒一半竟陡然轉彎向東而去。馬超見曹操怯戰心中得意，方要傳命追擊，又聞對面喊殺聲起，自曹軍營壘又殺出一隊騎兵，也是千餘人的隊伍，也打著曹操纛旗。

馬超一驚，怎麼又是曹操？索性先打散這支隊伍。不料這支隊伍喊得倒是挺凶，卻也不與他交鋒，一出寨門便往西而去。馬超這下糊塗了，正不知該追哪個曹操，又聞喊殺震天，曹軍連營寨門盡開，一股腦殺出七八支騎兵隊伍，或東或西或南，各行其是，無一例外都打著曹操大旗。

這下非但馬超糊塗，後面督戰的諸部將領全糊塗了——究竟哪個是曹操？他們哪裡知道，根本就沒有真的。曹操將部隊化整為零，曹仁、徐晃、朱靈、張郃、鄧展等各率一部，都打著纛旗來擾敵，他自己在河對岸布置浮橋呢！這十支隊伍也不與馬超交鋒，繞過陣地直奔後面諸軍。韓遂、成宜、梁興、馬玩等一見此景各自出擊，哪知曹軍仍不交手，專找諸軍之間的空隙鑽，一會兒向東一會兒向西，似十條游龍般穿來穿去。

關中諸部本就號令不一，又各有各的心眼，都想多借他人之力、保存自己實力，這可就上了當。曹軍三繞兩繞，不一會兒工夫陣地就亂了——梁興部與馬玩部撞在一起；成宜部想向東移，卻被韓遂擋住了；張橫部被三支曹軍穿梭包圍，不知該向誰下手；李堪兵馬最少，唯恐被曹軍占了便宜，沒打招呼就往後撤。唯有馬超戰意不減，抖擻精神要與曹軍惡鬥，無奈曹兵都知道他驍勇，根本不與其交鋒，全都躲著他跑。這幾隊都是騎兵，行動極快，堵也堵不住，截又截不斷，實在不行還能掉頭跑，攪得馬超眼花撩亂，東追一陣西追一陣，累得鬢角熱汗直淌，卻一個曹兵都沒抓到。

不到半個時辰的工夫，關中諸軍陣勢大亂，各部人馬都混到一起了，曹兵卻盡數脫離陣地，繞著彎子回歸營寨。馬超都快氣炸肺了，放聲高呼：「別理這些兵，給我攻他營寨！」也不與韓遂等商量，自領兵馬向曹營衝殺。哪知夏侯淵早有準備，一聲令下，冰牆上躥出數千弓箭手，照定馬超軍一通猛射！

韓遂深知若不及早端掉這座營盤，曹兵就會源源不斷盡數渡河，無奈陣勢已亂，自相踐踏，想幫馬超都幫不上忙。亂烘烘地攪了半個多時辰，各部人馬才算拆開，剛要傳令全軍出擊，留守大營的成公英縱馬趕來：「我等中計也！曹操設疑兵拖住我軍，他已在西邊十餘里外搭成浮橋，渭北曹兵盡數過河，就快殺到這邊啦！」

「什麼？」韓遂腦子霎時一片空白。

馬超也得到消息了，氣喘吁吁馳到韓遂面前：「怎麼辦？」各部將領緊跟著簇擁過來，你一言我一語，都叫韓遂拿主意。

韓遂環顧戰場，各部人馬白白折騰一上午，士卒已露疲乏之態，還有的自相踐踏受了傷，這還怎麼跟曹操硬碰硬？他掉轉馬頭長歎一聲：「唉！我等用兵不及曹操遠矣……別等著挨打了，回營吧！」

第八章

離間妙計大破關中聯軍

巧施離間

曹軍三次渡河繞過潼關在渭南紮營，整個戰局逆轉。原先兩軍局於狹小一隅，互相牽制難以用武，如今雖然還是對峙，但戰場已換成了廣闊的關中平原，而曹操的謀畫屢屢得手，也使得關中諸軍士氣低靡。馬超等人陷入一片混亂，各部將領想法各不相同，有人主戰有人主和，對曹軍的行動已無章法可言。馬超時而率兵到曹營討戰，曹操不理不睬任其叫囂。堪堪至九月底，一天比一天冷，韓遂召集眾將商議對策，眾將吵得面紅耳赤，最後才拿定主意——與曹操交涉，願割黃河以西之地請求和解。

使者是軍師荀攸接待的，但他卻對此事不做意見，直接把書信交到曹操手中，靜候答覆。曹操看罷韓遂的書信不禁笑了：「普天之下莫非王土，他說割地請和，割的難道不是大漢之地？他在想什麼我都能猜得到，如今天寒地凍，諸部將領又意見不一。他是想暫時罷兵，等熬到來年春暖再做打算。」

「屬下如何答覆？」

「軍師有何看法？」曹操反問道。

荀攸唯恐自己動輒得咎，只是拱手道：「惟丞相之命是聽。」

曹操知其所思所想，默然半晌，無奈地擺了擺手：「你先去吧，明日再說。」

賈詡這會兒就坐在大帳角落裡檢視公文，低著腦袋翻來看去，也不知聽沒聽見方才的談話。曹操緩緩走到他身邊：「文和兄，你在做什麼？」雖是上下級，曹操對他卻不近不遠，帶著三分客氣。

「隨便看看軍報。」賈詡略微抬頭道：「步騭已誅滅吳巨，交州之地歸附孫權……劉璋復遣使者結好劉備，似有援引之意……幽州烏丸軻比能貢獻良馬千匹……青州又有海盜作亂，已被剿滅……淮南屯民逃役……冀州更易田賦，老百姓似乎有些不滿啊！」

曹操見他東拉西扯不著邊際，乾脆把話挑明：「韓遂欲割地議和，你以為如何？」

賈詡放下手裡的軍報，起身拱手：「惟丞相之命是聽。」

曹操聽他也是這句，不禁笑了：「你這滑頭，有話不能直說嗎？」

這回再繞不開了，賈詡只得回答：「離間計。」

「丞相破敵之策早已成竹於胸，何必更問我輩？」

「哦？」曹操手捋鬚髯，「那敢問文和，老夫究竟何所思？」

「哈哈哈……」曹操撫掌大笑，「天下高見多有相合，文和所言正是我心中所思。」其實這不難窺見，曹操從初到潼關收降劉雄起，就一直在找機會給關中諸部製造矛盾，南渡設疑兵更是利用了他們各自的心理。只要稍加時日，關中諸部必然內訌，軍心生變何以再戰？

賈詡冷眼旁觀瞧得清清楚楚，既開了口索性把話講完：「以在下所觀，關中諸部最強者無過韓遂、馬超。丞相既要離間，便該從他二人下手，前番馬超連連挑釁，足見其主戰；韓遂今又致書請和，可料二人已生矛盾。兵不厭詐，他既來請和，丞相何不偽許之，令韓、馬愈加相疑，伺機破之？」

「好。」曹操腦中靈光一現，已有了下一步計畫，「就有勞你轉告使者，老夫願意議和。但恐韓遂所言有詐，眼下還不能收兵。請韓遂來日與我陣前相會，我要好好與他談談。」

第二日午後，曹、韓兩人會於渭南原野，東邊曹軍眾將率軍保駕，西邊關中諸將也帶兵接應。兩軍隔半里之遙，曹操帶著心腹之將許褚，韓遂身邊跟著貼身猛將閻行，四匹馬奔至陣中相會。

韓遂邊打馬邊思量：議和之事諸將多有不願，而今乃一時權宜，到時若論起割分地界之事，我可不能多讓。倘若弟兄們失了地盤，豈能與我善罷干休？這事可不好談啊！

正思忖間已至曹操近前，韓遂剛要抱拳施禮，怎料曹操搶先收住轡繩，笑呵呵拱手道：「文遂兄，別來無恙？」

韓遂一愣，沒想到曹操會與自己稱兄道弟，而且稱呼的是自己昔日的表字，心頭一熱——只因韓遂的父親在熹平三年（公元一七四年）被涼州金城郡舉孝廉，與曹操同年入仕；雖然韓遂與曹操年齡相仿，但按照老習慣卻算作晚輩。當朝丞相、前輩士人叫他聲將軍已是天大面子，何況以兄弟相稱？給臉不能不兜著，韓遂也馬上換了副笑臉：「不敢不敢，丞相自折身分了。」

曹操一擺手：「我與令尊同年孝廉，與文遂兄也曾有一面之緣，何必這樣生分？」

韓遂早年遊學洛陽，是曾與曹操見過面，可當初一個涼州文生，一個朝廷小官，彼此間又能有什麼印象？人家既這麼念舊，他也只好隨著客套：「是啊，昔日一別都三十多年了。」他這麼一說，身邊閻行直眨巴眼——這兩人越說越近，究竟什麼交情？

曹操滿臉感慨：「唉！三十多年，咱們都老了。」

「丞相所言不虛，往事如過眼煙雲。」韓遂也是懂禮之人，還真捧著他聊。

「沒想到你我這把年紀還要為敵，這世道真叫人摸不透。」曹操歎了口氣，韓遂滿心以為他要話歸正題，哪知他卻接著道：「我年輕時就想建功立業為一代名臣，如今也算得償所願，卻總是忍不住回憶過去的事，這可能就是老態吧！我曹家原非名門望族，不過宦官之後遭人冷眼，被人譏為宦豎遺醜……」

韓遂覺他越聊越遠，趕緊打斷道：「唉！丞相太過自謙，您祖上乃開國名相曹參，誰人不知哪個不曉？若非祖宗神靈佑護，您怎麼能再登相位馳騁四方，與我們這些人為敵呢？」

原以為這句一出口就能把話題引回來，哪知適得其反，曹操越發詳細起來：「你有所不知，雖是曹參之後，支系卻有些遠。原本倒是泗水沛縣之人，但我的七世祖率族西遷，遷到……」剛才還是三十年前的事，這下子聊出好幾百年，韓遂也不敢再隨便搭茬了。

曹操興致還挺高，從家世說到籍貫，從籍貫說到幼年之事，從幼年之事說到舉孝廉，繞了一大圈才回來。接著又述說自己怎麼破的黃巾，怎麼在青州為官，怎麼隱居讀書，怎麼回朝廷當典軍校尉，怎麼輔佐大將軍何進輔保少帝登基。他指天畫地口若懸河，韓遂漸漸也聽進去了——畢竟是有歲數的人，本來就念舊，曹操說的這些韓遂也曾親身經歷，因而感觸頗多。

許褚拄著長矛陪在一旁，他知道曹操葫蘆裡賣的什麼藥，見丞相把韓遂說得蹙眉凝思一臉專注，想笑又不敢笑，咬著嘴唇忍著。那邊閻行心裡著急，兩軍陣前不談軍務卻聊家常，後面眾將離著老遠瞪眼瞅著，這算怎麼回事啊？可他畢竟是個部將，不好隨便插口，只能耐著性子聽，曹操說到兗州舉事，討董卓，破袁術，滅呂布，敗袁紹，定烏丸……叨叨念念半個時辰，閻行總算有了盼頭，心說定烏丸之後便是下荊州，赤壁之戰敗與孫權，接下來就說到現今戰事了，這還能有錯嗎？

哪知曹操說到赤壁戛然而止，繼而仰天長歎：「老夫原以為天下一統近在咫尺，不想被小敵所破。枯魚過河泣，何時悔復及？未知這四海何時能靖，大漢江山何日才能復興！」

韓遂見他這般愴然也不禁動容，隨口勸慰道：「我聽人言，丞相所作《短歌行》有『對酒當歌，人生幾何？譬如朝露，去日苦多』之語，足見丞相也是豪性之人。您雖多經坎坷，但畢竟已成我大漢一代名相，是非功過任憑世人去說，又何必在意？」說到此不知觸動了哪根心弦，苦笑嗟歎道：

「可我這等碌碌之輩呢？此生已難免惡名，這世道逼人啊！」

曹操見他話匣子要開，豈能錯過？忙趁機相問：「想來令尊乃孝廉之身，將軍您也是西州名士，怎會跟從羌人反叛？老夫誠不可解。」

「孝廉名士？」韓遂一陣慘笑，「中州有孝廉名士，我們偏僻之地哪講究這些？只要非匠、非巫、非醫、非商就算良家子弟。即便當了官，戶籍一輩子不准內遷，生下來就比你們低一等。」

「羌人為禍西疆百年之久，不得不防啊！」

「可羌人為何要叛？難道都是天生反骨？」提起昔日之事，韓遂甚為憤慨，「那些派到涼州的官員皆以天朝名士自居，雖口口聲聲說胡漢一家，其實何嘗把羌人看成大漢子民？邊庭之將更是惡劣，縱容部下官吏盤剝羌人，所獲牲口財物盡情揮霍。把人家逼反了再堂而皇之領兵去剿，打贏了又成了他們的進身之階。如此周而復始為害不已，羌人焉能不叛？這天下又焉能不亂？」

曹操見他越說越氣，又順水推舟道：「聽聞將軍當年是被羌人誣為同黨硬拉下水的，可有此事？」

「一言難盡啊！」不提此事便罷，一提此事韓遂欷歔不已，他這輩子誤入歧途皆因此事而起。漢靈帝中平元年（公元一八四年）羌胡部落造反，其首領北宮伯玉、李文侯為擴大聲勢，擄劫涼州眾多名士至叛軍之中，韓約也在其列，被羌人誣良為盜，強行任命為部將。州郡官員不察，便將其歸為叛賊同黨，購捕文書遍貼天下。韓約洗刷不清，只得入夥當了真賊，自此變易名字，韓約字文遂易為韓遂字文約。他處事幹練又有智謀，很快就成了叛軍的重要頭目。後來叛軍勢力坐大，當時的涼州刺史耿鄙重用酷吏排擠良善，其麾下軍司馬馬騰因而舉事，與韓遂並勢。後來朝廷派張溫率部戡亂，叛軍勢力稍挫，韓、馬借此機會發動兵變，誅殺北宮伯玉、李文侯、邊章等頭目，自此平分西涼成為兩大匪首，與朝廷征戰不休。直到董卓身亡，李傕當政，與關東諸將敵對，為了穩固後方，封韓遂為鎮西將軍，馬騰為征西將軍，他二人私鹽變官鹽，才算有了體面身分。

曹操聽其述說身世經歷，也不禁扼腕歎息——十個謀反之人倒有八個其情可憫，誰又是天生惡人？

今日韓遂徹底打開話匣子，有些事連閻行都不清楚，在一旁聽得出神。韓遂說著話漫指遠處諸將：「丞相請看那旁駐馬的列位將軍，他們人人都有段辛酸往事，非是我等不忠不孝，乃是朝廷逼人，世道逼人，不反作何？先帝昏庸無道用人不明，派到我涼州的都是些什麼昏官？昔日有個孟佗孟伯郎，賄賂宦官張讓，用一斛葡萄酒換得涼州刺史之位。他之後又有個左昌，殘暴不仁草菅人命。左昌罷免又來了宋梟，此人一介白面書生，竟要以《孝經》退敵，笑煞天下人！再有便是梁鵠梁孟皇……」提到梁鵠，韓遂一臉不齒，譏笑道：「這老兒有家學淵源，憑一筆書法便被授以高官，整日舞文弄墨逢迎權貴，家父舉孝廉之時他正是選部尚書，庸懶無能專務鑽營之術。」

「哈哈哈……」曹操仰面大笑，前催坐騎與韓遂交馬並轡。閻行大吃一驚，還以為曹操有何算計，哪知他一把拉住韓遂的手，問道，「你可知那梁鵠今在何處？」

「老兒還未死？」

「年逾古稀還是那副德行。昔日他曾慢待於我，如今我把他收於帳下，整日為我書寫匾額條幅，也算報了當年之仇吧！」

「丞相果真人盡其才，物盡其用！佩服佩服！哈哈哈……」

兩人撫掌大笑，倒真似一對多年未見的老友。但笑罷多時又霎時相對無語——彼此真的不是一路人！曹操出身官宦人家，此生雖久經波折，但不論究竟為誰打天下，他終歸是以戡平四海為己任。韓遂出於邊庭之郡，雖也讀孔孟之書，卻陰錯陽差成了一方匪首，其實並無縱橫四海之志，只想保存地盤，到老留個整臉，給跟著他出生入死的將士一個交待。一個要平定天下，一個要割據稱雄，他倆雖未談及劃地議和之事，但註定這場議和難有什麼結果。他二人頃刻間無語，一陣凜冽的西北風襲來，都不禁扭頭避風——又見天已轉陰夕陽將近，恰似他二人也將步入遲暮之年。人生這條路真是奇妙，往往一步不同，後來的路便差之千里，他們各自的晚節又將是什麼呢？

佇立良久，還是曹操先回過神來，沉吟道：「來日不可待，往事不可追。過去之事無可更改，你我各自珍重吧……」

「雖是兩下為敵，也請丞相保重。」韓遂也很客氣。

「天氣寒冷，咱這年歲都經不起折騰，我看就談到這裡吧！」

「好。」韓遂隨口答應，方要撥馬突然醒悟——不對啊！這半天一句有用的都沒談！忙道：「丞相慢行一步。」

「哦？」曹操聽他呼喚轉過頭來，「莫非文遂兄又想起什麼陳年往事？天色不早，咱們改日再聊吧！」

還陳年往事呢，正經事都耽誤了！韓遂挽留道：「丞相，你我為何而來？議和退兵之事尚未談妥……」

「哎呀！」曹操連拍腦門，一副恍然大悟的樣子，「你我闊別多年相談融洽，不知不覺就忘卻了，都成老糊塗啦！這樣吧，今天太晚了，議和之事我先應下，具體收兵事宜咱們改日再談。韓將軍，就衝咱們是朋友，老夫絕對信得過你，怎麼劃分地界都好商量，改日再見！」說罷帶著許褚打馬而去。

韓遂哭笑不得，也只好撥馬回陣，今日雖未能詳議息兵之事，但憶起這麼多往事，說了這麼多知心話，也算不虛此行吧！閻行的父母也在許都為人質，自謀叛之日就滿心反對，是迫於無奈才相隨舉事，見韓遂與曹操相談甚歡，既感無奈又有喜悅。若促成韓遂歸順朝廷，父母得脫於難，也未嘗不是好結果。

關中諸將立馬陣前，在寒風中等了一個多時辰，手腳都凍僵了，心中卻如火燎般著急，一見韓遂轉來，都迫不及待迎了上去：「老將軍，這半日都與曹操談些什麼？」「割分地界之事可曾談妥？」「曹操所言是否有詐？」「這仗還打不打？」

大家你一句我一句，韓遂卻沉浸在方才的感慨中，連頭也不抬，只擺了擺手：「無所言也。」眾將面面相覷——什麼都沒說？一個時辰什麼都沒說，誰信啊！

馬超擠到近前質問：「兩軍陣前焉能不言軍務？」

韓遂苦笑道：「曹操不言，吾何獨言之？」

眾將兀自不信，閻行從旁解勸：「曹丞相與我家將軍所論皆陳年往事、人情舊誼，與軍情無干，至於議和之事改日還要再議，到時候再說吧。」說罷分開人群，保著韓遂先行回營。

諸將你看我，我看你，雖然都沒說破，但心裡早萌生了懷疑——明明看到他與曹操商談甚久，還曾拊手歡笑，一個時辰豈能什麼都沒說？難道這老賊變了心，跟曹操串通一氣，有何不可告人之事？我們這幫人裡他勢力最大，若是他把我們賣了可怎麼辦？看來韓遂老兒甚不可信，什麼同袍之義都是扯淡，還得自己長心眼啊……

馬超早氣得鋼牙直咬，把掌中大槊往地上狠狠一插，嚷道：「我久欲與曹賊一決生死，爾等偏偏要議和！議和議和，若照這個議法，早晚都把咱們議死在這裡！」

耀師懾敵

曹操施用離間計，假意准許議和，約韓遂陣前商談退兵事宜，卻不言軍務只聊昔年往事，又故意與其交馬拊手作親近之態。韓遂渾然未覺，馬超等將看在眼裡疑在心中，回營後又因戰和不定再起爭執，饒是韓遂年高壓事，才算沒鬧起來，卻也不敢主動接觸曹操了。可是他不來找老曹，老曹卻要想方設法見他。

時隔三日沒有消息，曹操便要親往敵營約見韓遂。眾將唯恐此去有險，竭力阻攔。但曹操一來是想趁熱打鐵挑撥離間，二來也有意在敵人面前炫耀武力，故而執意前往。商量之後決定由許褚統領五千騎士護衛，曹彰、曹植、王粲等左右相隨。

初冬的大地一片蕭索，西北風嗚嗚作響，空中飄著零星的雪花，枯草敗葉都被裹在薄薄冰霜之下。五千鐵騎奔馳平原上，曹操一馬當先神采奕奕——戰事越來越有利，他也不似先前那般愁眉苦臉了，瞧什麼都順眼。傳說老子騎牛出函谷，三秦乃祖龍發祥之地，吞併六國一統天下，實乃勇士之鄉。曹彰、曹植也馬上加鞭神清氣爽，不住讚歎這蒼茫景色。

曹操心有所思，突然勒起韁繩放緩了坐騎，回頭問兒子：「昔日嬴政首開帝王之業，吾兒以為秦人因何而得天下？」

曹彰脫口而出：「秦人驍勇善戰，號稱虎狼之國，長平一戰坑敵四十萬，威震天下焉能不勝？」

曹操一笑而置之，曹植想了想才回答：「百里奚威服戎夷，蹇叔運籌帷幄，商鞅變法富國，張儀破縱連橫，白起戰無不勝，若無此二三子，秦何以誅滅六國？故孩兒以為，秦人之盛皆因得賢。」這番話正投曹操所好，前番剛下過《求賢令》。

「吾兒知其然，而未知其所以然。」曹操信馬由韁道：「百里奚乃虞國人也，曾為晉囚楚奴，秦穆公以五羊皮易之；蹇叔宋國一野老，雖有審時度勢之能，若無明君相延，終不免空老鄉野；商鞅本衛國人也，求進於魏而不能得，轉而仕秦；張儀，魏國人也，本向楚獻合縱之策，因受杖責轉而投秦，以謀連橫；白起生於楚，揚名於秦，遂成無敵之名。這幾人雖有其才，若無明君識之也不能成就功業。故興國重在得賢，但不單要得賢，還要為帝王者能駕馭其才。」話說至此他心頭難免苦笑——我曹某人恐怕就是大漢難馭之才吧！

曹植聽出父親是故意借題說教，趕緊迎合道：「父親所言極是。昔日秦穆公招賢納士稱霸西戎，盡得臣下之心，至死尚有三良①從葬，《詩經》尚留《黃鳥》之章，此公堪稱一代雄略之主。」

王粲正隨其後，一聽曹植提起三良，不禁吟道：「交交黃鳥，止於棘。誰從穆公？子車奄息。維此奄息，百夫之特。臨其穴，惴惴其栗……」

曹植正想討父親高興，便說道：「久聞仲宣出口成章，豈能僅誦《詩經》之句。可否以三良為題口占一首？」

王粲也是詼諧之人：「平原侯取笑。誰不知丞相乃樂府之魁首？公子也是鄴下奇才，在下豈敢班門弄斧？」

曹植笑道：「莫要推辭，倘若不從，我叫父親以丞相之命令你作來。」

王粲戲謔道：「公子封侯之貴，為何偏偏為難我這等庸庸墨吏？若叫在下作詩倒也不難，但也請公子作上一首。若無公子之輩為在下立論，在下焉敢造次？」按理說以他的身分不該與曹植這樣說話，但他瞧出曹操不加阻攔，想必也興致勃勃，故而才敢放肆。

「讓我先作？也罷，就依你言。」曹植別的才學還在其次，若論及詩文絕不輸王粲，眼見是在父親面前顯耀才華的好機會，豈能錯過？他邊催坐騎邊潛心造句，不多時就有了一首，揮舞馬鞭高聲吟道：

---

① 三良，秦穆公時秦國子車氏奄息、仲行、針虎三位勇士，在穆公死後殉葬而死。《詩經・秦風・黃鳥》是惋惜、歌頌他們三人的詩篇。

功名不可為，忠義我所安。
秦穆先下世，三臣皆自殘。
生時等榮樂，既沒同憂患。
誰言捐軀易，殺身誠獨難。
攬涕登君墓，臨穴仰天歎。
長夜何冥冥，一往不復還。
黃鳥為悲鳴，哀哉傷肺肝。

這首詩慷慨激昂，與眾人打馬關中放眼蒼茫的心境甚是相配，透著一股豪氣。曹彰就喜這類慷慨之辭，連聲稱讚：「『生時等榮樂，既沒同憂患。誰言捐軀易，殺身誠獨難。』說得好！」就連曹操都暗暗叫絕，心道：植兒文采果真不俗，這即興而歌之作已勝了我這當爹的，倒也難得。

曹植吟罷朝王粲擠了擠眼睛：「小弟我可作出來了，輪到仲宣兄你了，快快作來。」剛才曹植作詩之時王粲已在醞釀，其實早想好了，卻故意要顯得不及公子，抓耳撓腮道：「沒想到公子出口成章如此大才，在下萬分不及，我看就免了吧！」

「不行！」曹植滿臉得意，「你這饒舌鬼騙去我這一首，自己焉能不作，快快想來！」

「哎呀……這倒難壞我了。」王粲故作沉吟狀，憋了半天才道：「在下也有了，請丞相與公子賞聽。」他不敢托大，將馬往前帶了帶，只比曹操父子錯後一馬頭，低聲吟道：

自古無殉死，達人所共知。
秦穆殺三良，惜哉空爾為。

結髮事明君，受恩良不訾。
臨沒要之死，焉得不相隨。
妻子當門泣，兄弟哭路垂。
臨穴呼蒼天，涕下如綆縻。
人生各有志，終不為此移。
同知埋身劇，心亦有所施。
生為百夫雄，死為壯士規。
黃鳥作悲詩，至今聲不虧。

同是歌三良從死之事，王粲這首詩可比曹植所吟沉鬱悲切得多。開篇即言「自古無殉死，達人所共知。秦穆殺三良，惜哉空爾為」，所謂殉死不過是帝王和後世尊崇者的美言，殉葬其實就是殺人，即便三良那等百裡挑一的勇士也是被殺的。臣子被拉去給君主陪葬，妻兒痛哭阻路，兄弟頓足捶胸，臨穴號哭，哀痛親人活生生被埋葬！雖說人各有志，有人誓要追隨明君，但豪傑之士從葬於地下又是何等可惜可歎？大丈夫生於世間，當求建功立業，難道君臣之義比人的生命更重要嗎？此真千古一歎！

曹操心中自有尺度，雖說表面上看曹植的詩比王粲的激揚豪邁，但若論及見識還是王粲更勝一籌，況且掾屬與公子比詩，人家恐怕還多有謙讓。想至此曹操笑道：「強中更有強中手，你等吟詩也勾起老夫的詩性，我也作上一首，爾等聽真！」說罷引吭高歌：

鴻雁出塞北，乃在無人鄉。舉翅萬里餘，行止自成行。

冬節食南稻，春日復北翔。田中有轉蓬，隨風遠飄揚。
長與故根絕，萬歲不相當。奈何此征夫，安得驅四方！
戎馬不解鞍，鎧甲不離傍。冉冉老將至，何時返故鄉？
神龍藏深泉，猛獸步高岡。狐死歸首丘，故鄉安可忘！

這一首歌罷，曹植、王粲都驚住了，唯有曹彰還直著嗓子喊好。表面看來曹操所歎不過是征夫思鄉之情，但細細品味大有深意。他在感慨人生漂泊不定，冉冉老將至，一生所求在何方？「戎馬不解鞍，鎧甲不離傍」的不是別人，正是他曹某人自己！神龍藏泉猛獸在岡，他若不邁出那一步，此生永遠不知是在為誰而忙。何止如此，連日後的事業他都不知究竟該託付與誰。

王粲心下感歎——我自謂得蔡伯喈餘禎，想來不輸於先朝邊讓、孔融之流，但丞相天賦之高真古今少有，莫說他征戰四方功冠天下，即便就是這風雅之才，我輩安能比及？不能不服啊……正思忖間，關中連營已遙遙可望了。

十萬大軍屯駐豈同等閒，刀槍如麥穗，劍戟似麻林，營連營寨連寨，藩籬柵欄綿延數里，旌旗如雲遮天蔽日。許褚不敢大意，趕緊馳到隊前攔住曹操，喝令騎士包圍護衛。曹操毫無懼色，手指連營譏笑道：「此皆無謀鼠輩，有何懼哉？」

曹植又道：「今又聞軍報，侯選所部五千人馬也趕來助陣，賊眾勢力更盛。」

曹操反而大笑：「我不懼其多，就怕賊少！賊勢雖盛，軍心不聚號令不一，又何難破之？」

他的話確實有道理，但小隊人馬靠近營盤，離得太近又不能不防。五千騎士將曹操父子團團圍住護於核心，這才重新列隊繼續前進。關中軍焉能不知？早有斥候報入營內。數裡連營諸將並不在一處，屯於東面的乃是程銀、成宜兩部。二將得報頗感詫異，豈有五千兵馬跑來踹營之理？成宜忙點一千馬隊出去阻攔。

轉眼間曹軍距寨門只一箭之地，這才不再前進。守寨的兵士哪有不慌的？膽大的拿起弓箭護住轅門，膽小的都躲遠處去了。成宜的兵很快也點齊了，匆匆忙忙湧出寨門——卻見曹軍這五千騎可非等閒，個個頂盔冠甲罩袍束帶，手持長矛身背箭囊，精光耀日威武雄壯。

成宜腦袋有點兒發懵，真後悔自己沒多帶點兒兵，這要是真打起來，自己這點兒兵還不夠人家塞牙縫。連寨門都沒敢關，吩咐將士高喊：「來者何人，焉敢在我軍營前撒野？」

曹操一見旗號就猜出是成宜，並不用親兵答覆，自己放聲喊道：「老夫就是當朝丞相曹操，特來拜會！」

這一句話可就炸了窩，關中軍一陣騷動，營裡的將士也聽見了，扒著寨牆寨門都往這邊看。成宜領兵以來還沒遇上過這種事呢，敵軍統帥親率隊伍到營外拜會，何況這位是當今丞相！他也慌了神了，有心下馬拜見，可自己是叛軍，不作禮遇又太失氣度，琢磨了半天才拱手道：「兩軍交鋒恕末將不得施以大禮，敢問您親自前來有何賜教？」

曹操朗朗大笑，捋髯道：「雖是兩下為敵也有見面之情，將軍是知禮之人。煩勞您轉告韓老將軍，老夫約他明日午時陣前相會，再談議和之事。」

成宜更覺詫異。曹操何以如此看重韓遂，竟不顧身分親自來邀，看來他們之間果有不可告人之謀。

殊不知曹操要的就是他們生疑，莫說不知道韓遂屯於哪一營，即便知道也不直接去，一定要讓第三者轉告。他遙遙望見成宜低頭不語，情知計謀得逞，又喊道：「老夫此來就為此事，並無他務，請將軍務必轉告韓將軍，明日之約不見不散！」

「領丞相之命。」成宜拱手作答，心下卻很為難。按理說人家大老遠來了不該慢待，雖說武力相爭，也要有武人之德。若單單來個使者也罷，讓進來歇歇腿，說說話都可以。曹操親自帶兵來的，把丞相請進來喝碗水，吃頓飯，這也不合規矩呀！故而無話可說，只有瞪眼看著。

這會兒看熱鬧的絕不止成宜一人，整個連營都轟動了，無論胡人漢軍，長這麼大誰親眼見如此大的官？各處的士兵都往這邊擠，柵欄轅車上都攀滿了人，爭相目睹這位鼎鼎大名的丞相，都快把寨牆壓塌了。程銀也帶領麾下將校趕出營門，紛紛向曹操行禮。

曹操見這麼多敵人圍觀自己，越發得意，把馬往前提了提，揮袖道：「爾等皆欲觀曹某乎？老夫亦凡人一個，並非有四目兩口，不過比平常人多些智謀罷了！哈哈哈……來日再會！」說罷與五千騎士一併撥馬，列著整齊的隊伍，順著來時的路又走了。

程銀、成宜等生平未見過如此瀟灑的老將，不禁望著曹兵遠去的塵埃出神。忽聞鑾鈴聲響，馬超急催坐騎，手挺大槊穿營而過：「曹賊來否？」

成宜道：「已經走了。」

「為何而來？」

「約會韓老將軍來日議和。」

馬超聞聽「議和」二字氣不打一出來，罵道：「爾等無能，何不就陣殺之以除後患，待我前去！」

「別追了，早就走遠了。」程銀冷冰冰道：「你能打，人家也不是吃白飯的，去稟報韓將軍吧……唉，明天還不知什麼樣呢！」

篡書疑敵

翌日，兩方再度商討議和之事。不過這次馬超也跟韓遂一起來了——關中諸部已對韓遂產生懷疑，故而推馬超同來，明為商討軍務，實是從旁監視韓、曹二人舉動。韓遂自以為沒病不怕吃涼藥，也未加阻攔。

兩軍陣前，韓遂依舊帶著自己貼身愛將閻行，馬超有帳下大將龐德相隨，令他們始料不及的是，曹操的舉動卻變了，前番會晤雙方咫尺相對，今天曹軍卻提前派兵在陣中列了數層拒馬，雙方相隔足有兩丈。馬超一見此景心中先存了三分怒意：曹操與韓遂如此親昵，今日見我卻要布置拒馬，他二人必有勾當！

曹操也到了，與前日大不相同。前番相會他不過便衣狐裘，今天鎧甲也披上了，兜鍪也戴上了，戰袍也裹上了，倚天寶劍背在身後，全副武裝來的；身邊帶著豹頭環眼的保駕大將，身後百步開外還有百名虎豹士，隨時準備過來接應。

「丞相別來無恙？」上次是曹操先開的口，韓遂因此耿耿於懷，故而今日搶先問候。

曹操欣然一笑：「多承韓將軍掛念。」說罷只輕輕瞥了馬超一眼，未作理會。

韓遂頗覺尷尬，趕緊引薦：「丞相，這位是馬衛尉之子、偏將軍馬孟起。」他說的是馬超的官號。

人之常情見面總要客套，何況當朝宰輔？可曹操卻根本沒搭理馬超，反而向韓遂牢騷道：「老夫運道不佳，自輔保天子重立許都以來，拜過三位偏將軍。頭一位乃漢室宗親王子服，不想他與董承通謀假造玉帶詔，要謀害老夫。第二位乃關羽關雲長，倒是世間猛將，斬顏良誅文醜，到頭來官渡之戰跟著劉備跑了。老夫寒心吶，多年未曾再封此職。直到馬騰入京拜為衛尉卿，我念他遠道而來一片忠心，封他子馬鐵為騎都尉、馬休為奉車都尉，他言道還有長子名喚馬超，在涼州統領舊部。也是老夫一念之仁，又把這偏將軍之位封出去了，才惹來今日之禍。唉！老夫也弄不明白，是這官職天生克我？還是這『偏將軍』三字大為不祥，淨出些不忠不孝之徒！」

這番閒話氣得馬超滿面通紅，韓遂更覺不自在了，連忙打圓場：「昨日丞相不辭勞苦親自相邀，末將感激不盡，至於劃分地界之事，還請丞相應……」

話未說完，曹操抬手打斷：「韓將軍，你我年齡相仿昔日舊交，什麼條件都可以談，不過今日有旁人相隨，恐怕不能盡言吧？」說罷又瞄了馬超一眼。

「有何不能盡言？」馬超已火撞眉頭，忍不住插了口，「我關中兵馬十餘部，罷兵之事當大家應允方能施行。丞相偏偏只與韓老將軍商議，這恐怕不妥吧？」

曹操冷笑道：「家有千口主事一人，國有萬乘獨尊一君。老夫何等人物，豈能與你等烏合之眾挨個商談？韓將軍德高望重又與老夫相厚，故而可言。至於那些為臣不忠、為子不孝之人，就算了吧！」

馬超聽他一再相譏，火氣都快頂破頭了，真有心舉槊將曹操廢命當場，卻見他身旁那員大將手持長矛威風凜凜，又不敢輕舉妄動。馬超在渭水岸邊險些箭攢曹操，那時就是因一虎將未能得手，後來打聽到營救之將名喚許褚，人稱「虎侯」；可惜那日相隔甚遠看得不清，今觀此將身量倒有幾分相似。若非許褚也罷，若是許褚還需謹慎行事。想至此馬超把怒火壓了壓，試探著問道：「久聞丞相營中有一虎侯，有萬夫不敵之勇，莫非……」

曹操挺了挺胸膛，手指許褚道：「虎侯今便在此。」

許褚來至陣前就注意上馬超了，聞聽曹操引薦，更是圓睜虎目，死死盯住不放。馬超情知這是個對手，固然自己有龐德相助，但偷襲之事無法明著商量，再者一旁的閻行也非等閒之輩，還不知他究竟是幫哪頭的呢！

曹操何等精明？猜到馬超不懷好意，立刻撥馬：「本欲與韓將軍共議大事，不想貴軍諸部尚有異議。我看今天就算了，請您回去先與諸將商議，達成一致再尋老夫商談吧！」

「丞相且慢……」韓遂還欲挽留。

不叫還好，這一叫曹操忽然提高了嗓門：「將軍莫急，你我謀劃之事徐徐圖之，老夫自不會虧待你。」

韓遂聽來這句話沒什麼不妥，他本意就是要議和，諸將意見不同也要徐徐商討，故而未覺出有詐。可馬超聽來卻完全另一番意思，更坐實了韓、曹二人有陰謀，霎時間恨韓遂更勝曹操，扭過臉來狠狠瞪著韓遂。閻行也沒揣摩出曹操心思，卻見馬超怒視自家主公，忙斥道：「馬孟起，你意欲何為？」

馬超還未答話，曹操又搭了茬：「這位將軍可是金城閻彥明？」

「正是末將。」閻行只曾出使許都一次，沒想到曹操還記得自己。

「你父母也在許都，學善莫學惡，記得要好好當個孝子！」說罷，曹操打馬而去。

「氣煞我也！」馬超又羞又臊又急又恨，再沒理旁人，帶著龐德打馬回營，只把莫名其妙的韓遂扔在了陣中。

曹操、許褚回歸營寨說起陣前之事，眾文武無不撫掌大笑，皆道此計足以離間韓、馬，唯有賈詡沉吟不語。曹操主動問及，賈詡才道：「只恐此計未為穩妥。韓、馬二人回至大營，若彼此敞開明言，又有閻行從中為證，只恐嫌隙易解。」

「哦？」曹操想來，這話倒也有理，「若以文和之計？」

「依在下所觀，馬超乃一勇之夫，不識機謀，然韓遂精明老到，不過一時不悟耳。今韓、馬嫌隙已生，諸將心中生疑，萬不可拖延日久使其釋然。丞相何不趁今日之勢作親筆信一封，單與韓遂，這封書信要……」賈詡伏到曹操耳邊細細述說。

曹操聽計樂不可支：「甚妙！老夫現在就寫。」這便搦管，賈詡從旁，兩人商量著把信寫成，又大塗大抹改易一番，也不用皂套密封，單尋精明細作送往韓遂營中。

韓遂、馬超剛回到連營便大吵大鬧起來，眾將也咄咄逼人，都疑韓遂與曹操通謀。韓遂指天為誓絕無異心，費盡唇舌才把眾將勸走，已是心力交瘁，伏於帥案長吁短歎。閻行在陣前聽曹操之言觸動頗深，見大家散去，又來勸說：「當初謀劃之日我就勸將軍莫行險徑，將軍不聽，被群小所誤偏要舉兵。眼下眾心不齊互生嫌隙，長此以往必將事敗。既然曹操有意結好將軍，將軍何不順水推舟歸附曹營？既可保爵祿不失，又可全許都質子之性命，望將軍深思。」

韓遂已經夠煩的了，還得耐著性子解釋：「非老夫不誤，然既已舉兵無可更易，曹操雖信誓旦旦似有籠絡之心，但恐終不能見容。再者老夫馳騁半世，費盡心機打下西涼之地，焉能拱手獻與他人？」

「將軍不為兒孫想想嗎？」

韓遂朗言：「大丈夫一生立業為本，韓某人寧可玉碎不為瓦全，即便兒孫受戮，只要還有口氣在，必要保地盤不失。」閻行見他如此固執，只得無奈而退。

閻行剛退下，有曹營使者來到，手齎書信穿營而過，要面呈韓遂觀看。有親兵引入中軍大帳，韓遂接過書信，一看之下不禁蹙眉——倒是一張精細的好絹，惜乎塗塗畫畫字跡模糊，難道曹操弄錯，誤把草稿送來？韓遂老眼昏花，捧至眼前看了半晌，才明白個八九分。原來曹操決意徐徐退兵，又恐關中諸將奇襲於後，請韓遂約會眾將，雙方同時撤兵免生干戈。韓遂想要應承又未與馬超等商議，恐眾心不服，只得叫使者回去，待來日商量已畢再做回覆。打發走來人，韓遂默然悶坐，正思忖如何勸眾將答應此事，忽見帳簾一挑，馬超又回來了。

「賢姪又有何事？」

馬超冷冷道：「聽聞曹營有使者來信，可否讓小姪一觀？」

韓遂有些為難，但又恐再生誤會，只得把書信交與他看。馬超見此信密密麻麻皆是塗改，不禁心中動怒，強忍著性子問：「叔父為何將其塗抹？」

「原書如此，並非老夫塗改。可能是曹操錯把草稿送來了。」

「哼！」馬超忍無可忍，把書信往案上一拍，「那曹孟德何等精細之人，豈會弄錯？必是叔父怕我知道書中所言之事，故意塗改的。」

韓遂這些天委屈受大了，也有點兒光火，起身反問：「莫非賢姪還疑我與曹操通謀？」

「是否通謀，將軍心中自知！」馬超倒乾脆，從此又把「叔父」這稱呼免了，伸手漫指那書信一處塗改，「這裡明明有『三更舉事』等語，今為何抹去？莫非你想與曹賊裡應外合取我性命，奪我地盤？」

韓遂聞聽此言這才仔細觀看，見模模糊糊果有「三更」什麼的字樣，卻已塗抹不清，額上已滲出汗水：「此乃曹操自行塗抹，未必如你所猜。賢姪莫要誤……」

「誰是你賢姪？」馬超斥道：「我棄生身之父與將軍共謀大事，將軍便當推心置腹知無不言，豈能與敵暗通謀害於我？虧您坐鎮西涼二十餘載，難道無半分同袍之義，偏行此親者痛仇者快之事？」

韓遂已是百口莫辯，正不知如何解勸，又聽帳外一陣吵嚷，各部將領全擠進來了——那使者領了曹操之計，手齎書信在連營中一通轉悠，哪有不知道的？眾將熙熙攘攘你爭我奪，都來看那書信，馬超一旁煽風點火：「仔細看看吧，這就是咱們韓老將軍與曹操的勾當！」

梁興眼疾手快搶到手中，迎著亮光仔細辨識，嚷道：「老將軍，這裡似有『長安為界』之語，可是被你抹去？」

「萬無此事！」韓遂連連擺手。

梁興將書信隨手一丟，喝道：「議和就是這般議法嗎？若以長安為界，以西盡歸曹賊，我的地盤在鄜城，難道老將軍要坐視曹賊奪我之地嗎？我梁某人雖然兵不滿萬，舉兵以來也是出生入死不落人後，老將軍這般待我，我梁某人不服！」

田逵也撲到帥案前質問：「果真以長安為界？那藍田縣不也成了曹操地盤？我家劉老將軍本不願再戰，末將只為保我鄉土才投至將軍您帳下，若鄉土尚不可保，末將豈能再為將軍效力？究竟有無此言，您必須跟末將說清楚！」

眾將吵吵嚷嚷都向韓遂問罪，其中也有省事的，程銀從旁解勸：「諸位稍安勿躁，聽老將軍解釋，莫要傷了同袍的情誼。」

「呸！」李堪一把推開，「你地盤不在關中，站著說話不腰疼！」

成宜又與程銀相厚，一見李堪推搡，也賭氣罵道：「割了你的地又能如何？就憑你那點兒人馬也敢在這兒撒野，再敢動一下手，老子扒了你的皮！」

「你敢？碰碰老子試試！」

霎時間眾人分為兩派，有人主戰有人主和，儼然涇渭分明，吵吵嚷嚷就要動手。馬超心中賭氣把頭一扭，連管都不管；韓遂實在彈壓不住，放聲嚷道：「別爭了，都給我閉嘴！」畢竟他勢力大，年歲大，大夥都安靜下來。

「人家還沒來打咱們，咱先自己鬥起來！」韓遂拍著胸口，「韓某與爾等一同舉兵，若有絲毫異心叫天雷劈死我！如今戰和不定，爾等同室操戈乃取死之道也。」

梁興兀自嘟囔：「若以長安為界，這和議不談也罷，還得打！」

「對！」馬超轉過頭來，「我誓與曹賊周旋到底，你們誰不服？」話是問眾將，眼睛瞪的卻是韓遂。

事到如今韓遂也無可奈何，賭氣道：「罷罷罷！從今天起這連營的事你小子做主，是戰是和隨你便吧！」

「哼，早就該如此！」馬超一陣冷笑揚長而去。眾將皆啞然——固然韓遂有私心，馬超又如何？這小子更不厚道，連親爹死活都不管，我們這幫人能在他手下得好？有心再請韓遂出來做主，剛才擠對人家半天了，怎好再張嘴？厚著臉皮站一會兒，見韓遂也不理他們，低眉耷眼都走了。

韓遂沒想到事情會鬧到這一步，議和之事又作罷了，千不怨萬不怨，只怨曹操行事不慎鬧出這場風波；見書信拋在地上，俯身拾起又從頭到尾看了一邊，猛然醒悟——中曹操之計也！

這封信分明是曹操故意所書，有意模糊言語，凡言及長安為界、夜襲馬超之處皆以墨漬掩去，若隱若現，此乃離間之計也！韓遂茅塞頓開，又回憶起這些天曹操與自己陣前相會、交馬閒談之事，件件皆有計謀，不禁破口大罵：「曹賊老匹夫果真奸詐！」罵過之後有心再尋馬超諸將，卻已為難——嫌隙已成心不能同，我還說得清楚嗎？今若戰之恐難以取勝，若依舊據而不戰，諸將芥蒂愈深，天長日久必有蕭牆之禍，那時非但關中有失，只怕西涼舊地都難以保全了，今日已成戰和兩難之勢矣！

「唉，怎會走到這條絕路上呢！」韓遂頹然坐倒——他雖然看破了計策，卻已無力回天。直到此刻他還不明白，這場叛亂從一開始就注定要失敗，十餘部兵馬號令不一，每人一個心眼，怎麼鬥得過老謀深算的曹操？

韓遂伏案喘著粗氣，哪知剛清靜一會兒，有人來報：「楊秋所部兵馬趕來助陣。」話音剛落，這位遲遲不到的將軍就闖進了大帳。

楊秋當著他的面又拍胸脯又抹鼻子：「老將軍，末將遲來一步望您恕罪。其實我早就想來，只是糧草不濟，為了這趟出兵我又洗劫了幾個村莊。可我楊某人說到做到，答應您了就一定來，您瞧這麼冷的天我都大老遠趕來了，夠不夠朋友？您老放心，哪日與曹操決戰，我親率兵馬衝在最前頭，一定把曹兵殺得片甲不留！」

韓遂一肚子委屈，哪還想聽他絮絮叨叨，也沒心思責怪他來晚了，連連揚手：「知道了，你出去吧！」

「您老是不是瞧不起我？」楊秋嘻皮笑臉，「別看我兵少，打起仗可不差。等決戰那一天，您安坐中軍大帳，看末將我大顯神……」

「滾！滾！滾！」韓遂煩得要命勃然大怒，把帥案掀個底朝天。楊秋一吐舌頭，施了個禮，規規矩矩退出帳外。

孔桂牽馬在外面等著呢，聽裡面怒吼如雷就是一陣竊笑，見主子出來趕緊迎上去，低聲問：「情勢如何？」

楊秋撇了撇嘴：「這老傢伙素來喜怒不形於色，何時動過這麼大肝火？看情形八成要完，咱怎麼辦？」

孔桂冷笑道：「叫您晚來就為摸清底細好上船。既然這邊要完，咱就保那邊唄！今晚就給曹操寫信，告訴他這邊的情況，請他老人家速速發兵決戰。」

「好，聽你的。咱們旱澇保收！」

曹操一再挑撥離間，韓遂、馬超互相猜忌，各部將領人心惶惶。恰在此時首鼠兩端的楊秋又領兵趕到，將馬、韓情勢完全透露給曹軍。曹操感覺時機已到，撕破議和的假面，致書韓遂要求決戰。馬超得訊力主要戰，梁興、楊秋也跟著鬧，韓遂早已不堪其擾，情知此戰凶多吉少，但若不打這一仗恐怕自己人先要內訌起來，就連軍師成公英也無計可施，只得硬著頭皮接下戰書。

寒風凜冽殺氣騰騰，兩軍會於渭南之野。曹軍六萬之眾列陣於西，左有征西護軍夏侯淵，右有安西將軍曹仁，曹操自統中軍穩住陣腳，鄧展率五千兵充任軍鋒。關中之眾十萬有餘，韓遂、馬超是絕對主力，各擁兵馬三萬居於陣中，騎兵精銳長矛閃亮，皆身經百戰驍勇之士；其他程銀、成宜、馬玩、張橫、李堪、侯選等部或南或北各自列陣，梁興、田逵自請先鋒布兵在前，至於叫嚷得最凶的楊秋卻把三千部眾列在了最後面。

曹操自散布假消息征討張魯開始，費盡萬般心機為的就是這一天，可事到臨頭卻格外沉得住氣。戰鼓也不擂，旌旗也不搖，大隊人馬絲毫不動，只派鄧展率五千先鋒軍上前叫陣。

說叫陣是好聽的，其實就是罵人。這五千兵可是曹操「精挑細選」的，打仗也還在其次，主要是口齒清晰，嗓門也大。兩軍陣前扯著脖子痛罵一番，什麼不忠不孝朝廷反叛，什麼賊子賊孫蛇鼠一窩，擺得上桌面擺不上桌面的都往外掏，亂七八糟一頓胡罵，到最後連爹娘祖奶奶都出來了，把關中諸將祖宗八輩都問候個遍。

其實交戰之前韓遂、成公英頗有顧慮，特意囑咐眾將穩紮穩打，可面對這情景，多大涵養也穩不住啊！梁興、田逵的地盤在長安左近，這仗不勝，別人能跑，他們可連老窩都沒了，因而戰意最盛自請先鋒，早憋著一股勁跟曹軍玩命，一見這群曹兵口出穢言形同無賴，哪還忍得住？也沒跟韓遂、馬超打招呼，帶著自己的兵就殺了過去。

匹夫拚命勝過百人，兩支部隊本就是帶著火來的，連喊殺聲都沒有，衝入曹兵隊中就是一陣猛殺——連曹操都不得不承認，三秦子弟就是勇！這五千兵都是練嘴的把式，真的打起來怎是對手？叫人家殺得哭爹喊娘，鄧展未戰幾合撥馬便逃。關中軍哪裡肯依？攆著這隊兵就衝了下去。

韓遂見此情景心頭一緊——莫非又是曹孟德之計？察覺左右各部蠢蠢欲動，忙傳令喝止，不可擅自出擊。真到動手之時大家還算給面子，大部分都聽他的，唯有馬超按捺不住，催促麾下出擊，尾隨著先鋒殺向曹軍，這可就是三四萬人啊！

果不出韓遂所料，鄧展撤著撤著猛然翻身又戰，緊跟著喊聲大作，曹仁、夏侯淵左右出擊，齊向關中軍殺去——頓時短兵相接翻天徹地，刀槍往來，閃過一道道寒光；戰馬交蹄，捲起萬丈黃沙。關中軍狂叫著橫衝直闖，曹兵喊嚷著拚命廝殺。落馬的騎兵被踏為肉泥，斬飛的頭顱噴著鮮血遍地亂滾。喊殺聲、慘號聲、兵器聲交織一片，懾人心魄……曹操與韓遂倒都很沉穩，各督中軍默默觀望，沒有半點兒舉動。

不多時戰場已分出優劣，關中軍奮勇無敵人人如狼似虎，馬超、龐德、梁興、趙青龍皆驍勇之將，各掄兵刃勢不可擋；曹兵漸漸已露疲乏，只有招架之功，全無還手之力，勝敗之局似乎已定。韓遂可算鬆了口氣，原來曹兵也不過爾爾，韓、馬兩家齊名，焉能叫馬超獨攬全功？想至此忙把令旗揮舞，各部將領早就候著呢，猶如離弦之箭紛紛闖入戰團——十萬大軍盡入陣中！

雪中送炭難，錦上添花易，這會兒勝負看得分明，其他各部兵馬就是撿便宜來的，一副痛打落水狗的架勢，哪兒打得順就往哪兒鑽，怎還顧得上陣勢？可就在他們得意之際，忽聞對面戰鼓轟鳴吶喊震天，節節後退的曹軍勢頭又強了；緊接著左右繞出兩隊騎兵，左有徐晃、張郃，右是朱靈、許褚，關中軍還未明白是怎麼回事，只見漫天箭支似密雨般襲來！

曹操早算定韓遂老奸巨猾用兵謹慎，故而計中有計，第一次鄧展是詐敗，第二次還是詐敗。衝在前面的都是步兵劣馬，真正精銳騎兵在中軍後面藏著，左右兩路包抄，攏住敵陣就是一陣箭雨。這一擊猝不及防，多少人糊裡糊塗喪命，涼州驍將李堪正縱馬向前，冷不防一箭正中肩胛，身子搖晃栽落戰馬，不待親兵來救，就被混亂的騎兵踐於蹄下。

「李將軍戰死了！留神弓箭！」關中之士混亂吶喊。哪知曹兵就射這麼一輪，拋弓挺槍這就衝過來了。涼州的長矛鐵騎揚名天下，可幽州戰馬也不賴，曹操自平定烏丸以來每年能得良馬數千匹，積攢了這麼多年，為了跟關中軍打仗都帶過來了。

孫武子有云：「迂其途，而誘之以利，後人發，先人至，此知迂直之計者也。」自古擁兵不在於多，而在於精銳齊整。曹軍兩番詐敗皆列隊有序，故而陣勢未亂；關中軍人數固然占優，但部眾冗雜人人爭利，再加上曹軍這陣箭雨，各自奔跑躲避，十幾部人馬早就混到一起，這就敗了一大半。

曹操的算計不止於此，步兵居中騎兵左右，三面人馬一齊衝殺，嘴裡卻喊著：「衝啊！誅殺逆子馬超！」

就這一句話，關中諸軍立時猶豫起來——曹軍也不好惹啊！他們口口聲聲要殺的是馬超，我又何必這麼玩命？反正咱們人多勢眾，以多欺少還鬥不過他們？

一個人這麼想沒關係，怕就怕好幾萬人都這麼想！諸部人馬各懷僥倖都往後撤，曹軍騎兵就趁勢扎進來了。造反作亂就是死罪，關中諸軍哪有什麼分別？曹兵才不管是不是馬超所部，逢人便斬見人就殺。這一殺那些兵更糊塗了，難不成躲得不夠遠？越發節節敗退。馬超所部奮戰多時已經力竭，梁興、田逵那點兒兵早死得差不多了，急盼後援來助，可後面的兵就是不來——被隔於陣外，想來也來不了！

夏侯淵、曹仁皆百戰名將，督大軍步步緊逼；鄧展一身武藝，哪是尋常武夫擋得住的？馬超、梁興已漸漸支持不住了，力有未逮只得掉轉馬頭突圍——玩了半天命，眼都殺紅了，開始是突曹兵，後來就是突自己人了。成宜所部被曹兵衝亂，剛喝止住，馬超敗軍突圍又給撞散了，抬眼間大隊曹兵追殺上來；趕緊放眼陣後想叫楊秋來救，可扭過頭來才發現，楊秋所部早不聲不響溜了。成宜萬念俱灰喝罵不止，眼見被曹兵團團包圍，一擺大刀衝入陣中，命喪沙場。

聯軍作戰最怕有人撤退，楊秋能撤別人就能撤，霎時侯選、程銀等部人人欲退，韓遂也已無力回天，只得下令全軍撤退，但是十幾部人馬攪在一起，胡兵漢人各行其是，撤退已成潰散！

馬超費盡九牛二虎之力總算突出亂陣，倉皇回頭張望，但見各部兵馬潰不成軍，心頭不禁淒然——怎麼會落到今天這一步？人人都道我不忠不孝，怎知我本有席捲天下之志？若打破許都，既不失我馬氏之業，又可救父親、兄弟脫難。怎奈曹賊奸詐狡猾，眾將貌合神離，終致此敗。從此關中之地不保，父親之命也難周全。馬超啊馬超，你真是亡國敗家，可恨啊！天不我與，倘我早生十年豈能讓此賊稱雄？曹孟德，咱們走著瞧，只要我還有一口氣，就要與你鬥到底！

曹操遙望戰場洋洋自得，一切皆如他所料，關中諸軍與其說敗於曹兵還不如說敗於自己。正在喜悅之際，曹植突然馳馬衝到他面前：「二哥帶幾個親兵闖到陣中去了！」

「啊！」曹操可嚇壞了，這會兒已顧不上狼奔豕突的關中軍，對著戰場放聲大呼：「吾兒何在？快快歸來！」

戰場早變了殺人屠場，關中軍四散奔逃慌不擇路，曹軍趁勢掩殺如砍瓜切菜一般。血肉橫飛慘叫沖天，宛如三秦子弟之挽歌。不多時衝殺漸息塵埃落定，十萬關中軍蹤跡不見，只剩下歡呼雀躍的曹兵。曹操雖然得勝，卻急得滿頭大汗，環顧沙場尋找曹彰。

王粲忽然手指西北一聲高叫：「在那邊！」

曹操急忙觀瞧——曹彰已殺得渾身是血，舉著斬獲的四五顆人頭，正朝這邊揮手呢！

關中諸將互相猜忌功虧一簣，被曹軍殺得血流成河，成宜、李堪死於亂軍之中，梁興兵馬喪盡不知所蹤。莫說營寨不要了，連長安都沒法再守，關中地盤盡數捨棄。韓遂、馬超帶領殘兵逃奔涼州老巢，唯恐曹操發兵追擊，馬不停蹄連跑一天一夜。

楊秋所部臨陣躲避幾乎沒受損，但迫於形勢也跟著韓遂一路奔逃。楊秋邊馳馬邊埋怨孔桂：「你小子出的什麼餿主意？咱們又沒跟老曹幹上，為什麼要逃？還惦記旱澇保收，費了半天勁，反倒裡外不是人！」

孔桂卻滿臉堆笑道：「將軍差矣。臨陣倒戈咱有那實力嗎？戰敗投降豈不被諸部將領罵死？咱就得逃！」

「唉……」楊秋哀聲歎氣，「此一去到了西涼，日後要在韓老賊麾下討營生了，恐怕不妙。」

「將軍又錯了，咱不跟他們去西涼。」

「那去何處？」

「從哪兒來回哪兒去，咱回咱的安定。」

楊秋甚是不解：「兵少勢孤，曹兵來攻怎麼守得住？」

「正因為守不住才回去啊！」孔桂早有算計，「咱現在降曹有什麼功勞？不如回咱的地盤，曹操來攻咱再順勢投降。一來有獻城之功，二來這叫體恤黎民不戰而降，再者也不至於與韓遂等人結死仇。興許丞相見您公忠體國，繼續叫您駐軍安定，非但無罪反而升官發財呢！」

「真的？」楊秋半信半疑。

「小的還能騙您？聽我的錯不了。」

「也罷，我就再聽你小子一回！」事到如今楊秋也只得聽他的，馬上傳令：「慢慢減緩速度脫離馬、韓，回咱的安定郡。」這支部隊越走越慢，直等讓過諸部殘兵落下老遠，才掉轉方向往西北而去……

第九章
劉備入蜀，後患無窮

滑南之戰曹操大獲全勝，不僅收復關中之地，也把涼州東端隴西、漢陽二郡直接納入朝廷統馭。關中諸部勢力瓦解，韓遂、馬超帶殘兵敗將逃往金城郡。曹操在長安歇兵三日，繼而揮師西進，向安定郡治臨涇縣進發。

楊秋歸降

建安十六年十月，曹軍兵過扶風，事情比想像的還要順利，沿途鶉觚、陰盤等城四門大開皆不抵抗，等大軍行進到涇水南岸時，楊秋早備下酒肉，搭好便橋，手捧印綬跪在道旁，恭候曹操大駕。他的兵盔甲都卸了，兵刃也繳了，連馬匹都單圈好了；也不知孔桂從哪兒找來一幫奏樂的，又打鼓又敲鑼，鼓著腮幫子一通吹，搞得跟娶媳婦似的。

曹操一見這陣勢就笑了：「老夫已料到楊秋首鼠兩端早晚會降，但沒想到會這般熱鬧。」曹兵人馬一靠近，楊秋的人就行動起來——不過不是動武而是夾道歡迎，又端水又獻食，人人臉上一團和氣，恨不得把曹兵背過橋去。

楊秋以膝代步爬至道中：「末將歸順來遲，死罪死罪！」孔桂趕緊喝令止樂，一路小跑到他身後，也跪下了。

虎豹騎閃開，曹操催馬來至近前，手撚鬍鬚笑道：「如此誠意，我當是誰呢！原來是涼州威名赫赫的楊將軍，渭南一戰，將軍作戰驍勇真讓人欽佩啊！」

誰都明白這是挖苦之言，左右兵將無不竊笑。楊秋倒不理會，又往前跪爬了幾步，信誓旦旦道：「丞相戰無不勝攻無不克，兵馬所至望風皆靡，韓、馬之輩皆螢火之光，豈堪與日月爭輝？末將雖邊地偏僻之士，亦識天命，不敢違拗丞相的虎威，故引軍而去在此恭候。」

「哦？哈哈哈……」曹操仰面大笑，繼而把眼一瞪，「你這刁鑽之徒！口口聲聲不敢冒犯我，那為何割據安定十餘載直到今日才降？攻殺張猛你沒參與嗎？韓、馬舉兵之日可曾力阻？如今功敗垂成大勢已去又識得我的虎威了。你乃一見風使舵勢利小人！」

一番話說得楊秋渾身顫抖體似篩糠，險些把印綬摔了。孔桂連忙搭話：「小的有一言，請丞相思之。」

「講！」曹操對楊秋談不上什麼好感，但對他卻另眼相待。

孔桂眨巴著眼睛，跟受了多大委屈似的，悲切切道：「丞相說的都對，但也該體諒我們的難處。關中戰亂這麼久，但凡長個腦袋，有幾千人就敢立山頭。小的跟著楊將軍這些年，大大小小打了足有百餘仗……」豈能有百餘仗？恐是連洗劫村莊都算進去了，「受了多少艱辛，其實還不是為了討口飯吃。韓、馬二賊勢力強盛，若不依附他們，只怕這屁大點兒地盤早叫他們吞了，我們屍首埋哪兒還不知道呢！這份苦衷對誰去說？盼啊盼啊，就盼著王師到來能解我等之難，望眼欲穿盼了十幾年，哪知您一來先要問罪，這世上可真沒我們活路了。」他這話雖有些誇大，但也算是實情，說得楊秋也一臉黯然。

「唉！」曹操也不禁淒然。

孔桂見這可憐話管用，趕緊跪爬幾步，擠到前面接著道：「其實我們楊將軍一心想歸順朝廷，雖然迫不得已跟韓、馬來往，但每次回來都在家中設擺香案對天懺悔，求蒼天寬恕其罪，保佑大漢國祚，也保佑丞相福壽綿長，磕的頭比帶的兵還多呢！這次渭南兵敗，我家將軍唯恐賊兵劫掠郡縣，故而不避猜忌回轉安定，為的就是彈壓地面安撫百姓，妥妥當當等您接管。若不信，您問問這些當兵的，有誰不說我家將軍好的？」

這倒是實話，關中諸將大多講義氣，馭下有恩，越是像楊秋這等小勢力對士卒越好，若不然也難在這亂世中擁尺寸之地。孔桂越說越來勁，爬到曹操馬前，一把抱住曹操的腳，腆著臉哀求道：「丞相您想想，小的來回跑腿送信，還不是奉了將軍的命令？人說宰相肚裡能撐船，您大人辦大事，大筆寫大字，千不念萬不念，就念在這點微末功勞的份上，就饒了我家將軍吧！」

若別人膽大妄為過來抱他腿，曹操早一腳踢開了，可孔桂來這套他卻漸漸聽了進去，但覺每句話都那麼有理，說得他心裡那麼舒坦，不禁微微點頭。孔桂見狀趕緊朝楊秋使眼色，楊秋會意，立刻把印綬高高捧起：「末將自知有罪，上還騎都尉、關內侯之印。」

「罷了。」曹操歎口氣，「你的爵位乃朝廷所封，既然不背朝廷，依舊當你的關內侯。不過老夫革免你騎都尉……」聽到此處楊秋愣了，免去軍職豈不是把前程丟了？剛要爭辯，哪知曹操話風一轉，「晉將軍之位，依舊駐軍安定，聽候老夫調遣。」

「叩謝丞相天恩！」楊秋大喜過望，已然弄不清赦免自己的究竟是曹操還是天子，竟把「天恩」二字配到了丞相身上。

孔桂的好話固然有用，但曹操本心也沒打算為難楊秋。畢竟關中剛剛平定，人心還不穩固，似楊秋這等割據多年小有威望的人物不能輕易處置，反之樹其歸順天命的標榜，還有很大利用價值。不過曹操還要敲打一番：「你是聰明人，老夫也不與你說那些冠冕堂皇的話。忠孝節義且放一邊，老夫的勢力你是知道的，究竟跟著誰能享富貴，你可要掂量好了。今後若還與韓、馬暗通表裡，我好歹取你性命！」

「末將不敢，末將不敢。」楊秋連連叩首，「從今以後，末將效忠丞相絕無二心。」

曹操又瞥了眼旁邊跪的孔桂，笑道：「孔叔林，你小子往來通風報信功勞也不小，尤其這張嘴，說的比唱的還好聽。既然楊秋已升任將軍，騎都尉之職老夫就轉給你。不過你不用領兵，從今以後到老夫營中做事吧！」

孔桂忙來忙去為的就是這個，聞聽此言，一連給曹操磕了七八個頭：「多謝丞相提攜，您就是小的重生父母再造爹娘，從今往後小的赴湯蹈火在所不辭！」

「哈哈哈……」曹操爽快一笑，馬背上疾抽一鞭，帶著麾下文武過橋了。

曹兵將士列隊而過，楊秋和孔桂兀自在揚塵之中叩首不止，磕了好半天才互相攙扶著爬起來。

「恭喜將軍得保爵祿，榮升將軍之位，小的也跟您沾光！」孔桂嘴還是那麼甜。

楊秋卻訕笑道：「老弟切莫這樣說，丞相看中的是你，若非如此豈能調你到他老人家身邊聽用？賢弟前程似錦啊！」他也算心明眼亮，瞧得出曹操屬意孔桂，將來這小子必成相府紅人。

孔桂跟了楊秋十幾年，從來都是自己伺候他，從未聽過他與自己稱兄道弟，這一聲「賢弟」悅耳不亞於金石之聲，渾身上下說不盡的舒服。孔桂胸脯也挺起來了，腰也直了，也不管頜下留沒留著鬍鬚，裝模作樣一通亂捋，還打起官腔來了：「日後咱共保朝廷，彼此彼此。」

楊秋就勢一把摟住他脖子，笑嘻嘻道：「老弟啊，前半輩子你靠的是哥哥我，這後半輩子哥哥可就指望老弟你照應嘍！」

孔桂聽著聽著，忽覺有樣東西戳自己胸口，低頭看來——楊秋正攥著一塊鴨卵大小的金子往他身上塞，他趕緊一把揣進懷裡，喜得眉開眼笑：「自家兄弟，好說好說……」

曹操西征一路得勝，既得關中又圖涼州。但與此同時，還有一人也在籌謀西進之事，那就是荊州的劉備。

劉備在武陵郡油江口修建公安城已有兩年多，總算是有了自己的地盤，但前途依舊渺茫。赤壁之戰是借助孫權之力打贏的，江南四郡更是在人家默許下占領的，論情論理劉備都虧欠孫權，但爭天下者不能以情理揣度。劉備自一開始就是獨立的勢力，他只能適當依附孫權，卻不可能改變初衷。故而劉備可以對孫權卑躬厚禮，可以在江東使者面前低聲下氣，可以娶孫權之妹，在這位大小姐監督下謹慎過日；卻絕不會讓出一寸地盤，更不可能放路讓孫權西進——就爭奪天下而言，孫權與曹操本無區別，都是潛在的敵人！

周瑜死後，魯肅承繼兵權，也承繼了索要荊州、進取蜀中的任務。魯肅比周瑜態度和緩得多，但這把軟刀子割肉更疼，他更懂得用時間和道義解決問題。魯肅掌權伊始便與孫權協商，把處於劉備包圍之中的江陵城讓給劉備，並希望以此為條件換取西進之路。不過劉備「朝濟而夕設版焉」，得到城池後即命關羽屯兵江陵，張飛駐秭歸，諸葛亮據南郡，自己坐鎮公安，封鎖了長江數百里水道，並對江東的西征統帥孫瑜假惺惺地道：「備與璋托為宗室，冀憑英靈，以匡漢朝。今璋得罪左右，備獨竦懼，非所敢聞，願加寬貸。汝欲取蜀，吾當披髮入山，不失信於天下也！」

劉備口口聲聲要保衛漢室同宗，甚至不惜歸隱山林。孫權、孫瑜明知此言是假，但荊州水道已被人家箝制，只有忍下這口氣，轉而向交州發展。表面上看劉備占了便宜，但孫、劉兩家的關係一下子降到了冰點。孫、劉間的和睦是抵禦曹操的先決條件，倘若曹操再度來犯，沒有孫權的幫助，劉備還能渡過難關嗎？若劉備再次求援，孫權要求其歸還荊州部分郡縣，劉備還能繼續耍兩面工夫嗎？對於劉備而言，他已經把自己置於萬分孤立的境地。

當然，他這麼做也有其苦衷。荊州四戰之地實在太危險，北邊的襄樊重鎮被曹操占據，東面夏口要道為孫權把持，兩家勢力都遠超自己，若不能及早擴張勢力，早晚會被這兩家吞掉；因而西取益州，依附險要，就成了劉備唯一的希望，他當然不肯把機會讓給孫權。

不過劉備只是阻攔了別人的好事，自己怎麼朝這塊肥肉下手卻還不清楚。陸路而言，襄樊阻礙了西進要道，坐擁房陵郡的蒯祺又歸順了曹操，這條路行不通；而逆溯長江又要突破一夫當關萬夫莫開的三峽天險，憑他的實力也很難辦到。長此以往拖下去，孫權是不能取蜀地，只怕到頭來益州卻落入曹操手中，後果更不堪設想。如何打破死局呢？就在劉備一籌莫展之際，竟然有人主動跑來，要敞開三峽領劉備進去！

益州軍議校尉法正出使荊州，奉劉璋之命結好劉備。不過法正從一開始就沒把使命限定在結好的範疇內，他實際上是代表張松、孟達等不滿劉璋且敵視曹操的人，來恭請劉備「接收」蜀地的。他第一次來荊州就向劉備表達了仰慕之情，並暗示自己可以幫忙奪取蜀地，不過劉備初次與其見面，搞不清敵友真假，沒有貿然答應，只是予以厚禮妥善送回。可沒過多久，劉璋又派孟達率數千兵馬協防曹操，進一步表達了善意，劉備開始對這件事重視起來。緊接著法正又來了，這次名義上是邀請他領兵入蜀攻打張魯的，但私下裡張松已親手畫了一張蜀中地圖，詳細標注了各個郡縣的道路、兵力、糧草數目。

法正獻出地圖，劉備一見怦然心動，大感事有可為，雖仍不免顧慮，但已將法正視為貴客，設宴隆重款待，又親自為其把盞，一句接一句地問個沒完。法正既來之則安之，知道什麼說什麼，幾乎把蜀中所有機密都透露給了劉備，最後捅破窗紗公然進言：「以將軍之英才，乘劉牧之懦弱；張松，州之股肱，以響應於內。然後資益州之殷富，憑天府之險阻，以此成業猶反掌也！」劉備表面應允，心中卻在反覆掂量利弊。

冬日天短，酒席散盡後為法正安排好館驛，天已經黑下來了，沉沉的天際顯出一彎新月，從公安城並不雄偉的城樓女牆縫隙間灑下清冷的白光，凜冽的北風吹過，刺骨的冷。劉備送走法正並未回自己宅邸，而是一轉身又回了這座臨時的州府大堂，獨立窗前默然無語。張松、法正等人給了他一個機會，但這件事絕非說幹就幹這麼容易，至少有三個未知的危險：首先，蜀中地勢險要，自己去倒是容易，可一旦翻臉，到時候若拿不下益州，再想退回來就不易了；再者，荊州實力還很薄弱，自己要防備曹操，如今對孫權也得加以小心了，萬一敵人侵犯於後，到時候又怎麼救援呢？更要緊的是劉備不知法正他們能否真的代表蜀中士人之心，亂世征戰固然應兼人之地，可這種奪法卻不甚光彩，若是不能得蜀中人心，又在道義上栽了大跟頭，即便拿下益州也難以安定。有人出賣劉璋，就有人可能出賣自己，到頭來只能為別人做嫁衣。

劉備仰望天空，覺得自己就像暗夜中的孤月一樣，冷冷清清無依無靠。關羽、張飛、諸葛亮都已派往要地鎮守了，那些新招攬的屬僚資歷尚淺，因為孫夫人的關係，家也變得不再像家，他只能守著這座空蕩蕩的大堂，連個說知心話的人都沒有。

也不知過了多久，忽然有個爽朗的聲音呼喚道：「主公，您還沒回去安歇？」劉備回頭觀瞧，從漆黑的堂外走來一人，在昏暗的燈光映射下顯得格外鬼魅。此人身材不高，精瘦的一張臉，細眉小眼短胡鬚，蒜頭鼻子還有些翻鼻孔，貌不及中人；穿著一身粗布便衣，披著件開襟的大氅，似乎睡不著覺起來溜達。

「原來是士元啊。」劉備認出，來者乃是軍師中郎將龐統。

龐統，字士元，襄陽人士。他是荊州名士龐德公之姪，與諸葛亮齊名，被本鄉之人譽為「鳳雛」。

不過這位鳳雛先生可與諸葛亮大不相同，既沒有英俊的相貌，也沒有出眾的人望，只有顆桀驁不馴自驕自大的心，常自謂「論帝王之祕策，攬倚伏之要最」。曹操南下之時，他既不像本家兄弟龐季那樣歸順，也不曾與諸葛亮一起輔保劉備，更沒有像伯父龐德公一樣躲避隱居，而是直接過江想投靠孫權。無奈因為他驕傲自誇目中無人，招惹孫權不快，竟無緣江東仕途，幸得魯肅推薦，在赤壁戰後回來投靠了劉備。就在他回歸之際，江東陸績、顧劭、全琮等士林新秀前來送行，請他評價各自之才，龐統對全琮朗言：「陸子可謂駑馬，有逸足之力；顧子可謂駑牛，能負重致遠也。卿好施慕名，雖智力不多，亦一時之佳也。」固然是正面的評價，竟把人比作駑馬笨牛，其桀驁之心可窺一斑。

他這種性格，既然能招惹孫權不滿，也難免使劉備不快。初回荊州劉備授其耒陽縣令，龐統竟置酒高臥不理事務，搞得耒陽政務一團糟，沒幾天就被罷了官。好在有諸葛亮、魯肅多番解勸，說他非百里之才，當授予治中、別駕一級的高官，劉備才耐著性子召見了一次。哪知這一見之下劉備竟然看出了些端倪：龐統雖為人傲慢，不屑為政，卻深諳用兵之道、帝王之術，果真是盛名之下無虛士。劉備立刻升他為軍師中郎將，與諸葛亮平起平坐了。

「今夜可真冷啊！」龐統慢悠悠踱到劉備身旁，「主公不回去安臥，還在這裡賞月，屬下可沒您這份雅興。」

這哪是什麼雅興？劉備並非不想休息，一則是有心事，二來實在不願到孫夫人身邊，故而留下。他知道龐統在揶揄自己，卻已習慣了這位軍師冷嘲熱諷的性格，並沒有嗔怪，只是歎息道：「法孝直所言之事，我該怎麼答覆呢？」

龐統哪裡是睡不著出來遛彎的？等他問及此事，早已備好說詞：「荊州荒殘人物殫盡，東有孫吳北有曹氏，鼎足之計難以得志。益州國富民強，戶口百萬，糧草兵馬，所出必具，寶貨無求於外，今可權藉以定大事。機不可失，望主公應允出兵。」

出兵的好處劉備自然清楚，但他現在考慮的都是隱患，有些話實難啟齒，故而慨然道：「今與我水火相爭者，唯曹操也。操以急，我以寬；操以暴，我以仁；操以譎，我以忠；每與操相反，事乃可成也。今若以小故而失信義於天下者，我所不取也。」他這話有真有假，每與曹操相反倒不假，但唯恐失信於天下就有些故作姿態了。

龐統也知道這並非真心之言，尤其前番劉備對孫權入蜀橫攔豎擋，又是同宗之義又是庇護之德，連披髮入山的話都說出來了，而今卻要親自動手奪人之地，未免於德有損。龐統心中暗笑，卻還得給他臺階下，略一思索道：「主公之言雖合天理，奈離亂之時權變行事，固非一理能定也。兼弱攻昧，五伯之事。逆取順守，報之以義，事定之後，封以大國，又何負於信？今幸有張松、法正為內助，可謂天賜。主公今若不取，恐為他人所圖也。」

劉備背對龐統暗暗思量：奪人之地不負於信，純屬強詞奪理，但「今若不取，恐為他人所圖」倒是不折不扣的實話。曹操本有征張魯之意，近聞已破馬、韓，日後必要圖謀蜀地；孫權已拿下交州，雖然是蠻荒之地，但只要用心經營，未嘗不能自南方繞道侵犯益州。先下手為強，後下手遭殃，看來也難顧全什麼好看不好看了。

龐統見他不言，料是已然動心，便把自己的謀劃全盤托出：「今曹操尚在關中，遠路征戰不及南下。孫權有事於交州，亦不能為害，正是主公趁機取利之時。荊州雖處四戰之地，有關、張、諸葛、趙雲鎮守料無大礙。主公可抽精兵萬餘驍將數員，屬下願自請參謀，有張松、法正為內應，必能襲劉璋於無備，何況還有孟達統兵數千屯於江北，主公若折節待之也可收為己用，何愁兵馬不足難以兼顧？機不可失，時不再來，還望主公三思。」

誠如他所言，關羽屯襄陽，張飛屯秭歸，諸葛亮經營南郡，趙雲留守公安，這般陣勢互為救應，即便曹操、孫權來襲也可支應一時。劉備部曲魏延、義子劉封等如今也歷練出來了，又得霍峻等荊州驍將，取蜀未為無望。而且前番奪取長沙又有意外之喜，昔日劉表之姪劉磐號稱勁旅，幾度侵擾江東，他麾下有一部將名喚黃忠，也有萬夫難當之勇，如今也歸到劉備帳下了。憑這些驍勇之徒，加上法正等內應，雖然兵少，取下益州也不是沒有勝算。

劉備十成決心已動了七成，卻依舊不敢輕率舉兵，只是點了點頭：「你所言倒也有理，不過此事再容我詳思，來日再做定奪吧！」

龐統見他還不肯決斷，索性也不勸了，打個哈欠轉身就往外走，嘴裡叨叨念念：「夜已深了，我是沒有主公這等興致，硬熬著在這裡賞月，如此躊躇，即便站到五鼓天明又有何益？我回去鑽被窩，安安穩穩睡個好覺。也請主公早早安歇吧！」

一陣料峭寒風吹過，簷下的銅鈴不安地搖晃著，發出清冷的叮噹聲。劉備望著窗外漆黑的夜色，被龐統的話勾起了悲意——雖說現在有了荊州，但又能比以前好多少呢？莫說稱霸一方，就連溫暖的家都成了遙不可及的奢望。自甘氏死後，家的溫馨就蕩然無存了。孫夫人雖然嫁給了他，但心始終是在江東，不僅時時處處掣肘於他，還帶著幫驕橫跋扈的江東衛士，整日拿刀動槍，搞得他惶惶不可終日，只得把趙雲任命為「大管家」，有心腹愛將隨時照應，他才略有安全感。劉備索性在公安以西另建了一座小城，讓孫夫人和她的男女僕僮住在那邊，他總是找藉口不到那邊過夜，這段婚姻早已名存實亡。連荊州百姓都清楚其中緣由，乾脆把孫夫人所居之地喚為「夫人城」，不視為荊州地盤。婚姻已變成負擔和笑柄，日子過成這樣，那還能叫家嗎？再窮困的人都有個可以安臥的家，可堂堂荊州之主竟然沒有，整日在江東孫氏的陰影下討生活，近兩年來並無一日睡得安穩踏實。拋開雄心壯志不論，單單為了自由也該下決心放手一搏。

「且慢！」劉備倏然叫住龐統。

「主公有何吩咐？」龐統慢慢轉過身來。

劉備吸了口涼氣：「我意已決，無論是福是禍，都要隨法正賭上這一把。就按你的安排調兵遣將，明天一早就辦！」

「諾。」龐統鄭重其事深施一禮，終於露出了笑容。

冀州叛亂

曹操兵不血刃拿下安定郡，又派夏侯淵、徐晃戡定附近諸縣，自潼關對陣不過數月，關中之地皆已平定，進軍西涼剿滅餘寇似乎只是時間問題了。

遠道征伐將士勞苦，如今進駐臨涇縣，大家總算可以歇一陣了，上至文武眾臣下至普通士兵都鬆了口氣，獨忙壞了關中各縣的官員，紛紛趕到臨涇縣拜謁丞相。曹操任命張既為京兆尹，鄭渾為左馮翊，趙儼為右扶風，處理善後之事；又召傅幹、賈洪、吉茂、蘇則、薛夏等關中名士，每日裡講經論道好不歡暢。楊秋傾其所能竭力逢迎，孔桂更是不離曹操左右，使盡渾身解數變著花樣哄丞相高興，今日飲酒明日蹴鞠，又聞馮翊之士游楚精通樗蒲①，如獲至寶趕緊向曹操舉薦。曹操略有不悅：「樗蒲乃市井博弈之戲，這等伎倆也是老夫耍的？」

孔桂別的不成，唯獨在博弈遊戲上頗有見識：「樗蒲雖不及對弈雅致，但也可顯用兵之能。昔日鴻儒馬融曾著有《樗蒲賦》，贊曰：『杯為上將，木為君副，齒為號令，馬為冀距，籌為策動，

① 樗蒲，漢末盛行的棋類遊戲，屬博弈類，因用於擲采的投子以樗木製成，故稱樗蒲，又稱「五木之戲」，棋子有杯、木、齒、馬、矢等，先投擲而後行走棋子，類似於現今象棋、飛行棋合併的玩法。

矢法卒數。』丞相統領三軍掃蕩天下，區區樗蒲小戲豈會不通？這游楚也是我關中的一位賢士，又以此道著稱，丞相何不借此機會鬥一鬥他，也叫那些窮酸們開開眼，方顯您老人家的手段。」一席話說得曹操笑逐顏開，當即徵召游楚前來——臨涇縣寺變了博弈場，曹操與游楚當堂對博，眾文武一旁觀戰，又是喝酒又是叫好，鬥得好不熱鬧。

一來曹操稟賦甚高，二來也是游楚不敢贏他，七八局鬥下來游楚大敗，裝模作樣連連嗟歎：「在下賣弄此技十餘年未逢敵手，不想今日敗於丞相，心服口服。」曹操頗感歡喜，孔桂在旁一再美言，細問之下又知游楚亦通詩書小有才名，當即拜為蒲阪縣令。

莫說樓圭、王粲等人，就連曹植都暗暗咋舌——父親幾時這麼好說話？這孔桂雖是鄙陋小人，方入曹營就有這等頭臉，日後還了得？

長史陳矯早覺不妥，立刻諫言：「屬下有一言，懇請丞相深納。博弈之術雖可益智，久亦有傷，世人因博采而廢事忘業者不可勝數，因財損而謀奸者……」

話未說完已被孔桂高聲打斷：「非是在下多嘴，這位先生講話可不妥當，常人因博采而廢事忘業，然丞相豈是尋常之人？方才丞相博弈列位都看到了，投子之時若雷石電發，布局之時似指揮三軍；氣定神閒正襟危坐，表面上是玩，其實醞釀機謀呢！不用說，誅滅馬、韓，克定涼州已在掌握之中。諸位說是不是？」

拍馬屁掛上眾人，誰能說不是啊？只得隨聲附和。曹操敞開衣襟，接過孔桂遞過的手巾，笑道：「季弼亦風流之士，今日為何這般迂謹？《禮記》尚云：『一張一弛，文武之道』，難道老夫就不能消遣消遣？」

一句話反把陳矯嚇壞了，連忙請罪：「屬下無知，丞相見諒。」斜眼看了看滿面諂笑的孔桂，心道這小子可不好惹。

曹操擦著汗道：「老夫年少之時也是浮浪子弟，鬥雞走馬蹴鞠六博，無所不好無所不精。今年事已高又為政務所羈，昔日那些玩樂之事也都疏懶了。」

孔桂立即見縫插針：「有事弟子服其勞，割雞焉用宰牛刀。丞相身負天下之重，滿腹珠璣之謀，列位公子已長成。小的身在邊鄙，亦聞平原侯文采斐然通曉政務，二公子精於騎射勇冠三軍，如今一見遠勝百聞！五官中郎將的大名更是不消多說，丞相有這麼多好兒子，又何必鞍馬勞頓親犯險地？以小的之見，您大可安居鄴城安享富貴，一來盡多年未有之歡愉，二來也叫世間不逞之徒見識一下幾位公子的厲害，豈不快哉！」

陳矯、王粲等面面相覷——這小子拍馬屁的工夫可謂登峰造極，不但將曹操奉承了一番，還把兩位公子也誇了，就連遠在鄴城的曹丕都沒落下，真真滴水不漏。

或許是因為孔桂嘴甜，或許是這話正對了心思，亦或許是他相貌實在太像郭嘉了，曹操越聽越受用，飄飄然晃悠著腦袋，口中卻道：「牛刀可以割雞，雞刀卻不足以解牛。他們還年輕，少歷練，若要獨自統兵還差得遠呢！」

曹彰此番得償夙願上了戰場，這幾日心裡正高興，也被孔桂拍得甚美，聽了父親的話，又不禁想起當初渡渭水之前的安排，忍不住問道：「父親兩月前叫孩兒參悟兵臨潼關之事，孩兒愚鈍至今不解，請父親明示。」

這正是曹操得意之筆，聽兒子相問，更覺面上有光，索性對在場所有人炫耀道：「將在謀不在勇，老夫平生用兵皆謀定而後發，故而每戰必勝。前番賊據潼關，我若兵入河東，只恐馬、韓分兵把守諸津，則西河未可渡。故而我盛兵以逼潼關，馬、韓等人誤以為我要強攻，遂集兵關前，河西之地反而空虛，所以徐晃、朱靈搶渡可成。」

「虛中有實，實中藏虛，原來如此！」曹彰似是打仗打上了癮，聞聽此言連拍大腿，恨不得立刻找敵人再試驗一番。

曹操如數家珍接著道：「西河營寨既立，老夫便連車樹柵，遍修甬道，既為不可勝，且以示弱。後再南渡築沙為城，虜至不出，所以驕之也。故賊心中憂懼眾莫能一，而求割地。老夫偽許之，使其自安而不為備。既可趁機離間馬、韓，又可畜士卒之力，一旦擊之，此所謂迅雷不及掩耳。關中遙遠，若賊各依險阻，即便是大軍征討，一二年間不可定。今皆來集，其眾雖多莫能歸服，軍無適主一舉而滅。故而敵每來一部，老夫非但不憂反而生喜。勝一人難，勝眾人易，兵之變化，固非一道也！」這一套計謀雖多有婁圭、賈詡參與獻策，但不得不承認這是曹操籌謀已久的。他之所以能發出「兵之變化，固非一道」的感慨，是幾十年來參悟兵書、身經百戰的心得，一招一式皆得自艱辛，令人不得不佩服。

「自古兵家未有如丞相者，雖白起、韓信之流不可及，就算光武帝復生也難敵丞相之謀！」孔桂再接再厲繼續奉承。

曹操斜了他一眼，擺手道：「你小子諂媚忒過，豈能真如你所言？」陳矯等人早看不過眼了，見他挨了訓，這才稍覺痛快。

殊不知孔桂話裡暗藏乾坤——光武帝豈是隨便比的？我言開國皇帝難敵他一二，他若真是大漢純臣就當正顏厲色，如此草草斥責，可見世人傳言不虛，他果有代漢自立之心。摸透這一層，日後在曹營見機行事就容易多了。

曹操渾然未覺，兀自感歎：「老夫半生所憾者，唯赤壁之失；今威震關中聲勢復振，他日便可再下江東，焉能不喜？」這倒是不折不扣的實話，近兩年他憂於內部不穩，如今這場勝仗無異於從地上爬起來，終於沒有步袁紹一蹶不振的覆轍。說到此處他又不免惋惜，「只可惜渭水一戰，竇輔為保老夫亡於箭下，竇氏一門忠烈，僅存這一點骨血也喪於沙場。人才難得忠義難覓，老夫回朝之日當多加追表彰其英名！另外此番得勝，弘農、河東兩郡也功不可沒。賈逵助鍾繇坐鎮弘農，士民敬愛故而無叛。杜畿自河東補給軍糧，老夫原以為多有不便，沒想到至今尚有餘糧二十多萬斛，有此儲備即便再打上一兩年都夠了，何愁馬、韓不滅？」

曹彰早就摩拳擦掌：「現今兵精糧足，能否讓孩兒一顯身手？就請您坐鎮長安運籌帷幄，請三弟隨軍任孩兒的參謀，我兄弟二人替您征討金城誅滅馬、韓，為朝廷立功，也為您老人家爭光！」

「好！」曹操在渭南之戰見識了兒子的本事，心裡有些底，加之這會兒高興，竟破天荒答應了，「吾兒勇氣可嘉。今子桓坐鎮鄴城，子建參謀軍務，子文若能馳騁疆場揚威邊陲，也不枉世人誇讚咱曹家父子！」

孔桂曉得什麼，反正跟著奉承就對了：「什麼父子英雄？以小的看是輩輩英雄，以後丞相子孫萬代個個都是英雄！」

「哈哈哈……」曹操仰天大笑，「果真如此，夫復何求？」今天曹操真是發自內心高興，自赤壁兵敗以來沒這麼高興過。打贏這一仗挽回威名還在其次，有什麼比三個兒子不負所望更好的呢？如果他們三人能擰成一股繩，為曹家謀定天下，那這位子交給誰還不都是一樣？即便自己此生真的不能統一華夏，身登九五，有他們繼承事業，子孫萬代的富貴還愁得不到嗎？

可就在他放聲大笑之際，軍師荀攸滿面焦急奔上堂來：「丞相！大事不好！」

曹操的笑聲戛然而止：「怎麼了？」

「河間暴民田銀、蘇伯作亂，誅殺官吏抄掠郡縣，已集眾數萬。」

「哪裡作亂？」曹操以為自己聽錯了。

「河間！」荀攸又重複一遍。

河間？那豈不是冀州轄境，曹家的大本營！曹操只覺耳朵裡嗡的一聲，手中杯盞不禁落地，摔個粉碎。

其他人也驚住了，一個個啞口無言，呆若木雞，隔了半晌才聽曹操陰沉地咕噥了一聲：「這仗不能再打了，速命曹仁領兵兩萬立刻回師平叛。其他將士整備輜重，明日收兵……哼哼，父子英雄輩輩英雄，恐怕老夫沒那個福氣……」

眾人不歡而散各忙軍務，整整一夜曹操沒合眼——昔日擊敗袁氏入主冀州，百姓何等擁護，如今為什麼會作亂？老夫坐鎮鄴城六七載未曾有亂，為何子桓理事不到半年就鬧出這麼大亂子？這小子究竟幹了些什麼？若一個小小的冀州都治不好，怎能扛起萬里江山？輾轉反側不得安寧，好不容易熬到天亮，還未出城點兵，又聽縣寺門外有人吵吵嚷嚷請見。曹操滿腹心事哪肯見，命侍衛趕開，出門跨馬便走。哪知此人撲至馬前，攔住道路連連叩拜。曹操剛要發作，可一見此人面孔又忍住了——依稀記得是涼州從事楊阜楊義山。昔日官渡之戰，刺史韋端不知歸袁歸曹，曾派他到許都觀望動向，楊阜回歸隴西力勸韋端支持曹操，也算對曹營有功之人。邯鄲商、張猛死後，荀彧保舉韋端長子韋康接任使君之位，楊阜也晉升為涼州別駕。

「義山何故攔路？」

楊阜叩頭如雞啄碎米一般：「懇請丞相誅滅馬、韓，收全功而返，萬不可草草收兵。」

曹操一見是他也猜到有此一諫，歎道：「老夫何嘗不想成就全功？但冀州生亂禍起肘腋，不能不顧啊！」

楊阜懇求道：「田銀、蘇伯無名之輩，不過皮肉之癬，馬、韓乃心腹之患！馬超有韓信、季布之勇，甚得羌胡之心，西州之士無不畏之。只恐丞相一走，隴上諸郡又非國家之有也！」

他說的不是沒道理，馬、韓兩家久在西涼何等威望，斬草不除根必為後患。聞聽此言，曹操也有些猶豫，但冀州太重要了，那不僅是他的大本營，也是日後走向龍位的根基所在！想至此曹操一咬牙：「不行！冀州之叛不能不管……但你也不必擔心，我分兵一半，留夏侯淵督徐晃、張郃諸部鎮守長安，若二賊還敢來犯，你就請他們出兵救援。」說罷繞過楊阜打馬便走。

「丞相！涼州刺史韋康……」楊阜連忙爬起，未及多言曹操已經走遠了。他無可奈何急得連連頓足，夏侯淵雖勇，但是不是馬超的對手呢？而且涼州最大隱患其實不在敵人，而在刺史身上！荀令君英明一世，卻錯看了韋康其人。韋康雖有博學之名，卻是一介書生，倘若馬超再次來襲，他能保住涼州嗎？

眼見曹操歸心似箭，楊阜只得把這些憂慮埋在了心底……

第十章

曹丕應變冀州之亂

曹丕戡亂

曹丕做夢都想不到，第一次以副丞相之身留守鄴城就趕上叛亂。這半年來他也算兢兢業業埋頭實幹，即便管不了的事也要操幾分心，沒想到最後竟出了這麼大的亂子，如何向父親交代？

其實對於河間叛亂，曹丕絲毫責任也沒有，禍根早在平定冀州時就埋下了。當初袁氏統治河北，重用豪強氏族，縱容土地兼併；曹操奪取冀州，急於籠絡民心又不敢輕易對大族下手，故而降低田租。曹操親定每畝只收四升田稅，又適當控制土地兼併，無論平民百姓還是豪強地主都得了好處。但是好景不長，三年後赤壁敗陣軍耗增加，再加上修鄴城，修幕府，修銅雀臺，這麼低的賦稅已無法支持龐大的開支，只得加賦。仲長統深諳經濟之道，當年就曾提醒過曹操減賦易、加賦難，可他急於求成當做耳旁風，如今真被不幸言中了。

冀州田稅上調到二十稅一，表面上看與國家大部分州郡無異，但吃慣了甜頭的人豈會甘心？再者，控制兼併不是一句話就能解決的事，田賦越低意味著土地兼併利益越大，對於那些地主而言，他們給國家的田賦是一畝四升，但他們向佃農收租也是一畝四升嗎？多年的戰亂造成大量無主荒地，有實力的人只要墾荒交稅就是自己的，豈能說不兼併就不兼併？冀州本土豪族且放一邊，多年征戰中僅曹營內部就崛起多少新貴？似曹洪、劉勳之流，哪個不是大地主？就憑他們與曹操的關係，地方官敢管嗎？大地主壓著小地主，小地主盤剝佃農，田稅一變水漲船高，多少人的利益牽扯其中，無論自耕農還是地主、佃戶都心懷不滿，加之久經戰亂民風慓悍，不出亂子才怪。

若曹操尚在鄴城，冀州上下懾於其威，倒也出不了什麼大事兒。可他一走半年多，留下個新官上任資歷平平的兒子，況且還沒什麼實權，辦差官員都是按著曹操的吩咐照本宣科不敢變通，而鄴城屯駐的中軍大部分已被他帶去西征，河北防務空虛，自然有好亂之士想僥倖舉事。田銀、蘇伯義旗一舉，多少被公私田稅逼得滿腔憤恨的人入了夥，轉眼間集兵數萬。有的是被賦稅逼得沒活路，有的是心懷不軌思慕豪傑之事，也有的就是心裡不順跟著瞎鬧。不過好在他們並沒朝鄴城進發，而是一路向北奔了幽州方向，一路燒殺掠奪大發怨氣。亂子出在曹操身上，可是責任卻要落到曹丕頭上，誰叫他偏偏這時候負責留守呢？

當叛亂軍報擺到曹丕面前時，他腦子裡浮現的第一個問題是如何向父親交代。憑他多年來耳濡目染的經驗判斷，這場叛亂並不可怕，真正可怕的是影響。在曹家大本營的冀州出了叛亂，這是何等醜事？更不利的是恐怕會把他半年多的功勞一筆抹殺，給父親留下壞印象。瞞是肯定瞞不住的，可能已有快報傳往關中，現在只能加緊平叛，把負面影響壓到最小。

不過事情可不似曹丕想像的那樣，他雖總督留守事務，手中卻沒有兵權，中軍留守人馬實際掌握在左護軍徐宣手中，人家已入大營調集軍隊。長史國淵布置公文傳達各郡各縣，連魏郡太守王修都上街安撫百姓去了，幕府屬員各行其是，根本無需向他請示，曹丕乾著急插不上手，索性趁這個空子回了自己府邸——他腦子還算清楚，現在這個時候平叛固然要緊，更要穩住父親那邊，他得趕緊給竇輔寫封密信，請其在父親身邊美言。

哪知剛回到自己府裡，恰有陳群自許都轉來的關中捷報到了，父親給朝廷獻捷的表章上寫得明明白白，參軍竇輔英勇護衛，戰死於渭水！曹丕如遭青天霹靂——難怪一封軍中密報都接不到，原來竇輔已經死了！出了這麼大亂子，倘若曹植趁機在父親身邊進讒言，後果不堪設想。曹丕不寒而慄，手捧書信呆立良久，忽然吩咐從人：「伺候我更換鎧甲，我要到大營理事，別告訴涼長史他們。」

中軍是曹操直轄的部隊，也是普天之下人數最龐大的一支部隊，為了區別其他軍隊，中軍不設將軍、督軍等職，各部將領皆稱護軍、領軍。實際上自成體系，獨立於朝廷之外，中軍部將雖在曹操的光環下名聲不顯，但實際地位絲毫不亞於曹仁、于禁、張遼那幫自統一軍的大將，因為除了曹操之外他們不接受任何人的命令，哪怕是天子的詔書都可以不接！這支部隊自平定河北以來一直駐紮鄴城西南，每逢發起戰事，曹操率大部隊出征，臨時指定一位護軍統轄留守部隊。這次出征關中留下的只有三千人，臨時統帥是左護軍徐宣。但徐宣本是幕府幕僚，歷任縣令等職，以德望著稱，並無征戰之才。曹操用此人掌握兵權，取其德而非其才，也是自信冀州不會有問題，哪知這次還真出了麻煩。

徐宣突聞變故立刻召集全營兵士，他雖已頂盔披甲，可難改一身文人氣，在轅門前觀望著集結列隊的士兵，心裡頭直打鼓——指揮作戰他可一點兒都不會，也得委託別人，為此他已派人拿著令箭快馬加鞭去調常年駐紮河北的將軍賈信，請賈將軍火速趕來代他作戰。明知一去一回至少半天，徐宣還是急得似熱鍋上的螞蟻，暗暗禱告蒼天，千萬別再出什麼意外。

哪知隊伍還沒列完，就有親兵匆忙來報：「五官中郎將自北寨門入營，坐了您的中軍大帳，召您過去聽令。」

「什麼？」徐宣大吃一驚，趕忙奔入營內，盔歪甲斜跑到中軍大帳，果見曹丕已端端正正坐於帥位之上，自己的兵符、令箭都在他眼前放著。徐宣欲哭無淚，光聽說過高祖夜奪韓信兵權，沒想到自己頭一遭領兵就親身體驗到了。

按理說曹丕無權調兵遣將，但是竇輔死了，沒人替他周全，在他看來若要挽回父親，最好的辦法莫過於親自指揮這一仗，故而闖進了中軍大營。守營士兵明知這不合規矩，但丞相的兒子誰敢攔？也是徐宣一介文人不曉軍務，身為主帥跑到外面整兵，把兵符令箭都攤在帥案上，這不等於拱手讓與曹丕了嗎？

曹丕見徐宣來了，微微一笑：「徐護軍，我總督留守諸事，也曾數次巡營，坐坐這中軍帳不會不妥吧？」

事已至此徐宣無言以對，帥位都歸人家了，只能拱手站到一邊。這時一陣喧譁，涼茂、常林得知消息趕來了，見曹丕已然坐了大帳，心下連連叫苦——大公子啊，你真是自作聰明，這不是沒事找事嘛！

「來得正好，有件事正要與你們說。」曹丕抽出支令箭把玩著道：「反賊事起十萬火急，我決定親自領兵戡亂。」

常林聞聽此言險些一跟頭栽倒，與涼茂對視一眼——真是怕什麼來什麼！

徐宣不得不說話了：「征叛討賊乃偏裨之任，殺雞焉用宰牛刀？在下已調賈信前來統兵，不敢勞將軍大駕。」

「哦？賈信何在？」曹丕笑了，「軍情緊急，不可停兵待將。我雖不曾統兵，但十一歲就隨丞相征戰在外，春秋射獵未敢疏於武事，難道不堪此統帥？徐護軍若不允，那由您統軍作戰，現在就起兵！」

徐宣真叫曹丕僵住了，他實是有心無力，若真有打仗的本事早就開拔了，還能叫曹丕鑽了空子？有心賭這口氣過去接令箭，可賊勢不弱以寡敵眾，國家大事豈能草率為之？徐宣心中急似油煎，只盼賈信快來。

常林穩穩心神諫道：「前日賊在博陵，如今卻竄幽州，足見田銀、蘇伯既乏韜略又無雄心。北方吏民服化已久，又善於守備，賊智小謀大必不能為害。今丞相大軍在遠，南有孫權是為強敵，公子受命留守，乃天下之重任也。輕動遠舉滅此小敵，雖克而不武。望將軍三思！」

曹丕一心挽回面子，拒而不納：「此言差矣。我既督留守事務，出了叛亂自然要親往征討，這才不負丞相所托。」

常林當紅臉的，涼茂自然充白臉，哄著道：「將軍所言不虛，但您的職責是留守鄴城處置政務，監管冀州之事。如今叛賊已奔幽州，倘若您擅離職位，又不能及時破敵而歸，丞相回來見您不在，事務又有所積壓，恐怕對將軍不好吧？」

這倒是說進曹丕心坎了，現在最怕的就是引起父親不滿，若是一兩個月滅不了賊，再把幕府的事耽誤了，豈不是作繭自縛？曹丕凝神沉思著，反覆權衡利弊。殊不知常林、涼茂更是暗捏一把冷汗，他們說的都是擺得上桌面的理由，還有不能說的理由——曹操就要歸來，這個節骨眼上兒子突然奪權舉兵，知道的是討反賊，不知道的會怎麼想？倘若他父子之間出點兒什麼嫌隙，再有奸人從中挑撥，所有輔佐曹丕的人跳黃河也洗不清。

可這等關乎父子人倫之言怎好說出口？曹丕手捏令箭蹙眉凝思，三人瞪大了眼睛看著他，唯恐他固執己見惹出塌天大禍。在這千鈞一髮之際，忽聽帳外一聲奏報——假司馬朱鑠進帳跪倒：「賈信已到轅門外，還帶了所部數百騎兵，中軍士卒已列隊完畢，是否准他出征？」

徐宣喜得險些歡呼起來，趕緊奏道：「軍情緊急不可停兵待將，請將軍速發兵符准賈信前去！」

他又把這話扔回來了。

賈信久在河北領兵，士卒多與他熟識，曹丕自知再爭下去實在沒意思了：「唉……就准他去吧！」

「諾！」徐宣都沒敢勞朱鑠動手，一把抓起帥案上的兵符，匆匆忙忙奔了轅門。涼茂、常林也都暗甩冷汗，踩著棉花一般退出大帳。曹丕全然不知自己險些鑄成大禍，悵然呆坐帥位，仰天長歎：「我欲建功何其難也！」他真的很苦惱，為什麼自己運氣這麼不濟，竟一件快意事都做不成呢？

朱鑠眼見帳裡沒旁人了，一猛子竄到曹丕身邊：「公子何必苦惱？領兵打仗又不是好差事，何必去爭？就叫賈信去吧，反正打贏了功勞也有您一份。」

「你懂什麼……」

朱鑠見他愁煩不解，眼珠一轉湊到他耳邊：「公子莫煩，我還有件好事要告訴您呢！那個侍女的事我打聽明白了，乃是先朝南郡太守郭永之女，安平廣宗人，名叫郭寰，今年二十七歲……」

「去去去！什麼時候了，還有心說這個。」曹丕怒斥道：「你趕緊帶兵去趟孟津，把我母親接回來，若老太太有個三長兩短，我還怎麼做人啊！」

朱鑠卻道：「消息一來呂昭就領著兵去了，還讓我給您帶個話，絕對替您把老太太照顧好，叫您在丞相面前交代得過去。」

「不愧是家奴出身的人，就是心細，呂子展待我不錯啊！」曹丕頗感欣慰，「那你也別閒著，跟賈信一塊去吧，別給我丟臉。」

「不是我怕打仗，這不替您辦著要緊差事了嗎？」朱鑠嘻皮笑臉道，「那個姓郭的侍女……」

「咳！現在我哪還有心思想這個。」曹丕捏了捏眉頭。

「您聽我說完了，這姓郭的是個奇女子。」

「你小點兒聲！這是軍營。」曹丕捂住他嘴朝帳外望瞭望，見只有一個衛兵執戟而立，似乎什麼也沒聽見，心下安穩了些，也忍不住好奇，「區區一侍女，有何奇處？」

朱鑠湊到他耳邊道：「這郭寰有個說出來嚇煞人的小名。」

「名字有何嚇人的？」

「她小名叫女王。」

「郭女王？」曹丕果真嚇了一跳。

「您也小聲些吧！」這次輪到朱鑠捂他嘴了，「據說她生有異相，他父親郭永讚歎『此乃吾女中王也』，故而以此為名。可能是名頭大壓不住，郭永夫婦沒幾年就死了，她遭逢戰亂落於銅鞮侯府，今年才被銅鞮侯薦入幕府，在王夫人身邊為婢。」

「女王……女王……」曹丕別的都沒注意，唯獨對這個名字頗感興趣，腦海中不禁浮現出郭寰白淨細膩的肌膚。

朱鑠甚會湊趣：「女王這名字好啊，一聽就是個旺夫的名。女子若是女王，那娶她的男人又該是什麼身分？」

「這事兒好辦嗎？」

朱鑠自然知道他指的什麼，滿口答應：「好辦好辦。王夫人最是通情達理不過，公子要個侍女她還能不給？她也沒個兒子，將來不知指望誰，巴結您還巴結不過來呢！府裡人那麼多，缺個丫鬟誰往心裡去？老爺子真要問起來，說夫人賞的也就搪塞過去了。裡面的事有王夫人，外面我和呂昭辦，您就靜等抱美人吧！」

「行。」曹丕苦笑道：「也別白當一回坐纛公子，忙了半年就這麼一件順心事。但願這個女王能去去我的晦氣。」

曹操班師

冀州叛軍雖聲勢浩大，但這幫叛亂者畢竟只是尋常的農夫和雜兵，根本無力抵禦裝備精良的正規軍。賈信率兵戡亂，只一仗就把他們打得四散奔逃，河間諸縣立時安定，田銀、蘇伯率餘寇倉皇北竄，意欲逃出關外。可駐軍幽州的烏丸中郎將閻柔又是何等人物？憑著私人關係致書鮮卑部落，鮮卑大首領軻比能當即發三千精銳騎兵，給叛軍主力一個迎頭痛擊，緊接著曹仁率部也趕到了。田、蘇二人雙雙戰死，餘眾或俘或降，這場叛亂不到一個月就被徹底平定了。

軍報傳至鄴城，留守諸臣都鬆了口氣，最慶幸的莫過於曹丕——父親大軍還在回歸路上，母親已平平安安回到鄴城，這場叛亂總算是在自己手中平定，父親面前也算好交代。但還有個棘手問題，田銀、蘇伯雖死，尚有數千投降、被俘之眾，這幫人又該如何處置呢？

突發事件曹操沒有預先安排，這就要靠曹丕自己做主了，為此他召集國淵、徐宣、涼茂、常林等商議。徐宣首先倡議：「丞相鎮冀州六七載，廣開恩路招賢納士，未嘗有失德之處。古人云：『小人有勇而無義者為盜』，今叛亂者皆窮凶極惡不逞之徒，若不加刑戮何以警示天下？《尚書》有云：『天命明威，不敢赦。』請將軍當機立斷，早誅凶徒以免後患。」

徐宣素以德行方正著稱，講起話來引章據典，但多少有些書呆子氣。多虧他那老冤家陳矯擔任長史隨軍在外，若不然瞧他這副大義凜然的模樣，二人又要起爭執。不過在場之人卻沒有異議——都是受命輔佐曹丕的，早處理完這場亂子，大家肩上都少些沉重。

曹丕本心也想誅殺這幫人，畢竟自己當了一回留守丞相，半年來竟無一件事能自己做主，真真憋屈死了。若不在這件事上表現出殺伐決斷，恐怕讓父親小看了。想至此曹丕抽出令箭遞與徐宣：

「致書賈信，命他將所有俘獲之賊就地處……」

「哈哈哈，原來大家都在，將軍正處置軍務了吧？」一個不緊不慢的聲音打斷了命令，眾人側目觀看——程昱慢吞吞地走到了大帳門口。他上繳兵權不過半年時日，卻儼然蛻變成一位閒居老者，穿一身樸素的灰布便衣，既不著冠也不繫帶，手裡還拄著根青竹拐杖。行轅之內文官峨冠，武將披甲，也是他征戰多年又有曹操關照，兵士們都敬畏三分，換了別人，這副穿戴絕對進不了營。

曹丕一見程昱便有幾分生厭——打仗的時候你不來，仗都打完了又指手畫腳。心裡不痛快，但礙著面子還得笑臉相迎：「原來是程老將軍，您的病好些了？」

程昱拱拱手：「承您惦記著，是輕了不少。今日閒來無事悶得慌，到營裡隨便走走，跟當兵的聊聊天，不擾您的軍務。」

閒著沒事就來遛彎，這幕府中軍大營在他眼裡快成市井酒肆了。曹丕還得扮笑臉：「晚生正處理軍務，老將軍快快請進。妥與不妥之處還望您老多多教誨。」

「算了吧，平亂之時我也沒幫上什麼忙，這會兒又來叨擾，不太合適吧？」程昱話雖這麼說，腳底下可沒停，緊著往中軍帳湊。

曹丕更不便阻攔：「快別這麼說，您是老行伍了，即便進來坐坐也是晚輩臉上的光彩啊！快給老將軍設座。」常林親自搬了一張杌凳擺在帳口。

程昱心道——還算說得過去，就衝你小子今天這份禮遇，老夫就管管這閒事，免得你們以為我飽食終日無所用心。想至此不辭不讓，一屁股就坐下了，捋著花白鬍子緩緩道：「老朽耳朵也聾了，也沒聽清楚。將軍公子似乎要傳令將叛賊餘黨處決，可有此事？」

好長的耳朵，這還聾？曹丕聽出他似有異議，笑道：「記得父親統兵多年有個規矩，圍而後降者不赦。這幫賊子都是田、蘇敗亡後投降的，理應處決。」

「非也非也。」程昱果然唱起反調，「誅降者，宜在擾攘之時，人心思亂天下雲起，故圍而後降者不赦，以示刑威於天下，斷其利路，使餘寇不至於圍也。今天下略定，田、蘇之叛乃在邦域之中，此必降之賊也，殺之無所威懾，臣以為不可誅也。」說到這兒他微抬眼皮瞟了一下曹丕，「若非要誅殺，最好先請示一下丞相。」

程昱雖處閒職，畢竟有參議軍事之權，很受曹操器重。這半年多他藉口身體不佳根本不進府當差，即便叛亂鬧得最厲害的時候他都沒露面，現在卻突然跑來發這麼一篇議論，其用意何在？他此來絕非隨便逛逛，實是有意為之。曹丕心細之人，焉能察覺不出？可還未及相問，徐宣又駁道：「老將軍所言雖善，但五官中郎將留守冀州，遇此突變有專命之權，何必再向丞相請示？」

程昱並不反駁徐宣，只是微微一笑，拱手道：「既然如此，那就全憑將軍做主吧！」從他口中說出這「將軍」二字甚是有趣，他原本官拜奮武將軍，而曹丕所任五官中郎將只是七署小官，因人而異才有二千石俸祿、副丞相之貴，所以旁人看來頗有以長屈幼之感。

他越這麼說，曹丕越不敢拍這個板，只道：「兩位大人所言皆有道理，倒叫晚生難以決斷。反正這幫賊人已握於我手，處置之事不急於一時。容我再想想，改日再做定奪。散了吧……程老將軍留步。」

「諾。」徐宣、涼茂知道他們有體己話，趕緊告退。等他們出去，曹丕立刻起身，繞過帥案湊到近前，向程昱深施一禮：「老將軍有何心腹之言，但講無妨。」

程昱抓住他手腕，方才的嘻笑輕鬆已全然不見，換了一副嚴肅的神情：「若按國法常理而言，徐寶堅所論絲毫不差，確實該將這幫降賊處死。不過將軍與丞相有所不同，以老臣所見，不應依常理處置。」

「這是為何？」

「方才他們道『專命之權』，這種事別人可當真，唯獨將軍您不可以當真。凡專命者，謂有臨時危之急，利害之間者耳。今降賊已制在賈信之手，無朝夕之變，故老臣不願將軍行之也。」

曹丕望著他隱隱含著幽光的瞳仁，已思忖明白了，卻進一步試探道：「將軍所論甚善，然多有隱晦，還請不吝盡言。」

程昱先是一怔，繼而又慢慢恢復了笑意，鬆開他臂彎，拄著杖站起來：「子曰：『可與言而不與之言，則失人；不可與言而與之言，則失言。』老朽輔保將軍父子二十餘載，今已退歸林下但求安享餘生，既不願失人，亦恐失言。」

曹丕陪笑道：「老將軍姑妄言之，晚生姑妄聽之，聽完之後咱們都把它忘掉，如此可好？」

不愧是老曹的兒子，這種玩心眼的事一點就通。程昱心中竊笑，但薑是老的辣，一句露骨的話他都不願意說，只隨口道了句：「父為子隱，子為父隱，直在其中也……」說罷揚長而去。

「多謝老將軍指點。」曹丕拱手相送，心裡卻已參透——雖然叛亂已被平定，但老爺子喜怒尚不可知，現在殺降固然不犯歹，卻有越俎代庖之嫌，極易招父親猜忌。再者，無論如何叛亂是在自己管事時出現的，索性就把這事整個攬過來，若把降賊留下，沒準父親還會大發善心一律赦免。失德之處自己擔下，挽回人心的機會給老爹留著，這不就是子為父隱嘛！想到這裡曹丕倏然意識到，自己犯了個致命錯誤，絕不該奪營理事，這麼幹非但不會有任何好處，反而更招父親厭惡，況且有曹植伺機於側，這實在太危險了！竇輔若沒死該有多好，這時候最需要有人在父親身邊美言。但事已至此，曹丕已沒有選擇餘地了，只能等候父親的裁決。

軍營實在不能再待了，曹丕當晚便把兵符令箭還給徐宣，急匆匆回了幕府。哪知轉天一早就有軍報，曹操中軍星夜兼程已渡孟津，當幕府得知消息時，大軍離城只不到十里了。曹丕萬沒想到父親回來得這麼快，提前連個招呼都沒打，他趕緊帶著國淵等人前去迎接。可剛出鄴城，就見旌旗招展征塵騰騰，打前站的劉岱、鄧展等部已開至行轅大營。叛亂明明已經平滅，中軍依舊急行軍趕回，諸將見到曹丕紛紛拱手施禮，臉上的笑容卻都不甚自然，見此情形曹丕暗叫不好，也不敢再去迎接了，乾脆就在鄴城南門等候父親。

不到半個時辰，許褚、韓浩督率的中軍就到了。曹丕等人正翹首觀望，卻見隊伍一閃，曹操已領著曹植、曹彰等數騎衝到他們面前。曹丕方欲下拜：「孩兒恭迎父……」

不容他說完，曹操劈頭蓋臉喝道：「并州怎麼回事？」

曹丕頓時懵了——冀州出了叛亂，何干并州之事？正支支吾吾不知如何作答，曹操又厲聲問道：「并州擅發民役難道你不知情？千餘百姓入山砍伐樹木，難道這不是你的主意？」

曹丕這才回過味兒來——前番修銅雀臺建材不足，他聽舅父卞秉之言給并州刺史梁習寫了封信。或許梁習出於好意，想賣他個人情，因而徵發民夫協辦木材。這本不算什麼大事，可偏偏趕在叛亂的節骨眼上，豈不是沒事找事？曹丕趕忙辯解：「孩兒確曾給梁使君寫信，卻沒有叫他勞役百姓，此事孩兒不知。」

「不知？」曹操惡狠狠瞪著他，「你乃堂堂五官中郎將，總督留守諸事，發生了什麼事竟全然不知，虧你說得出口！我才離開半年，冀州之民就叫你逼反了，難道也想逼反并州之人？」

曹丕嚇得魂飛魄散，腿底下一軟，立時跪倒在地：「孩兒不敢。」國淵、徐宣等也嚇壞了，忙跟著跪倒請罪。

曹操哪肯聽他們解釋，也不管大隊人馬了，一催坐騎馳向行轅，馬蹄掀起的塵土揚了曹丕一臉。曹操走了，曹植、曹彰卻不能怠慢，趕緊下馬把跪拜的眾臣一一攙起。曹丕還在發愣，也被兩個弟弟架了起來。

「父親為何如此動怒？」

曹植歎了口氣：「兄長不知父親這幾日是怎麼過來的，吃不下睡不安，又勾起了老毛病，整日以冷水浸頭祛風。就這樣還催大家趕快行軍，我們怎麼勸都勸不好。你也不必多慮，他這會兒正在氣頭上，難免多埋怨你幾句，過幾天就好了。」

曹丕半信半疑地看著這個同胞弟弟——你會幫我說好話？八成是趁機落井下石吧！心裡這麼想，嘴上卻道：「我這些日子打理事務頗為用心，沒病不怕吃涼藥，有什麼可慮的？只是煩勞你們替我膝前盡孝，多有不安啊！」

「自家兄弟何必這麼客套……」曹植顯然沒聽出弦外之音。

「平原侯奏凱而歸，我等給您賀功啦！」楊修、丁廙笑呵呵地擠出人群，「侯爺此番隨軍必然大展威風，我等作壁上觀心潮澎湃，今晚做個小東，可要聽您講講這一路的見聞。」

曹丕見他二人簇擁著曹植大肆誇獎，正暗暗咒罵，又見從軍中竄出一臉諂笑的孔桂，以為他必要過來給自己見禮，哪知人家微一拱手也奔了曹植身畔，一把奪過曹植手裡轠繩：「侯爺只管與朋友敘談，小的替您牽馬。」

「不敢不敢。」曹植忙推辭，「您如今已是騎都尉之職，在下焉敢唐突？」

孔桂可不管那麼多，如獲至寶般緊緊抓著轠繩：「小的微末之輩，蒙丞相及公子厚恩，伺候您還不是應該的？誰不知您德才兼備，名揚四海，忠孝無雙？今天小的能給您牽馬，真是三生有幸！日後回老家我算是有的誇口了……」曹丕垂頭喪氣聽著這些奉承話，竟如此耳熟。看來東風已轉西風啦！

曹操在行轅換了車駕進入鄴城，一路端然而坐目不斜視，直行到五官中郎將府前他才有點兒動作——瞪著匾額重重哼了口氣！從人都瞧出來了，早晚他得跟曹丕鬧起來，可這個節骨眼上誰也不敢說什麼。漸漸來到幕府前，司馬門已然大開，曹操快步下車，一打眼見呂昭正規規矩矩跪在階邊，便手指大門問道：「幾時打開的？」

呂昭沒明白怎麼回事：「恭迎丞相凱……」

「我問你司馬門什麼時候打開的！」曹操怒吼了一聲。

呂昭腦子甚快，趕緊回奏：「聞知丞相歸來剛剛打開。這半年多中郎將統轄諸事都是出入旁門，未敢擅自打開。」

「嗯。」曹操怒氣稍解，「夫人回來了嗎？」

「奉中郎將之命，一個月前已經接回來了。」

「你倒是句句話不忘了保他。」曹操揮袖冷笑，猛一扭頭，瞅見遠處旁門外停著輛車，有幾個僕人正往車上搬東西。曹操詫異，丟下跪候的眾人，順著牆根悄悄踱了過去，漸漸走近，但見車上擺滿各色家什，几案、衣箱、妝奩匣子，還有十幾匹上好綢緞，都是平日分給卞氏的，她卻從來未用過。

原來卞秉也在，正指手畫腳指揮眾人：「快搬快搬！那箱首飾放這邊來……快著點兒！今日丞相歸來，若叫他知道就麻煩啦！」三四個僕僮正搬著架檀木屏風從小門出來，猛一眼瞅見卞秉背後怒氣沖沖的曹操，嚇得「哐」地一聲把屏風都扔了，匆忙跪倒在地參差不齊嚷著：「參見丞相！」

卞秉陡然一驚，趕緊轉身施禮，這時候不好再叫姐夫了，紅著臉訕笑道：「原來您都回來了，馬到成功奏凱而回，末將向您道……」

「呸！」話未說完，曹操一口唾沫已啐在他臉上，「誰叫你私自搬府裡東西的？難怪你姐姐平日縮衣節食，原來好東西都偷偷叫你搬走了！你們卞家還真是生財有道，偷到幕府來了。幸虧我只出去半載，若一年二載不歸，恐怕連門樓都拆到你們家去了！你這腆顏無恥的東西！」

卞秉臉上掛著那口唾沫，蹭都不敢蹭一下，低頭聽訓。

曹操越說越氣：「我叫你修銅雀臺，想必你也從中肥私不少吧？竟這般貪得無厭！并州擅發民役與你有沒有關係？我算看透了，你們就沒一個好東西，我在外面打仗，你們就在這裡招禍。非要壞了老夫的大事，把百姓都逼反了才甘心！」

家事歸家事，國事歸國事，卞秉聞聽此言可忍不住了，連忙辯解：「丞相恐怕誤會了，末將絕不敢……」

「閉嘴！我懶得聽你廢話！」曹操豈容他分辯，踢開跪在門前的一個僕僮，踏上石階，「你給我老老實實等著，我先找你姐姐理論！我要問問她，怎麼管教的弟弟，怎麼教育的兒子？回頭再找你們算帳！」

還沒進家門就發這麼大火，今天必要鬧得沸反盈天。卞秉跪倒在地：「千錯萬錯皆在小弟，姐夫莫去……」曹操哪肯理他，頭也不回進了幕府。冀州叛亂本來就夠令他惱火了，這一路所見所聞更是火上澆油，在他看來所有人似乎都在跟自己對著幹。他連衣甲都沒換，帶著征塵氣哼哼就往裡闖，僚屬、僕僮紛紛下拜，他理都不理徑直來到鶴鳴堂前；又聞眾夫人正在說笑，竟還有絲竹之聲，越發怒不可遏，把紗簾一扯，怒吼道：「夠啦！為夫在外征戰，妳們這些婦人竟如此悠然！誰叫妳們私自飲宴的？」

眾夫人嚇了一跳，似秦氏、杜氏那等膽小的連杯盞都扔了，幾時見到老頭子跟內眷如此動怒？曹操兀自不饒，手指卞氏罵道：「規矩壞就壞在妳身上，看看妳養的好兒子，還有妳那個好兄弟……」話說一半曹操頓住了——他發現卞氏身旁有個婦人，似乎不是自己妻室；別人見了他都趕緊萬福，唯有這婦人竟匆忙扭過身去不看自己，她是誰呢？

雖然沒看清正臉，但曹操已猜到她是誰。因為那個背影太熟悉，那個在織機前辛勤勞作的背影不知在夢裡浮現了多少次，雖然有些駝背了，但他絕不會認錯。曹操的怒火霎時煙消雲散，腦中空空如也，痴痴凝望著丁氏的背影——她已近六十歲，頭髮全白了，儼然一民間老嫗。

堂上一時間寂靜無聲，曹操雙唇顫抖著，不知該說些什麼。勸她留下？已經這把年紀了，他實在開不了口。把她轟走？他又狠不下心來。畢竟是結髮之妻，畢竟是自己負了人家，已近暮年驟然相見，該如何開口呢？正在尷尬之時，卞氏微笑著開了口：「夫君切莫動怒，我前番在孟津染病，這位老姐姐陪我住了幾日，受了不少辛苦。丕兒派人來接我，我就順便請她到咱府上住了兩天以示謝意。這位老姐姐性子怪，不願意見生人，夫君是不是……」

曹操見她沒把這層窗紗捅破，料是丁氏仍舊不肯見自己，原來只是和卞氏敘姊妹之情的，心下既感傷又無奈；也隨著卞氏裝起糊塗，支支吾吾道：「好……好，那妳們慢慢聊，替我好好款待人家。」說罷怔怔退了出去。

他茫茫然踱至院中，不禁又泛起一陣暖意——原來自己錯怪卞氏姊弟了，他們趁自己不在把丁氏接到府裡招待，卞秉搬的那一車東西八成也是周濟她的。自己的結髮之妻要靠別的妻妾照顧奉養，當丈夫當到這個份上真是失敗！不見丁氏則已，一見到她不免又憶起死去的曹昂。曹操又悔又恨，若昂兒還在，何至於夫妻反目，何至於挑不出一個好的繼承人？若昂兒還在，莫說鎮守鄴城，恐怕都可以替他東征西討了。當年曹昂危難之際讓出戰馬以死盡孝，曹丕遭逢叛亂卻先要爭功搶兵權！

失去的永遠是最好的，他越拿曹丕跟曹昂比，越覺曹丕不堪。對卞氏姐弟的怨忿已經消了，但對兒子的不滿卻越積越深……

第十一章

冀州不穩，曹操怒責曹丕

幕府訓子

雖然西征因冀州叛亂而中斷，但曹操成功襲破了關中諸軍，奪取了大片地盤，又派夏侯淵等將分兵鎮守長安，已對涼州構成泰山壓頂之勢。殺敵奪地還在其次，最重要的是這一仗讓曹操挽回了威望，他終於從赤壁戰敗的泥潭中脫身，重新站立起來。這不僅是對敵人的震懾，也是對漢室朝廷的震懾。

曹操班師之際，在董昭斡旋下，朝廷又發來詔命表彰曹操的功勞；並決定將河內郡轄下蕩陰、朝歌、林慮，東郡轄下衛國、頓丘、東武陽、發干，鉅鹿郡之廮陶、曲周、南和，廣平郡之任城，趙國之襄國、邯鄲、益陽（趙國為郡國，襄國為縣）共計十四縣併入魏郡管轄；此外又封丞相之子曹宇為都鄉侯，曹玹為西鄉侯。曹宇乃環氏最小的兒子，還不到十歲；曹玹雖已弱冠，卻是側室秦氏所生，性格平庸恬淡。這兩位公子自然不會對社稷有什麼功勞，毫無疑問這又是幕府授意而為。冀州是曹操根據地，魏郡又是冀州的首郡，其他州郡的地盤納入魏郡管轄，這意味著曹操直接統領的地域越來越大。修建鄴城，五子封侯，擴大地盤，曹家儼然已成國中國之勢。

不過回到鄴城的曹操並沒因此而高興，首先等待他解決的是叛亂的善後事宜。幕府與魏郡所有官員齊聚聽政殿，提心吊膽聽候曹操處置。

留府長史國淵、護軍徐宣、五官中郎將曹丕及其長史涼茂、功曹常林五人齊刷刷跪倒在堂口。他們是此番留守的主要官員，無論叛亂的原因何在，責任必須由他們承擔，故而會晤一開始就主動出來請罪。曹操手據帥案面沉似水，只是望著堂外的銅壺滴漏，半晌沒有說話；其他屬官也不敢輕易做聲，都低著頭屏息凝神，猶如泥胎偶像。大堂上靜悄悄的，醞釀著緊張的氣氛，連地上掉根針都聽得見。

所有人都料定曹操立時就要拍案大怒，但他們猜錯了，沉默良久之後他僅是翻了翻案頭上的公文，平心靜氣道：「國長史，你上奏的叛賊數目是否有誤？我連接幾道軍報，僅河間一帶叛亂者就要數萬，除去賈信、曹仁誅滅的，至少還有同黨萬餘，你上奏的數目為何只有數千？」

國淵往前跪了兩步，低聲道：「素常將領破敵為炫耀功勞，往往以一為十多報數目。但臣下以為此番平亂與以往不同，故而斟酌了一下。」

「有何不同？」曹操倒想聽聽他的理由。

「以往征戰乃是征討外寇，多其斬獲之數，欲彰顯武功震懾不逞之徒。但是河間在丞相封域之內，平滅叛亂雖有克捷之功，不過……不過……」國淵說到此處顯得很為難。

「不過什麼？」

國淵倉皇叩首：「臣下竊恥之。」天下皆知冀州乃曹操老巢，這裡發生叛亂無異於證明曹氏失德，上報的叛黨越多曹操的臉面越不好看。以往征戰平叛者大多以一當十誇大數量，以彰顯功勞震懾百姓，國淵反其道行之，莫說沒有虛報，就連原先被賈信歸為叛黨的人都反覆確認，但凡可恕的、可憫的、盲從的，能刪減儘量刪減。固然這是為曹操面子考慮，但也挽救了千餘條性命。

曹操不禁點頭：「好學近乎智，知恥近乎勇。這般用心可謂良苦，你起來歸班吧！」

「臣下有罪。」

曹操揚了揚手：「罪不在你。」

「謝丞相寬宥。」國淵起身施禮，顫顫巍巍退回班中。

曹操又道：「徐護軍，你也無罪。」

徐宣卻跪在那裡不肯起來，痛心疾首道：「聖人云：『危而不持，顛而不扶，則將焉用彼相矣？』臣下治軍不力，戰事起時又未能親臨戰場，實在罪不可恕。」他說的倒是心裡話，仗還沒打兵權就讓曹丕奪了，他這個護軍確實沒臉。

曹操擠出一點微笑：「當初老夫選你為留守護軍，不是因為你有治軍之才，乃是用你之德。此番叛亂起於民間，並非士卒生患，足見你不辱使命。惜乎統事之人不解老夫用心，未能學到你的仁德，倘能得你之一二，焉能有此叛亂？」所謂「統事之人」自然指曹丕，看來曹操已把這筆帳完全記在兒子身上了。

徐宣哪好為自己開脫，趕忙道：「並非五官中郎將之過，全是我等輔佐不力……」

「老夫說了不治你罪，起來！」曹操不想再聽他說下去。

徐宣猛一抬頭正望見曹操嚴峻的目光，不敢再爭辯了，只得起身施禮退歸班中。曹操又指了指涼茂、常林：「你們倆也起來。」

「丞相，我等……」兩人也要叩頭請罪。

「老夫已經聽說了，你二人輔佐我兒盡心盡力，叛亂伊始又力阻其親征，實是有功無過。」

涼茂哪敢領這功勞，忙替曹丕說好話：「五官中郎將天生明睿，若領兵平叛必能馬到成功，皆因我等行事過於謹慎，唯恐政事疏漏才勸諫其不要前往。無心而為之，實在算不上什麼功勞。」

曹操冷笑道：「有心無心老夫都要謝謝你。天生明睿？嘿嘿嘿，若真叫他領兵平叛，現在還不知亂成什麼樣兒呢！」這已經是賭氣的話了。

曹丕在下面聽得又害怕又委屈，實不明白父親為何這般輕視他的能力，為何就斷定他平不了叛軍。

常林還想再解釋兩句，卻被曹操喝斷：「老夫說無罪就是無罪，你們都給我起來！」涼茂、常林不便違拗，尷尬地瞧了一眼曹丕，只得起身歸班。

偌大的聽政堂只有曹丕一人還跪在地上，曹操卻不急著發落他，只是翻閱著公文陰沉著道：「你給我跪到一邊去，等辦完了事再與你計較……」只這一句話，所有臣僚盡數撩衣跪倒：「丞相息怒，寬宥中郎將大人。」

「寬宥？老夫能原諒他一次，能次次都原諒嗎？」曹操臉色愈加難看，「此事與你們無干，都給我起來！」

誰好意思不管？大家倉皇叩首，請求曹操寬恕曹丕，竟無一人起身。曹操把手中竹簡一摔，厲聲道：「我叫你們起來，沒聽見嗎？難道你們都得了他幾箱錦緞，為他說話嗎？」

這句話一出可把眾人嚇壞了——前番曹丕給群僚送禮，在場之人大半收了，倒不是貪圖那點錦緞，而是不敢得罪曹丕。如今曹操把這事扯出來，若再講情非落個交通公子、結黨營私的罪名不可，故而都似針扎了一般站起來，不敢再言語了。

曹操得理不讓人，騰地站了起來，終於衝曹丕發作道：「你以為這些事我不知嗎？身為丞相之子賄賂朝廷幕府官員，不遺餘力邀買人心，以為這樣就能保你繼承為父之位？倒是雞鳴狗盜有才華，什麼都沒學會，先學會奪營爭權了！惜乎老夫要的是公忠體國誠心任事之人，不是這等蠅營狗苟的伎倆就幫得了你！」

曹丕跪在一旁，雙手緊緊摳著磚縫，腦袋壓得低低的。如此隱祕之事父親竟公然挑明，不啻是當眾把他扒得精光，情何以堪？

曹操壓抑著怒火，一邊踱著步子一邊道：「你也是二十多歲的人了，老夫本想成全你的面子，哪知你竟不識趣。朝廷授你官職，你不忙著具表謝恩，反而帶著一幫人出遊南皮，你非但不把朝廷放在眼裡，又何嘗把為父放在眼裡？隨你去南皮的人我都知道，左不過是你那烏七八糟的一黨。你們都密議些什麼勾當？說！」

得官出遊是實，但曹丕只是與眾人賞風弄月，曹操說他有密謀，這便是胡亂揣測了。記室劉楨、阮瑀皆陪同出遊南皮，有心出來說句公道話，唯恐引火燒身，又被曹操說成是烏七八糟一黨，都嚇得臉色煞白呆若木雞。曹丕有冤無處訴，只能苦苦分辯：「父親，絕無此事，絕無此事啊……」

曹操哪肯聽他解釋，兀自惡狠狠道：「那竇輔得了你什麼好處，在我身邊整日絮絮叨叨說你的好話，此番征戰他亡於陣中，老夫原有意追獎，但因為你的緣故，老夫決定不追表他了。免得那些目光短淺之人覺得跟著你有好處，三三兩兩都去巴結你！至於那些跟你穿一條褲子的人，你放心，他們也好不了，咱們有帳慢慢算！」

曹丕又悲又痛，一個竇輔事小，可日後誰還敢親近他，幫助他？曹操這是要砍斷他的人脈啊！

曹操越說越氣，指著曹丕的鼻子破口大罵：「老夫一再包容你訓教你，你幾曾入耳？我坐鎮冀州七載，捫心自問絕無虧欠百姓之處。你任事不過半年就捅出這亂子，不是你失德又是什麼？那反叛的田銀乃是河間一家豪族，蘇伯不過區區一佃農！為父真是打心眼裡佩服你，不到半年的工夫，豪強庶民都叫你得罪遍了，你可真有本事！幸虧你只是我兒子，若生在皇家坐天下，豈不是天下皆叛？你小時候為父就不甚放心，讀書之時便投機取巧，兄弟們一處打獵，永遠是別人先發，你趁亂取利，射回來的東西就說是自己的。攻下鄴城之時人人都忙於軍務，唯獨你私闖袁府驚人女眷，尋花問柳無所事事……」

這一大套沒頭沒尾的話扔出來，在場之人全愣了。連小時候讀書打獵都想起來了，還把甄氏之事拿出來重提，這都是哪年的黃曆？全是雞毛蒜皮的家務事，真正有分量的只有叛亂，而該為這場叛亂負責的究竟是誰？曹操這根本就不是教訓，而是一場宣洩，要把數年來對兒子的不滿以及慘敗赤壁以來的憋悶都宣洩出來。

曹丕沒想到自己會變成出氣筒，只覺父親彷彿要把天底下所有的罪責都扣到他頭上，除了一而再再而三的叩首請罪，還能怎麼辦？

曹操劈頭蓋臉數落個沒完，繼而又望著堂外的銅壺滴漏，盯著那滴答滴答的水珠冷冷道：「人之一生何其短暫？白駒過隙轉眼即逝，我是老了，但我要找一個才幹超群的後繼之人，似你這般無才無德日後有何可為？但凡昂兒、沖兒還在，豈能輪到你這等不肖之徒？我死去的兒啊……」其實說了半天，這才話歸正題。曹操心裡想念的還是曹昂、曹沖，才會把曹丕的錯誤無限放大，世上父母沒有不偏心的。

卞秉早聽不下去了，又因外甥修建銅雀臺之事替自己背了黑鍋，心中實在不忍，仗著外戚的身分出班勸道：「丞相暫息虎狼之怒，大公子恪勤孝儉，未嘗有過……」

話未說完曹操便扭臉斥道：「你這個舅父當得好，果然替你外甥說話，并州民役之事我還沒找你呢！這幫孩子自小到大被你哄著，你何嘗教過他們學好？整日就知道帶著他們胡玩，嬌慣得他們不知天高地厚，如今惹出禍來，你還有臉替他講情！」一席話把卞秉罵得滿臉死灰。

今天曹操實在有些過分了，國事家事混為一談，而且六親不認。連舅爺說話都不管用，別人更不敢隨便搭茬了，大家眼巴巴望著他，都不知如何是好。曹操喘著粗氣在曹丕面前踱來踱去，不知為何，這會兒曹丕越是唯唯諾諾曹操越有氣，已經開始琢磨要拿掉他五官中郎將之位了。

突然有個高亢的聲音嚷道：「丞相，屬下有一言望您深納。」眾人皆感詫異——什麼人敢在這個節骨眼上做仗馬之鳴？大家側目望去，只見一個五十出頭的皂衣官吏邁步出班。此人雖是文士，郤虎目虯髯相貌雄偉，聲若洪鐘震驚四座，正是幕府西曹掾崔琰。

「此乃我父子之事，你有什麼可說的？」曹操知他是個直性人。

崔琰又向前湊幾步，拱手道：「丞相身繫天下之重，又豈有尋常家事？去年公子也曾派人給我送錦緞，屬下未敢收納，此事丞相也已知道。所以屬下絕無私弊之心，所發之論還望丞相詳思。」

曹丕一見崔琰站出來，心都快蹦出來了，只當他是曹植一黨，必是要趁機進讒落井下石，滿心盼著父親也把他頂回去。哪知曹操郤長歎一聲：「你非說不可那就說吧！」

「諾。」崔琰趨身道：「既在其位忠於其事，五官中郎將身負留守之任，在他治下冀州叛亂，無論因何而起，此事實在也難脫干係。」聽到此處曹丕心都涼了，料是此人攻擊自己不遺餘力，必要害得自己失寵丟官，哪知話到此處口風又變了，「不過……河間之亂根源何在，難道丞相不明？前番賦稅驟增，士民不滿因而生怨，加之丞相領兵在外冀州空虛，才有好亂之輩從中挑撥生事，中郎將至多是監察不力。再者，平心而論，丞相真授予他權柄了嗎？所有留守重臣皆有便宜之權，中郎將自己能做什麼主？丞相府、冀州府、五官中郎將府，三方差事都壓到他一人頭上，恕屬下直言，即便丞相您也未嘗這般辛勞過吧？怎麼能將所有過錯都歸咎於中郎將呢？」換做別人萬不敢說這番話，唯崔琰平素就有公正之名，故而理直氣壯毫不隱晦。

曹丕簡直不敢相信，崔琰竟會替自己說話，而且句句切中要害，彷彿都出於自己肺腑。猛然間他有一種想哭的衝動，若不是跪在大堂上，這會兒他早就垂淚沾襟了。他意識到自己錯了，大錯特錯，崔琰果如吳質所言，乃是公忠體國耿介之士。真正的大臣永遠是站在公理一邊的，不會因為與某人結親而改變公正之心。疾風知勁草，他由懼轉悲，又由悲轉恨，恨自己目光短淺，以為小恩小惠就能籠絡世人，實在是把這些大臣看扁了，把天下的事看簡單了。

也是崔琰素來不偏不倚實事求是，竟把曹操問得啞口無言，不過這等敢犯盛怒的膽子確非常人可及。崔琰見曹操喘著粗氣沒有辯駁，又轉過身對在場諸臣道：「方才丞相說中郎將萬般不是，我卻要斗膽說他一宗好處。前幾日毛東曹調在下族弟崔林為冀州別駕，中郎將言道有私弊之嫌。這句話說得好！我等為官皆當有謹慎之心，公子這句話不單是為幕府之政、朝廷之政著想，也是為我崔氏一門的名節著想。半年來中郎將誠心任事踏實肯幹，日理萬機未嘗有一時之清閒，大家有目共睹，豈能以一過而掩百善？」毛玠比崔琰更知道細情，但凡事隱惡揚善，崔琰既把這說成是曹丕的好意，他也不必點破。

只要有一個肯出來仗義而言的，別人也就好說話了。國淵立刻接過話茬：「崔西曹所言極是，在下每日與中郎將一同理事，這半年裡一應政務無論大小，他總要反覆斟酌才能定論。《詩經》云『如切如磋，如琢如磨』，這正是中郎將不厭繁瑣過人之處。現在想來當初頒布新稅之時，中郎將也曾囑咐我等小心行事免生事端，若是我等能多加留意也未必有這場叛亂。」眾人紛紛點頭——國淵所言不失公允，論才幹曹丕遠不及其父，但勤政實幹卻是有目共睹的。

就連徐宣也出列道：「河間亂起事出突然，中郎將雖越俎代庖卻能決斷於瞬息，又引鮮卑兵阻敵於幽州，避免事態惡化。如此當機立斷，也算不辱丞相之明了。」

這幾個大臣都是正人君子，是不輕易謬贊的，既然一致肯定曹丕，至少證明在他們心目中曹丕是合格的。其他人也隨著低聲附和，涼茂、常林都是曹丕屬僚，不便在這時候替他說話，只連連點頭贊同。曹丕心裡已踏實一半，見此情形更是感動得沒話說。世間誰才是真為自己好的人？平日裡這幾個大臣不苟言笑，看似不好打交道，真到了關鍵時刻卻是他們仗義直言。直到此時他才明白，父親給他選的這幾條膀臂都很好，並沒有人故意與他作對，而是職責所在。這些忠貞的大臣不但匡正曹丕的過失，也在時時刻刻匡正曹操的偏頗。

曹操已無話可說，只覺胸口彷彿堵著一塊大石頭，一口氣上不來下不去——一代丞相焉能不明白事理？可是剛才的那一場發作，就連他自己都覺得不可理喻，有對曹丕長期的不滿，有叛亂之後急於遮醜的心態，恐怕更多的是他內心深處一直就不看好曹丕吧！尤其經過這一場西征，他似乎反而對曹植寄予的希望更高。究竟希望哪個兒子繼位，連他自己都搞不清楚了。不過崔琰的話甚是在理，曹家實際上已擔負起天下之重，家務已不僅僅是普通的家務，而是關乎天下命運的決斷，有些事就連他自己都無法做主。曹丕這個長子也不是普通的長子，從某種意義上說已是儒家正統所在，這些重要的大臣固然看到其一些才幹，恐怕更多的是看中他的身分。對於曹家這等不君不臣的家族而言，儒家禮法的正統觀念才是最重要的，宗法制反倒成了曹丕最有力的保護，即便身為父親兼丞相的曹操都難以撼動。

環顧著交頭接耳的眾臣、默默無言的兒子，曹操的火氣戛然而止，反而感到可笑——身為臣子把天子玩弄於股掌之間，管著比朝廷還多的兵，住著比皇宮還大的宅子，選拔官吏重才不重德，他曹某人可算是世間最離經叛道之徒，可是就連他這樣的人都不能超脫正統與禮法的束縛。不想叫臣僚忠於朝廷而欲使之忠於自己，忠來忠去卻不免歸於故俗，君不君臣不臣，到底是應該叫屬下安守禮教，還是該叫大家背棄禮教？這世上還有比我曹某人更自我矛盾的人嗎？曹操想至此不禁苦笑，笑自己的無奈；可只笑了兩聲，忽覺天旋地轉腦袋劇痛，連退幾步跌坐於地。

「丞相的頭風犯了！快傳李璫之來！」連臣僚帶兒子全慌神了，攙的攙扶的扶，堂上一片混亂。那位方才還慷慨陳詞的崔西曹，一不留神竟被身邊的人擠了個跟頭……

世事不息

曹操靜靜仰臥在鶴鳴堂，灌下一碗李璫之煎的湯藥，又用冷水浸了頭，已不似方才那麼眩暈。

趙氏與李氏一左一右跪在他身邊，一個給他擦拭水珠，一個為他梳頭。卞氏則一言不發抱著曹熊遠遠坐著，只是歎氣——曹丕是她兒子，她也不好說什麼。趙氏、李氏都是聰明女子，眼睫毛都會哄人，跟著夫人過來能不明白是什麼道理？手底下伺候著曹操，嘴裡就念叨著曹丕的好，把這半年來曹丕如何禮待諸位夫人、如何照顧兄弟添油加醋述說了一遍。曹操在前堂被崔琰等勸解一番，在後堂又被兩位寵妾開導，火氣早消得差不多了，只是直勾勾望著卞氏。

卞氏明知丈夫心裡想什麼，卻故意不看他，輕輕拍著曹熊的背。曹操注視她良久，終於忍不住問道：「妳是當娘的，妳說說妳養的這幾個兒子哪個最好？」

卞氏隨口道：「誰最好啊……我看熊兒最好，不招災不惹禍，也不招你生氣，處處討人喜歡。」

曹操不禁苦笑：「妳明白我問的是什麼，偏偏不肯說。妳道熊兒最好，可這小病秧子能成就大事嗎？妳呀，就是不肯為我想想。」

「我不為你想？」卞氏鼻子一酸，「你何嘗為我想過？他們哪個不是我肚子裡爬出來的？我能說哪個好，哪個不好？這世上當娘的都一樣，只盼著兒子們和和睦睦，成不成大業都是你們男人的事。你要是真明白就不該問我，只當我是個啞巴好了……」話未說完眼淚已簌簌而下。卞氏也算個女中豪傑，當年曹操逃離洛陽舉事，她身處險地再苦再難都沒掉過一滴淚，如今卻被兒子的事愁成這樣，這世上的家事實比國事更難斷。

她這一哭，曹操也不好再問了，對卞氏他只有感激。生兒育女且不說，單是她對丁氏的照顧就夠叫曹操高看一眼了。雖說世間夫妻不說兩家話，但總有個誰虧欠誰，他這輩子對卞氏虧欠太多了，何必拿兒子們的事再招她煩呢？想至此只有黯然歎息。

「喲喲喲，我的老姐姐，這是怎麼了？」卞秉一臉壞笑走進來，他有內親身分，丫鬟也不便拒之門外，「是不是這倆妹子伺候姐夫，您又打翻了醋罈子？」一席話說得趙氏、李氏不禁莞爾。

「去你的！」卞氏破涕為笑，「你也一把年紀的人了，嘴上還沒個把門的。難怪你姐夫不給你升官，當你的別部司馬吧！」

曹操也被他們逗笑了，接茬道：「你們姐倆別假打架給旁人看，我已封了你們卞家為都鄉侯，能給我曹某人當內弟還有什麼不知足的？若嫌俸祿少，你們偷偷把這府裡的財貨弄到娘家去還不夠嗎？」這話雖是玩笑，卻也透著曹操的心思，他可不想外戚權柄過重。譬如兒子們的事，私下問問卞氏還可以，若是她們一家子攪和到其中，非亂了不可！

卞秉也算功勞赫赫，聽姐夫這般話語不免有些刺心。但自己畢竟是當和事佬來的，沒再糾纏下去，湊到楊邊訕笑道：「我的好丞相、好姐夫，說也說了鬧也鬧了，消消氣吧！您要是身子得勁出去瞅瞅，子桓領著十幾個小子都在外面跪著呢。眾臣也都候著，連總不露面的程昱都來了。董昭、袁渙剛從外地過來，不明白怎麼回事，也在外面等著呢！」

「唉……」曹操歎口氣，兒子多了也麻煩，大的二十多，小的似宋氏之子曹袞、劉氏之子曹棘，都還不到十歲，且不論今天之事怨誰，當爹的有病，兒子們都在外面候著，臘月天再凍出病來豈不叫人難受？曹操的那點兒氣早扔到夜郎國去了。「叫大家都散了吧，今天的事我誰也不怨。你替我告訴老大，叫他別多掛心，是他的錯我改日再找他，不是他的事……就算我今天急糊塗了吧！」他不好直接跟兒子道歉，有個知近的人傳話就妥當多了。

「好咧！」卞秉笑呵呵轉身邊去。

「慢著。」曹操又叫住他，「你把程昱請進來，袁渙、董昭也叫進來。還有……方才我在前面說了你幾句，你也別多心。過幾天你安排大夥到銅雀臺逛逛，也算是給大家道道這半年多的辛苦。好歹也算打了場勝仗，別鬧得都不高興。」

「瞧您說的，見外了。」卞秉話雖這麼說，攤上這麼個喜怒無常的姐夫，提心吊膽半輩子還升不了官，是苦是樂他自己明白。有外臣進來，女眷就不能再呆了，卞氏抱起孩子，帶著兩個姬妾轉過屏風去了。不多時程昱三人進來，都向曹操探問病情。

「無礙了，你們坐吧。」曹操坐起身來，一把拉住程昱手腕，讓他坐在自己身邊，「這次平亂勞你費心了。」

程昱卻道：「老邁無能徒給公子添麻煩，幫倒忙還差不多。」

「是嗎？」曹操粲然一笑沉吟道：「子為父隱，父為子隱，直在其中矣。」

程昱彷彿被錐子扎了一下，他做夢也想不到，兩個人私下裡說的話竟已被曹操得知。轉念一想也不奇怪，趙達、盧洪之流遍布朝野，處處耳目什麼事他會不知道？跟自己兒子尚要動此心機，實在可怖！想至此程昱忙要跪倒請罪，手腕卻被曹操牢牢攥住，動彈不得，只得低頭道：「在下一時糊塗胡言亂語，望丞相恕罪。」

曹操搖頭道：「你為我父子著想，老夫感激您還來不及，怎麼能說是罪過呢？別看你是個打仗的，卻不僅僅明於軍計，也很善於處人父子之間啊！」

程昱聽這話有點兒沒底，倉皇道：「多謝丞相不計末將之過，在下日後必定慎言。」豈止是慎言，他已暗下決心，日後再不敢管他們爺倆的事了。

曹操卻道：「你也是一片好心，不過我要考較兒子，你出言指點又豈算他的好處？現在看來子倒是肯為父隱，反是我這當爹的氣量小了。」

「天下無不是之父母。」除此之外，程昱又能說什麼呢？

曹操撫著他的背感歎道：「昔日兗州之敗，若不是有你，老夫焉能有今日？似你這等共患難的老兄弟，莫說沒有錯處，即便有錯老夫也不會加罪。」

「多謝丞相成全。」程昱知其意有所指，曹操所說的錯處絕非指曹丕之事，而是他自請歸隱。

雖然程昱上了些年紀，可還沒到不能從軍打仗的地步，至於養病更是彌天大謊，上好的燒酒他還能喝兩罈呢！他前番以送親為名與荀彧相會，在許都停留數日，本想勸荀彧罷手，結果未見成效。曹操要奪漢室天下，荀彧要保劉氏天子，眼瞅著兩人漸行漸遠，只怕早晚撕破臉。到時候像他這樣有威望的老將軍如何處於其間？若有一日曹操逼他表態，違拗曹操自取其禍，逆來順受又怎麼對得起荀令君？難道也要受荀軍師那等罪？故而程昱急流勇退，乾脆回家裝糊塗。

現在看來糊塗沒裝徹底，只因與曹丕多說幾句話，以後更要夾著尾巴做人了。曹操知他所思所想，可畢竟是隨自己創業的功臣，人家一心要撇清，又能把人家怎麼樣？又撫慰了幾句，便叫卞秉攙他出去了。

袁渙與董昭剛到鄴城就趕上這麼件事。董昭是去許都為曹操跑魏郡增縣之事，袁渙卻是從家鄉陳郡而來。他久歷地方之職，堪稱一代循吏，敦行教化表彰孝節，深得百姓擁戴。曹操特意把他任命為家鄉譙縣的父母官，監管屯田之事，但幾年前鬧瘟疫，袁渙不幸感染，回鄉養了兩年多病才好，瘦得都快皮包骨頭了，如今回到鄴城是入府待職的。

曹操正為冀州之叛煩心，見他回來如逢甘霖：「曜卿來的正是時候，大病初愈，不要出去為官了，就在幕府補個祭酒之位吧！」

「全憑丞相安排。」袁渙起身施禮顯得很費勁，似乎氣力還沒恢復，二次落坐下意識撫了撫胸口，沉吟道，「半路聽聞冀州出了點兒亂子，恐是更易田賦所致吧？」這就是聰明人，知道曹操想的是什麼，把事情揣摩清楚來的。

「確如你所言。」曹操投來欣賞的眼光，「老夫當年為安黎庶降低賦稅，每畝地僅取賦四升，又扼豪強兼併，本以為大可收冀州百姓之心。哪知人心不足，如今添了花錢的地方，剛上調一些就惹得豪族、農戶都來造反。真是人心不古世風日下，想起來頗令老夫傷心。」

袁渙顯然不同意這種論調，心不在焉整理著衣襟，等曹操發完牢騷才道：「丞相所言固然有理，但卻似管中窺豹未能中的。」

「哦？」曹操沒想到他會這麼評價自己，不禁皺眉。

「屬下久在地方深知百姓之苦。方今狼煙未熄，無一歲不動兵戎，農夫五口之家服役者不下二人，或在官署或充兵卒，其餘能耕者不過百畝，所出僅是溫飽。春耕夏耘，秋獲冬藏，伐薪樵，貢官府，給傜役，地方縣寺連燒的柴都是百姓供的。春不得避風塵，夏不得避暑熱，秋不得避陰雨，冬不得避嚴寒，四時之間無日休息；又難免鄉里嫁娶送往迎來，弔喪問疾，養孤贍老皆在其中……百姓言『離亂人不及太平犬』，只要打仗就有受不完的苦，服不盡的役。畝取四升固然很低，但只要這仗打不完，受苦的永遠是百姓啊！」

曹操並不否認他所言，卻道：「並非老夫給百姓點兒實惠就洋洋自誇，這世道便是如此。寧要短痛不要長痛，我東征西討還不是為了早日安定天下？誠如你所言，畝取四升即便不算什麼大恩大德，總比橫征暴斂要好的多，再者三十稅一乃本朝舊制，自桓、靈以來動亂繁多，實際稅收早已在兩三成以上，豪族租稅甚至有對半分的，我現在提到二十稅一也不算盤剝，比昔日袁紹、劉表之制可算厚道多了。」

袁渙心道，這便是孟子所言「五十步笑百步」。卻不敢把話說得太難聽，略一思索轉而問：「丞相以為畝取四升，利益何人所得？」

「自然是讓利於民。」

「非也，乃為豪紳所獲。」

「何出此言？」曹操見他處處與自己唱反調，甚是詫異。

「屬下細細講來，丞相便知。」袁渙掰開揉碎解釋道：「戰亂以來災禍肆虐民田荒廢，耕農自存者不過少數，大半依附鄉里豪族。一者豪族有私人部曲可保性命無傷，二來也是土地兼併迫不得已。丞相您降低田賦，豪族受其恩惠畝稅四升，但他們向佃農索取可就不僅僅是四升了。如今您驟然提升，水漲船高，豪強繳賦多了，自然要向佃農多伸手。這樣算來，究竟是黎民得利還是豪紳得利？」

曹操辯解道：「此言差矣，當初老夫明明已核定田畝，抄沒袁氏死黨分田予民，並限定豪族名下田產不可過制。」

「問題就出在這裡。」袁渙抬頭凝視著他，「任何科法律條都得靠人去執行吧？」

曹操一愣，似乎明白點兒了：「你是說……官吏執法不嚴，豪族依然搶奪民田大肆兼併？」

袁渙不是來告狀的，當然不敢接這話，卻委婉道：「當初嚴不嚴的，屬下不在冀州並不清楚，可莫忘了現在又過了六七年，恐怕形勢已跟當初不一樣了吧？袁氏的豪強是滅了不少，不過咱們曹營中……」話說一半袁渙戛然而止，道：「崇實效，去虛文，飭吏治，厚民生，此乃為政萬古不變之要！」

曹操漸漸醒悟了——土地兼併這種事不是說控制就能控制住的，也絕非一時做好就能永遠做好的。平定河北已經六七年了，曹營新貴們也在不斷擴充家財，新豪族產生了，舊豪族也度過了蟄伏期，兼併勢頭有增無減。雖說制度上有限制兼併這一條，天長日久就鬆懈了，他自己都不敢從根本上撼動豪族，何況那些治理地方的小吏？地主兼併增加田賦，蘇伯那樣的佃農要反；而曹氏親信又比一般地主有特權，田銀那等沒關係的地主也不滿意。曹操不寒而慄，就在他捧著自己的善政沾沾自喜之時，冀州早就在無聲無息中變成另一番模樣了。

「為何沒人告訴我？」曹操憤然問了一聲，繼而又覺這話問得太可笑——身邊的人都是既得利益者，誰會自找麻煩？似袁渙這等無私之人倒是曾經反映過曹洪、劉勳、郭嘉等人子弟縱橫不法，結果不都被自己大事化小小事化無了嗎？他沉默片刻，森然道：「明日傳我教令，赦免輸作左校的長社縣令楊沛，召他到鄴城來。」

袁渙與董昭對視一眼——要用酷吏這劑猛藥了。

曹操瞇著眼睛道：「豪強之事你不必操心了，老夫我來辦，可最近屯田也出了不少問題，最嚴重的是屯戶逃田。尤其淮南新招募的屯民，據說已逃了小一半，這又該如何治理？」

袁渙一改方才嚴厲的口氣，悲天憫人道：「百姓安土重遷，不可猝變，易以順行難以逆動。屯田制已推行多年，倉廩豐實軍糧無缺。若依在下之見，也不必強迫屯民了。無家無業的就留下，想回鄉的就叫他們去吧，順從民意也是大德啊！」

曹操治下屯民基本上有四種：一是規定範圍，在這片土地上的人不管願不願意都視為屯民；二是早年收編的黃巾義軍及其兒孫子弟；三是戰亂中的流民；四是從與敵接壤之地強制遷徙的百姓。屯民雖然不服徭役，但都是軍事管制，繳稅又高，所以百姓都不願意當屯民。當初是天下戰亂沒辦法，能活命就不錯了，如今北方漸漸步入安定，與自耕農、佃農一比，屯田儼然快成暴政了，但凡能自謀出路，誰還願意幹這個？而隨著局勢的變化，曹操也不再為糧食發愁了，搞屯田不過是方便養兵戍邊，也沒必要丁丁卯卯那麼嚴格。

「就照你說的辦吧！」曹操不免傷懷，「時事更易永不停息，看來老夫也該換換新腦筋了。你是治理民生的行家，遇事多替我分分憂，以後在府裡做事，有不當之處及早告訴我。」

「諾。」袁渙起身，「那屬下先行告退了。」他知道董昭必有機密之事，故而說完就走不多寒暄。

袁渙一去，氣氛立時沉寂下來，曹操並不瞅董昭一眼，而是斜倚在榻上，捶著膝頭哀怨道：「《尚書》有云：『論道經邦，燮理陰陽』，可其中難處又有誰知？老夫聽你的話，當了這肩挑天下的丞相，自此便無一日安生，裡裡外外操不完的心。你還嫌害我不夠，又修鄴城又讓我兒當官封侯，如今還給冀州添了十四個縣，加了這許多差事，真要累死老夫啊！」

董昭自不能點破，還得配合他演下去，一臉苦笑道：「尋常之輩自然難以負遠，但您豈是凡人？德濟天下威名鎮遠，莫說丞相之責，即便肩上擔子再重些又有何妨？」這話實是一語雙關，已經一人之下位極人臣了，擔子再重些又意味著什麼？

曹操並不接這話茬，卻轉而感歎：「《禮》曰：『心正而後身修，身修而後家齊，家齊而後國治，國治而後天下平。』老夫如今連齊家都辦不到，焉敢多求？」他的口氣半是謙讓半是自嘲。

董昭越發笑道：「自古君王豈是真循著修齊治平之路？想那齊桓公九合諸侯，尚且寵信豎貂、易牙等宵小；晉文公受封九錫，不免薄待介子推、顛頡等功臣；始皇帝掃滅六國一統天下，也曾有屠弟逼母之事。我大漢高祖皇帝又如何？拋妻棄子，撇父欺嫂，辱罵賢士，屠戮功臣，莫說齊家，恐怕連修身這一關都過不了，還不是照樣平天下？丞相是精明之人，何時也信那些腐儒之言？」

「話雖如此，畢竟……唉……」曹操當然不信修齊治平之類的話，卻不得不擺這種姿態，即便面對董昭一人，有些話也要公然擺上桌面。漢室天下這盤大餐要吃，但還要有個文雅的吃相。

董昭絕不叫曹操為難，趕緊話歸正題：「丞相功蓋天下，莫說增十四個縣，即便增十四個郡又有何妨？若以在下之見，增地魏郡仍未盡善而盡美也。」

「那何為盡善盡美呢？」

董昭猛然跪倒榻前：「自古人臣匡世未有今日之功；有今日之功，未有久處人臣之勢者。今丞相恥有慚德而未盡善，樂保名節而無大責，德美過於伊尹、周公。然太甲、成王未必可逢，今處亂世民難教化，甚於殷周之時，處大臣之勢，使人以大事疑己，誠不可不重慮也！丞相雖震威德，明法術，而不定其基，為萬世計猶未至也。定基之本在地與人，何不稍建封國以自藩衛？丞相忠節無暇，天威在顏，耿弇床下之言，朱英無妄之論，不得過耳。昭受恩非凡，不敢不陳。」董昭朗朗陳詞，這番話不啻是直接勸進。

昔光武帝劉秀未登九五之時夜臥邯鄲宮，大將耿弇三更造訪，臥榻邊陳說利害，勸劉秀自立為帝；戰國春申君黃歇的門客朱英勸其自立，以避權勢太重無妄之災。當斷不斷反受其亂，再繞彎子代漢，這一步也要邁出去，未來宮殿都修好了，還能有別的選擇嗎？董昭已經把話挑明了，曹操卻依舊不肯把話說死，模棱兩可道：「天下未平仗要繼續打，你說的事嘛……也可以辦，不過要一步步來，切莫著急。」

董昭極能忖度他的意思：「在下勉力為之，若丞相早定天下當然最好，若事有不順時不我待，在下也有辦法。」眼下最要緊的是恢復九州之制。」這已是他第二次提出恢復九州古制，上次是七年前方定鄴城之際，那時被荀彧生生頂了回來。如今曹操與荀彧的關係已經變了，此事大有可為。

「好，你就去辦吧！」曹操答應得痛快，無半點兒不安。

「若荀令君再加阻攔又當如何？」董昭得把醜話說在前頭，討他一顆定心丸。

曹操微微皺眉，坐起身望著搖曳的燈芯，怔怔道：「老夫原本希望與令君共預朝政，但火不厭熾水不痛寒，有些事生性使然，不能強人所難。天下之事不能因一人而廢止，你無需心存顧慮，只管放手去幹。令君若有異議，老夫自有辦法處置……」

自有辦法處置？究竟什麼辦法？董昭想問個明白，話到唇邊又咽了回去——曹、荀之間畢竟共事二十餘年，曹操能夠表態已很不易，何必非要逼他親口說出底線？見勢而論吧！

話方及此，又見卞秉匆匆忙忙回來了，還領著涼茂，曹操馬上箝口，轉而問道：「你們還有何事？」

卞秉拉了一把涼茂，笑道：「群臣都散了，唯有涼長史沒走，似有話想跟您提，又猶豫不敢進，我乾脆把他領進來了。涼長史，有話您就跟丞相直說吧！」

「這……這……」涼茂似乎難以啟齒。

董昭見此情景不知又要耽誤多少工夫，他此來就為了討曹操一句話，如今已然吃了定心丸，索性也不再多留：「既然丞相還有要務，在下告退。」

剛才那番話，曹操似乎很費了一番心神，只疲憊地揚揚手：「該辦什麼就去辦吧！只是剛到鄴城又要回許都，往來奔波多受累了。」

董昭微微一笑：「為國驅馳理所應當。」說罷快步出堂而去。他言道「為國驅馳」，卻不知究竟為的是哪一國。卞秉甚是伶俐，早覺出涼茂有難言之隱，不聲不響也隨著董昭溜了。

等涼茂反應過來，堂內就只剩曹操與他兩個人了。曹操知道這是個忠厚人，也不忙著問他，指著一旁的坐榻：「坐，這又不是朝會，坐下慢慢說。」

「不、不。」涼茂連連擺手，又憋了好一陣子，似乎下了很大決心才道：「懇請丞相容我辭去五官中郎將長史之位。」

曹操比涼茂預想的要平靜得多，未有半分詫異之色，反問道：「為何辭職？子桓對你無禮？」

「不不不，中郎將待在下很好……只是在下才德不堪，難當此重任，還請丞相……請丞相另擇……」有些話涼茂實在不知該如何張口。現今曹氏父子之間陰晴不定，這長史實在難當，曹丕那邊不把他當自己人看，曹操這邊嘴上雖不說，但天長日久也會不滿，還沒法為曹丕說好話。這實在是受罪不討好的差事。涼茂是規規矩矩辦實事的人，自認沒這份才智居於其間左右逢源，這次河間叛亂已把他搞得心力交瘁，還不如換份踏實差事幹。可這話又該怎麼說呢？

曹操已看穿其心思，也不叫他為難：「好啦好啦，你也不必再說了，我將你調任別職也就是了。」

「慚愧慚愧。」涼茂以袖遮面甚是羞赧。

「這也不怨你，當初老夫讓你給子桓充任長史還是欠考慮。你之所長在治國理民，不該拿繁瑣之事來紛擾你。這樣吧，你去跟子桓知會一聲，從明天起依舊回幕府當差，五官中郎將長史我另換旁人。」曹操暗暗打算，要找一個久經滄海，處事老練，能鎮得住曹丕的人選。

「謝丞相成全。」涼茂又從懷中掏出一紙薄薄的絹帛放在榻邊，「這是兩個月前中郎將隨手寫的詩文，他沒當回事就扔在桌案上了。屬下讀了心有所感就收起來了，丞相若是有空不妨過目。」說罷深施一禮，默默退了出去。

曹操輕輕拾起那絹帛，見上面一色的小巧行楷，果真是曹丕親筆所書，還有句短短的小序，輕聲默念起來：

建安十六年，上西征，余居守，老母諸弟皆從，不勝思慕，乃作賦曰：

秋風動兮天氣涼，居常不快兮中心傷。
出北園兮徬徨，望眾墓兮成行。
柯條憯兮無色，綠草變兮萎黃。
感微霜兮零落，隨風雨兮飛揚。
日薄暮兮無悰，思不衰兮愈多。
招延佇兮良從，忽踟躕兮忘家。

「這孩子也是有心人啊……」讀了這思念父母兄弟的悲詩，曹操即便是鐵石心腸也軟了。平心而論，曹丕又有什麼不好呢？

曹操把這小小的絹帛疊了又疊，似收藏珍寶一樣緊緊揣到懷中。平定天下問鼎至尊，若只是打仗那麼簡單就好了，戰場上可以快刀斬亂麻，這些左右為難的國事家事又當如何抉擇呢？這一天曹操真的覺得自己老了，許多事都是心有餘而力不足，或許只有戰場才是他這輩子最得意的地方。其實所有難題皆有一個根本的解決辦法——及早統一天下。那時候還有什麼君臣大防？還有什麼嫡庶之論？興邦立業名正言順，說什麼就是什麼！

漸漸地曹操不再想這些紛擾的問題了，而是把思緒移向了東南，第二次南征的籌劃已出現在他腦海中。

第十二章
起用酷吏，曹操治貪下狠手

楊沛上任

轉眼間又一個冬天過去了，建安十七年（公元二一二年）無聲無息悄然來到。曹氏父子鬧的那點兒小彆扭漸漸消弭於無形，終究沒再起什麼波瀾。魏郡增縣轉移了所有人的視線，鄴城僚屬忙著核查戶籍，更易地方官，中軍將士又開始為南征作準備，似乎所有人都已忘記剛剛平息的那場叛亂。可是曹操卻沒忘，這次事件對他而言刻骨銘心，若不及早扼制豪強的勢頭，只恐大兵一走還要再出問題。為了解決後顧之憂，他要等候一個重要人物到來。

正月中旬的一天，天色陰沉沉的，刮著寒風，空中零星飄著幾片雪花。原本熱鬧的鄴城大街空蕩蕩的，就連幕府門樓上的士兵都不停地搓著手，暗暗抱怨：「這該死的鬼天氣，開春竟比臘月天還冷！」都沒心思當差了，只盼著中午那頓飯。

可就在將近正午時分，從中陽門南北大街慢慢悠悠行來一駕車。這駕車可真寒酸，一匹小瘦驢拉著，幾根破木頭釘的平板，上面搭了個撒氣漏風的篷子。那篷子也非錦緞，而是由麻布圍成，要是整匹布還說得過去，這車篷說灰不灰說綠不綠，竟是好幾塊破麻布縫在一起湊的，正中頂子上還貼了塊土黃布的補丁；前面沒簾子，趕車的倒能對付，一領草蓆就堵上了。往下看更可笑，車軲轆一新一舊，左邊的舊輪子一看就是別的破車上拆過來的，黑色漆皮都掉了；右邊的新輪更不像話，也不知哪位木匠師傅做的，七扭八歪不怎麼圓，又是疙瘩又是癤子，輻條就是破木頭釘的，幹活的手懶，非但長短不一沒鋸齊，連樹皮都沒剝。這駕車走起來搖搖晃晃顫顫巍巍，吱扭吱扭響得刺耳，都快散架了。

鄴城堪稱當今天下最繁華之地，給曹操守門的兵吏是見過世面，平日裡迎來送往多大場面都見過，卻沒見過如此寒酸的驢車，離著老遠竟沒認出那是什麼東西，還以為是柴禾成精呢！漸漸走近才辨出是輛車，最奇的是只見車卻不見趕車之人，莫非這驢有靈性，能自己拉著跑？守門士兵平日見的都是寶馬香車，還真沒遇到過這等新鮮事，紛紛伸著脖子眺望，指指點點，但見這駕驢車慢慢悠悠越走越近，竟直愣愣衝幕府大門來了。

就衝這輛破車，能進鄴城就不錯了，還敢來幕府，真不知天高地厚！有幾個兵立刻下門樓，一擁而上把車攔住。到近前才瞧明白，原來有趕車的，在車篷裡坐著呢！可能怕冷，又沒有車簾，把草蓆往前面一堵，他在後面躲風，就留了幾寸縫隙，伸出根鞭子趕著這匹驢。

一個年輕的兵長厲聲喊道：「哪來的破車？停下！」

當兵的本以為這一聲喊罷，趕車的即便不下來也得停住，怎料人家根本不理，趕著車硬往前闖。兵長可火了，扯住驢轡頭就往道邊拽；哪知這匹驢還挺野，也沒戴嚼子，一晃脖子照著兵長的手就咬。所幸這兵長眼疾手快，真要是咬上，手指頭就沒了。

其他兵士見此情形想笑又不敢笑，攔車的攔車，拽驢的拽驢；那兵長受了一驚後緩過神來，越發惱羞成怒，躥上車板扯去篷子前的草蓆，氣哼哼道：「下來！你這縱驢行凶的狂徒！」

「車簾」都沒了，車上的人只好下來——原來裡面只有那趕車的一人。這廝生得瘦小枯乾，又瘦又長一張瓜條臉，真跟那匹驢有幾分相像；黢黑的面皮，禿眉毛，細眼睛，鷹鈎鼻子，小薄嘴唇，蓄著兩撮山羊鬍，滿臉的皺紋似刀刻一般，也辨不出多大歲數。尤其惹人注意的是他的頭髮，即便尋常百姓都攏髮包巾，再窮也知道別根小木棍，這位卻是一頭齊刷刷的短髮，在脖子後頭披散著，只在腦門箍了根布條。身上衣服更寒酸了，大冷天只穿件粗布衣，灰了吧唧滾一身土，瞧不出本來顏色，衣襟下擺早磨破了，爛布條耷拉著；腳底下更沒有暖靴，一雙草鞋裡面塞布外面纏麻，都快邁不開腿了。

莫看此人容貌猥瑣，口氣卻很硬，把鞭子隨手一扔，趾高氣昂道：「你等為何阻我去路？」眾兵士瞧他這副尊容還拿腔作大，都掩口而笑，那兵長譏諷道：「睜開眼你那狗眼瞧清楚，前面是丞相幕府！」

那窮漢把手一揣，倚著車沿陰陽怪氣道：「認得是幕府，我就是來見曹丞相的。」

「哦？」聞聽此言兵長倒是猶豫了片刻，俗話說皇帝還有三門窮親戚，萬一是丞相舊相識可得罪不起。但仔細辨來，此人關中口音，離沛國譙縣甚遠，不太可能是丞相故人，便搪塞道：「你當曹丞相是什麼人，豈是說見就見的？」

那人拉著驢臉，聳著鼻子道：「本官就是受丞相召令而來。」

「就你這德行還當官呢！」當兵的哪裡肯信。那兵長更是挖苦道：「以為我們是三歲頑童嗎？你是哪個窮鄉僻壤來的嗇夫、亭長？跑到鄴城莫不是來告狀的？聽老子一句勸，這天底下冤枉的事兒多著呢，憑什麼委屈不得你？丞相乃當朝宰輔千金之貴，也懶得管你的閒事，要打撞天官司別處打去！」

不知為何，這番話正觸了此人霉頭。這小個子竟躥上前去，照著兵長臉上就是一巴掌：「胡言！我就不信這天下沒有講理的地方！」

他這麼一說似乎更坐實了兵長的猜測，幕府的兵豈是隨便打的？大家一哄而上，架住此人雙臂，打的打罵的罵，那兵長更惱羞成怒，抓過這窮漢衣領，正反給了倆大嘴巴：「他媽的！還敢打老子？看我不揍得你滿地找牙！」

正廝打間，只聽「啪」的一聲響，從那窮漢破衣服裡掉出塊四寸許的竹板。當兵的可認識這玩意，是士人來往拜謁用的名刺，沒想到此人真是當官的。有個小兵拾起來，無奈是個不認字的睜眼瞎，趕緊遞到上司手裡。

「老子倒看看這是個什麼鳥人！」那兵長舉著名刺，瞇著眼睛念道：「馮翊楊孔渠……」

楊沛！那當兵彷彿被雷劈了，驚恐地瞪大了雙眼，手一哆嗦，名刺二次落地。這回他連撿都不撿了，直溜溜給窮漢跪下，雙手左右開弓自己給自己八個大嘴巴，帶著哭腔道：「楊大人，小的有眼無珠得罪您了！你就拿我當個屁，把我放了吧！」他這一跪，其他當兵的也知道捅了婁子，立時跪倒一片。

無怪乎這些當兵的如此害怕。楊沛何等人也？自曹操主政以來，也曾重用過一批酷吏，如滿寵、薛悌、王思、郤嘉之流皆有苛刻之名，但若是與這位楊大人比起來，就小巫見大巫了。楊沛，字孔渠，左馮翊萬年縣人，原本是李傕主政時西京任命的新鄭縣長①，十七年前曹操奉迎天子路過新鄭，楊沛貢獻了糧草，從而進入了曹操的視線。他歷任多個縣令之職，雖說清如水明如鏡，卻為政苛刻心腸狠毒，提倡嚴刑峻法。在他坐鎮的縣寺大堂，拷死人命不過家常便飯，該殺的不該殺的，不問青紅皂白手下亡魂無數；在他手下當差，稍有疏忽也難逃一陣鞭抽杖打，因此丟了性命的也不少，故而天下人無不知其嚴酷。也正因為如此，他的官一直升不上去，始終未過六百石。他任長社縣令期間，曹洪的門客仗著靠山橫行鄉里，私自放貸，拒不納田，楊沛將人拿至縣寺，竟親揮鐵槌生生打斷了曹洪門客的雙腿，曹營中人無不驚駭，幸虧曹操力保無虞。但他屢屢拷死人命，終於還是被彈劾治罪，截斷頭髮受了髡刑，發往洛陽服苦役。如今曹操要痛下殺手整治不法，又把這個魔頭赦回來了！

楊沛拍拍身上的土——其實太髒了，拍也是白拍。撚著山羊鬍，瞇著鷹隼一般的眼睛，冷笑道：「好個勢利的小人，竟敢毆打本官，不想活了嗎？」

那兵長都哆嗦成一團了：「小的不知您老人家駕到，我狗眼瞎了。」他若真知道是酷吏楊沛，借他十個膽也不敢，怎知這大名鼎鼎的酷吏竟會是這副裝扮，此等尊容？

楊沛依舊不饒，揪住那兵長的髮髻，鷹眼一瞪：「本官蒙丞相大赦，從洛陽苦役之地趕來，也難怪你這狗眼夾不進。不過你方才說什麼？這天底下就沒有講理的地方啦？知道我是當官的便跪地請罪，若我是尋常百姓，還不被你活活欺負死！本官理過無數官司，多大的官我都敢得罪，就不信這個邪！就衝你這句話，我非扒了你的皮不可！」他可是說到做到。那兵長聞聽此言嚇得體似篩糠，口吐白沫，兩眼一翻，雙腿一軟——昏過去了。

這時只聽「轟隆」一陣響，幕府司馬門洞開，國淵、陳矯、和洽、杜襲、桓階、辛毗、徐宣、王粲、楊修、孔桂等大步流星出府，左右列開，繼而有人朗聲大笑：「楊孔渠，老夫候你多日了！」曹操竟親自迎了出來。

這禮遇可非尋常，楊沛也嚇一跳，施禮下拜：「罪臣參見丞相。」

那幫惹禍的兵見丞相都親自出來迎接，臉全嚇綠了，趕緊拖著暈厥的兵長退到街邊。曹操卻沒注意他們，盯著楊沛的破衣、破車道：「你已被赦免，為何如此模樣？」

楊沛倒滿不在乎：「屬下在洛陽為苦役，得丞相赦令恐耽誤差事，沒來得及更換衣物，自己動手趕了這輛車趕來應召。」

---

① 漢朝制度，人口萬戶以上的縣長官稱縣令，萬戶以下的縣長官稱長。

「哼！」曹操甚為不悅，「那些地方官都是做什麼吃的？難道我要的人連一件衣服、一輛車都供不起嗎？」

楊沛卻道：「非是他們不與，是屬下不要……」說著話他把腰間麻繩一解，敞開衣襟，卻見這衣服裡密密麻麻都是字，「此乃屬下一年多的風聞瑣記，以此狀告河南諸縣十七名官員部屬。無公就有私，有私就有弊，若在下受了他們東西，豈能坦然告他們狀？」

眾人無不凜然——好個難惹的刺頭，還沒進門先告上一狀，不知要有多少人捲鋪蓋回家了。曹操卻頗為欣賞，連忙降階，抓住楊沛的手仔細觀看。但見滿是幹活留下的粗裂口子，天冷還生了凍瘡；再看除了這件粗布衣，他裡面竟再沒一件別的衣物，露出瘦骨嶙峋的肋條。天下有一種人，對別人嚴厲，對自己更苛刻，楊沛便是這種「瘋子」，雖然心狠手辣卻是個清官，至今家裡無產業，窮得叮噹響，老婆孩子在萬年縣老家住窩棚。

「孔渠，委屈你了……」曹操頗感自責，當初罰他輸作左校本來可以赦免，但曹操為了妥協豪族，穩固人心沒那麼幹。

楊沛卻不當回事：「瓦罐不離井口破，既入官場就得辦事。人非聖賢，辦錯事挨罰還免得了嗎？這便是朝廷的王法！」

曹操拉著他手：「走！到府裡去說，老夫要好好聽你講講這天下之事。」

杜襲一旁笑道：「丞相，我看先給楊大人找身乾淨衣服吧，再者楊大人遠道而來恐怕還沒休息用飯吧？」

「對對對！」曹操這才放開，「先給楊大人更衣備飯。」眾人紛紛過來拱手相讓。楊沛卻扭頭瞅著那幫惹禍的兵丁，咬著牙道：「你們先伺候好我的驢，咱的帳回頭再算！」就這一句話，那匹驢可享福了，眾兵丁趕緊解套，刷洗飲遛，跟伺候祖宗一樣伺候著。活命全指望驢老人家啦！

楊沛被請入偏室「拆洗」一番，可忙壞了那些奴僕，每人手裡兩條手巾，沾著水一通搓，擦了小半個時辰才瞧出皮肉本色。曹操已允諾賜衣，早有人捧來最好的錦衣，虧得騎都尉孔桂慧敏心細，趕緊拉過僕人，耳語道：「你小子真不會伺候人，這種人雞蛋裡挑骨頭，有棗沒棗都要打三竿子，豈能給他這麼好的衣服？就尋與他官位相當的六百石皂衣來，冠帶也要最普通的。舊衣服給他留著，那上面還有狀子呢！許丞相不接，不許你不給他留。拍驢屁拍到驢蹄上，留神他踢死你！」僕人諾諾連聲，忙換了一般皂隸之服，楊沛坦然領受未說什麼。

換完衣服又賜飯，這位楊大人當了一年多苦力又大老遠折騰來，的確是餓極了。丞相賞飯不過是擺個姿態，哪有真吃飽的？楊沛可不管這麼多，顛起了槽牙，什麼雞鴨魚肉冷熱葷素一股腦往肚裡填，竟還催促僕人添了四次飯，惹得其他掾屬掩口而笑，最後還是孔桂勸道：「楊大人，俗話說『大餓不在車飯[②]』，您餓久了要是這麼吃，非吃出病來！」這才算打住。

裡外三新填飽肚子，再往聽政堂一坐，楊沛與方才大不相同了，挺胸抬頭正襟危坐，一雙眸子熠熠生光。諸掾屬左右侍立，今天除了楊沛誰都沒座，就聽他高談闊論：「商君有云：『聖人之為國也，一賞，一刑，一教。賞則兵無敵，刑則令行止，教則下聽上。夫明賞不費，明刑不戮，明教不變，而民知於民務，國無異俗。』刑無等級，自卿相、將軍以至庶人，有不從令、犯國禁、亂上制者，罪死不赦！所謂八議之論，寬仁之道，只能使這天下越來越亂！」

楊沛雖精瘦卻嗓音高亢，在場之人除了春風化雨的愛民循吏，就是文質彬彬的德行清流，哪聽得慣商鞅這一套？曹操卻是不住點頭微笑，此刻他要的就是這麼個鐵面無情的人物。他從帥案上拿起早就備好的印綬：「老夫赦免你所為，今任命你為鄴城令，替我好好管管這腳下之地！」

---

② 漢代諺語，形容餓極了的人吃下一車飯，活活撐死。

楊沛略一蹙眉，繼而跪倒在地：「屬下不敢從命。」

「為何？老夫乃是誠心相請。」

楊沛看看左右眾人，森然道：「若要屬下當這個官也容易，從今以後鄴城由在下執法，即便拿下再大的官，捅出天大的案子，丞相切不可徇情！」莫看他天不怕地不怕，其實也是個明白人，不把曹操的嘴先堵上，什麼事都辦不成。

「哈哈哈……」曹操仰面大笑，「你當老夫何等人也？昔日棒殺蹇碩叔父名震洛陽，豈能阻攔你處罰權貴？我再給你吃顆定心丸，自明日起下至黎民百姓，上至老夫本人，任憑你監督執法。雖是一介縣令，我與你二千石俸祿，監察冀州司法之事，普天之下不論哪裡來告狀的，你都可以接狀遞我！」這權力可大了，曹操的想法根本沒局限於鄴城，這不過是一種嘗試，以此來制約豪強懲治不法，若是楊沛的做法見效，他將把嚴刑峻法進一步推行天下。其實他有這個想法已非一兩天了，因為赤壁戰敗隱忍不發，如今征討關中得勝，聲威再次樹立，又鑒於河間叛亂，曹操終於決定放開手腳大幹一場了。

「謝丞相信任。」楊沛畢恭畢敬接過印綬，又補充道：「刑生力，力生強，強生威，威生德，故德生於刑。去異立德，莫過於嚴刑！」這番話可把在場之人聽得暗暗搖頭——公正嚴明固然好，但若以嚴刑立威立德，即便血流成河也只是緣木求魚。

曹操卻笑了，笑得格外欣慰，格外滿意。眾人不免低聲議論，和洽嘀咕道：「唉！這楊孔渠也是個迂腐的書呆子。」

杜襲就站在他身邊，聞聽此言甚是不解，不禁掩口問道：「陽士兄何出此言？似他這等狠毒酷吏還迂腐？」

和洽耳語道：「你只道儒生迂腐，殊不知崇法之人更迂腐。儒有中庸之道，法家有什麼？先代郅都、張湯之流，近者陽球、王吉之輩，雖清廉自守，皆以律繩衡萬事，結果又如何呢？非但不能理明天下，自己都沒個好下場。泱泱九州之地，不崇德不修道，迷信區區幾條律令就能治理好天下，這樣的人豈不比儒生更迂腐？」

「有理有理，」杜襲豁然開朗，「我輩當諫之。」說著便要出班。

「慢著。」和洽生怕這急性子惹禍，一把攥住他手，「丞相遲早會明白的，先叫這瘋子大鬧一場，理理這團亂麻也未必是壞事……」

大家眾星捧月般送這位煥然一新的鄴城令出府，卻見一輛嶄新的馬車停在門口。楊沛把腰一掐：「這是何來？本官那輛車呢？」

當兵的心說——您那輛車早推到後面當柴禾劈了。臉上卻陪笑道：「您的車丞相留下了，這輛是他老人家賞賜給您的官車。」楊沛見這輛新車還算樸素，並不僭越六百石縣令的制度，在鄴城當官沒個好車也不行，就是自己不講臉面，也不能給丞相丟臉啊，便勉強應允了：「本官那匹驢呢？」

士兵用手一指，但見幕府牆根底下拴馬樁旁，王粲正逗弄一匹粉鼻白嘴的小黑驢——早刷乾淨，飲好了，拿餵丞相寶馬的好料餵足了，簡直不是來時那驢了。大家這才注意到，方才裡面高談闊論唯獨不見王粲，原來他一直在這逗這匹驢呢！

這位幕府記室有一宗怪癖，不喜燕語鶯聲琴瑟五音，偏偏愛聽驢叫，認為此乃世間最美的聲音。他手裡攥把青草，往驢嘴裡捅，那驢能不想吃嗎？可剛一張嘴，他就把草撤走了；驢一閉嘴，他又捅回來了，三逗兩逗驢能不叫嗎？驢一叫他就高高興興「欣賞」一番，有時聽美了竟蹲在那裡扯著脖子跟著一塊叫，虧他也是快四十的人了，竟還有這麼大玩心。

眾人見他這副模樣焉有不笑之理？楊沛卻不管那麼多，狠狠瞪他一眼，親自解開韁繩又把這驢繫到了馬車後面；回過頭掃視那群兵：「方才攔我車之人呢？」還沒忘這茬。

那個兵長已甦醒多時，刷了半天驢又哆哆嗦嗦跪出來，見他裡外三新，趴在地上更不敢說話了。楊沛不饒：「裡面的事完了，該算咱倆的帳了。你是跟我回縣寺，還是隨我進去聽丞相發落？」

裡外活不了，這兵抱住楊沛的腳：「大人饒命啊……我家裡還有二十歲老母，七十多的媳婦呢！」

眾人都無不哄笑，楊沛卻毫不動容，厲聲道：「後悔遲矣，本官最恨你這等仗勢欺人的東西！你道天下沒有講理的地方，我就好好與你評評理！」

那兵早就泣涕橫流了：「這事真不怪小的，鄴城之人誰不知幕府十丈之內文官下車，武將下馬，況且您是從五官中郎將府門口直愣愣過來的，焉能不阻攔？」

「唔？」楊沛嚴厲的目光忽然變柔和了，他第一次來鄴城不曉得這些，連忙回頭觀看，果見自己方才經過了曹丕的府邸，竟沒有遵禮下車，狠狠一拍腦門，「唉……看來是本官錯在先，該打該打！」崇法之人倒是有這點好，不准別人犯法，自己也要守法，「你叫什麼名字？」

那兵抹著眼淚道：「小的叫劉慈。」

「劉慈？名慈人不慈。」楊沛反倒笑了，「本官犯法在先，你打得好！回頭我跟丞相說說，調你到我縣寺辦差。你倒是個敢捅妻子的，從今往後我叫你抓誰你就抓誰，我叫你打誰你就打誰！」

「諾。」那兵長死裡逃生腿都軟了，連連磕頭，「只要大人能饒了我，您叫我幹什麼我都幹！」

楊沛還真是就地取材，方入鄴城就撿了個鷹犬，又向眾人拱手道：「有勞列公相送，不過醜話說在前頭，自明日起若下官查到列公不法之處，可顧不得情面啦！」一句話說得眾人不寒而慄。

王粲卻沒在意，兀自跟著那驢，終於把手中的草餵牠吃了，眼見楊沛已登車，又朝著牠屁股上狠狠拍了一巴掌。那驢四蹄亂蹦，扯開脖子一通叫，王粲如聞天籟喜不自勝：「妙哉妙哉！這驢嗓門真高！」

和洽耷拉著冬瓜似的腦袋，輕輕歎了口氣：「此驢一鳴聲聞四方，恐怕要亂一陣子嘍！」

貪賄百態

鄴城乃冀州首縣，也是幕府所在，天下盡知丞相才是當今朝廷之主，故而鄴城實為天下第一縣。曹操任命酷吏楊沛為鄴城令，實為天下第一縣令，這無異於向全天下宣布，嚴刑峻法開始了。首當其衝的就是曹營新貴，一時間噤若寒蟬談楊色變，連素來跋扈斂財的曹洪、劉勳都致書鄴城約束子弟——楊沛來當縣令，以後老老實實做人吧！

但事情絕沒他們想像的那麼簡單，曹操給予楊沛的不僅僅是縣令之職，而是監管整個冀州乃至專斷一切訴訟的權力，在這麼一個強悍的酷吏面前，無論官員還是豪強，紛紛收斂。繼曹營新貴之後，河北的豪族縉紳也開始感受到壓力了，原本四升的田賦已調整為三十稅一，他們對佃農的租子也已提高，如今來了個鐵面無情之人，再不敢隨便逼迫佃農了。若把人家逼急了，弄份狀子往楊沛眼前一遞，立時禍不旋踵。人活一世難免有些小過，只要進了鄴城縣寺，多少年前的舊帳都給你翻出來，即便治不了罪，也折騰得你不得安寧。這回不用佃戶哀求，土豪們主動就把租子降了，原本要搶要買的地也不要了。大夥咬牙忍著，只盼這位縣令爺早早捲鋪蓋調走；還有人天天禱告，希冀哪天能來個雷，一下子劈死這酷吏。

僅就鄴城而言，楊沛是很成功的。自從他入主縣寺，莫說官員子弟橫行不法，就連尋常百姓的口角都少了。那個被他調去擔任縣功曹的劉慈，整日帶著兵巡查街面，監督士農工商一切人等。只要縣令的馬車一過，無論何人都要退避三分，比躲避丞相車駕還迅速，就連那位不知輕重的公子曹彰都不敢胡來了。曹操眼見鄴城內外一片肅然，心中頗為歡喜，自以為辦了一件多了不起的事。可就在他沾沾自喜之際，楊沛卻把一大摞案卷擺到了他面前。

鄴城的問題解決了，但別的州郡收上來的狀子還要曹操來處置。其實楊沛早已濾過一遍，能處置的他便越俎代庖了，交到曹操面前的都是天字一號的案子，全是狀告曹洪、劉勳等人不法斂財的。尤其令曹操瞠目結舌的是丁斐的案子，當初袁渙任沛國都尉就曾反映丁斐、卞秉處理屯田之事有私，他沒有在意；毛玠也曾多次狀告丁斐不法，他也沒有處理，直到現在才知道問題的嚴重。原來丁斐在處置沛國分田的時候大肆中飽私囊，而且勾結屯田都尉董祀，上下其手以私家的病牛更換屯農的好牛——屯田制中屯農使用的耕牛絕大部分是官牛，是官府借與屯民使用的，凡用官牛者每年收成官六民四，用自家牛的與官府五五分成。丁斐以大量病牛更易官牛，有病的牲口自然會影響耕作，不但國家受損，屯民也不滿。而且他換走的牛又幹什麼用呢？無非是再以私牛的名義租給屯民，從中取利。就這麼一換之間，國家不但少了一成的收益，而且病牛也降低了出產，大量不義之財都流入了丁斐、董祀之手，他們偷梁換柱已經好幾年了。

屯田出了這麼個大窟窿，幕府竟毫不知情，屯民焉能不逃？法度焉能不壞？曹操把闔府上下官員罵了個狗血淋頭，決定鐵下心來親自審問此案。

卞秉又成了第一個倒霉蛋，這位舅爺想跑都沒處跑，當著眾掾屬的面被叫到聽政堂，灰頭土臉聽姐夫數落著：「我以為你不過是生性懶散，誰知道你還有這等手段？當初我把沛國授田之事託付你與丁斐，再三囑咐不可過分斂財，你全當耳旁風嗎？家鄉人的錢你都敢盤剝，非但自己的面子丟了，連老夫這張臉都沒處放！」

卞秉確有冤屈，這會兒也不敢嘻笑了：「在下身為近親，焉敢中飽私囊？您若不信可徹查我卞氏財產，若有半分貪賄所得，叫我死無葬身之地！」

曹操冷笑道：「好，你是清白的，好樣的！可你是聾子還是瞎子？難道丁文侯大肆私吞你不知情？你說擅發并州民夫之事與你無干，我可以相信；但丁斐斂財已非一日，你可曾有一句話制止他？你哪怕到府裡說閒話時有跟我提起過半句麼？我看你就是個濫好人！」

他們畢竟是一家子，旁人豈能不勸？崔琰出列道：「丞相無需過責卞校尉，此案畢竟與其無干。他至多只是未能檢舉，還望丞相寬恕。」

「滾！滾！滾！」曹操猛拍帥案，「給你當別部司馬都是天大面子，從今往後無事不准再進幕府！」

卞秉瞪大了眼睛看這姐夫，千言萬語堵在心間——我哪做錯了？難道給你曹孟德當親戚就這麼難嗎？不錯，我卞氏姐弟不過賣唱出身，當初是你把我們救了。可我姓卞的哪裡對不起你？當年環氏的帳不算也罷，可三十多年如履薄冰受的什麼罪？有功你不賞，有過你先罰，一肚子黃連還得笑臉哄你！我是欠你的，難道此生此世就要任你辱罵，任你驅使嗎？你道我不管丁斐之事，真要是撕破臉皮，你何顏面對一起舉兵的兄弟們？左也不是右也不是，天哪！我這輩子活得真冤啊……卞秉想到此處忽覺胸口發悶，嗓子眼發鹹，一口鮮血已湧了上來。可他再不願在人前丟臉，硬是狠狠嚥了下去，朝著眾人虛拱了一下手，看都不看曹操一眼，轉過身行屍走肉般去了。

他是走了，曹操還在生氣：「傳典軍校尉丁斐！」

不多時丁斐就出現在大堂口，與卞秉不同，他已主動摘去冠帶，解去囊革；不過臉上神色卻很坦然，絲毫沒有懼意。曹操方才還氣滿胸膛，可一見他面心頭便猶豫起來——丁斐是家鄉故人，又是隨自己舉兵的有功之臣，無論兵力財力都曾有過貢獻，更何況與丁氏夫人是族親。我已休了丁氏，丁沖又整日飲酒，如今若再處置丁斐，世間之人如何看我？可若放縱不管，如何向群僚交待，又如何向各地屯民交待？

似卞秉那等近親，沒有什麼大錯，隨便教訓幾句打發了便罷，可丁氏故舊該如何處置？曹操這會兒似乎明白下秉的難處了，實在是左右為難。

丁斐邁步上堂，一撩袍襟跪倒在地：「罪臣參見丞相。」他表情不卑不亢，似乎全沒把罪行看得多嚴重。

曹操見他光著腦袋口稱「罪臣」，手裡卻沒捧印綬，情知這傢伙狡猾至極——捧上印綬是真心伏罪，不帶印綬而來明顯是還想當官，硬拿情面給我出難題！

曹操不上這當，厲聲問道：「丁文侯，你印綬何在？」

丁斐腆著臉皮道：「印綬被我拿去換餅吃了。」誰也沒料到，此等時候他還有心思開玩笑，左右群僚皆覺可笑，連素來嚴峻的崔琰、毛玠、袁渙都有些矜持不住，打眼望天不敢樂出聲來。

曹操卻沒心思笑，正色道：「厚顏無恥，虧你還玩笑？侵吞屯田之資數目巨大，你可知此乃死罪？」

「屬下知罪……」丁斐拜倒叩首。

曹操痛心疾首道：「別人犯罪也罷了，你從軍多年深知創業不易，昔在兗州兵糧不濟，為呂布所攻幾至不復。故任峻、棗祗殫精竭慮以創屯田之法，召流民固於田畝以供軍糧。若無屯田制，老夫早被袁紹他們逼死了。病牛換官牛這樣的辦法你都想得出來，天下的錢還有你不貪的嗎？中飽私囊破壞國家之法，有何面目以對天下之民？又有何面目以對逝去之人！」一想起死去的妹夫任峻，他不禁心頭愴然——倘若任伯達還在，怎會出這樣的事？

丁斐歎了口氣，露出一臉無奈：「丞相所言句句在理，不過民間有句俗話，不知您聽說過沒有？」

「說！」曹操頗不耐煩。

「所謂『貪吏雖不可為而可為，廉吏雖可為而不可為』。」

「嗯？」曹操一愣，「這是什麼昏話？」

「貪吏當時有汙名而子孫豪富，廉吏當時有清名而子孫困篤。」丁斐看了看左右，「在下斗膽像當年一樣叫您聲孟德兄，我自知才智不廣功勞不高，但畢竟是跟隨您一起舉兵之人。想來為官一世左不過上為朝廷，下謀己家，我這輩子也就這樣了，但總得為子孫留個富貴吧！孟德兄，唉……」當著眾掾屬的面也不便說得再深了。

丁斐雖沒把話說透，曹操焉能不明白？他默默低下了頭——昔日隨同舉兵的兄弟們是苦了點兒，似丁斐這樣的人，並非如他所言無才無功，是我不想他們居功自傲故意壓制。遠的不提，渭水之戰若非他放出牛馬衝亂馬超兵陣，今日豈有我命在？既不能與權，理當以厚財酬之，看來這也是我慮事不周啊！昔高祖誅韓信，殺彭越，囚蕭何，辱張敖，世人都道他薄情。這天下還沒姓曹呢，我豈能現在就先學了他？我今日若殺了他，那些隨我舉兵之人怎麼想？孫權未除劉備未滅，以後又有誰肯為我賣命？

想到這些，曹操實在是心軟了，拿起案頭的水咂了一口，揉著額頭緩緩道：「念你從軍多年，也念你在渭水有救命之恩，老夫……老夫就饒你一遭。但死罪可免活罪難逃，你必須償還屯民耕牛，吐出被你侵吞的田產！」

換做別人聞聽這結果就要燒高香了，偏偏丁斐是個守財奴，他雖斂財卻極少往外花，黃金煉成金錠，白銀鑄成砣子，銅錢恨不得拴在肋條上。所有不義之財都在家裡貯著，曹操一句退贓可省事，到他家一抄，往庫裡一送就齊了。竹籃打水一場空，白存了這麼多錢自己卻沒享受過，一場辛苦為誰忙呢？丁斐不止心疼，連肝都疼，但沒治成死罪已經萬幸了，只得叩首：「謝丞相開恩。」

曹操一陣歎息：「你的功勞我心裡有數，總不會叫你沒個好下場。從今以後軍糧的差事再不准你管，老老實實當你的典軍校尉，子孫之事我自會替你們考慮，再不准說『廉吏雖可為而不可為』

這樣的話了。走吧！」他不耐煩地揚了揚手，唯恐再過片刻自己又要改變主意。

「罪臣銘記在心……」丁斐一語未畢已淚流滿面，又悔又恨又捨不得錢。

自己的小舅子沒什麼罪被痛罵一頓，丁斐貪了這麼多錢竟草草了事。丁斐是走了，眾掾屬卻直勾勾看著曹操，喊了半天公正執法就是這麼個斷法？尤其東曹掾毛玠，把臉一綳，眼袋都快耷拉到地了。曹操也覺臉上發燒，還得給自己找藉口：「我之有丁斐，譬如人家有盜狗而善捕鼠，盜雖有小損，而完我囊貯。」

眾人面面相覷也不好直說什麼。和洽緩步出班，陰陽怪氣道：「丞相仁慈實在難得。但如此大案豈能草草了結？楊縣令那邊您又怎麼交待？」

曹操也為難，半個月前他口口聲聲向楊沛承諾懲治貪賄，現在誰都不能治，有何臉面見人家？思來想去最後猛一拍帥案：「屯田都尉董祀以權謀私罪不可恕，即刻致書兗州，鎖拿此人下獄！」

「諾。」眾人躬身領命，心中卻不免暗笑——這是辦不了閻王拿小鬼頂罪啊！

第十三章

懲治豪強拿功臣開刀

昭姬夫人

就在曹操一門心思處置貪賄之時，關中傳來消息，退敗西涼的韓遂、馬超又在蠢蠢欲動，召集流散人馬準備反攻，而且頻繁與漢中張魯來往。為防患於未然，夏侯淵在左馮翊鄭渾配合下征剿關中一帶諸部餘黨，流竄於鄜城等地的梁興、靳富、趙青龍等盡皆授首，田逵棄藍田而去，連老將劉雄都在部將劫持下逃奔漢中了。不過活動於興國一帶的氐族首領楊千萬主動歸順朝廷，算是穩固了關中局勢，加之夏侯淵、徐晃等數萬兵馬坐鎮長安，馬、韓就算有天大的本事也不可能殺回關中了。

不過從南面傳來的消息卻不盡如人意。孫權以步騭為交州刺史，逼迫士燮、士壹兄弟歸順，並誅殺了拒不服從調遣的舊將夷廖、錢博等人；汝南程秉、沛國薛綜等避難南疆的文士紛紛接受孫權辟用，各郡縣長吏也改由孫氏委派，先朝名士許劭之弟許靖不願歸順西逃益州，交州已被孫權牢牢攥在了手心裡。在拿下南面交州後，孫權立刻轉而穩固北線，恰逢此時「江東二張」之一張紘去世，孫權接受他的遺書進言，把大本營從京口移到了秣陵。曹操不得不承認孫權小兒的厲害。

秣陵是會稽郡治下的一個縣，位於長江南岸，春秋楚武王所置，原名喚作金陵。據說秦統一天下後，秦始皇出巡曾路過此地，身邊的望氣士[1]進言，說此處山川峻秀，地形險要，有王者都邑之氣；秦始皇聞聽大怒，命手下開山引水以散王氣，並將金陵改名為秣陵。秣，本草料之意，意思是說此處不配出什麼王者，貶為牧馬草場。如今張紘又把這件舊事提出來，讓孫權移至秣陵，不啻向天下宣布要爭奪王者之位。但拋開歷史傳說而言，單是此處的地理位置就頗有深意：秣陵緊靠長江沿岸，與江北遙遙相對，大本營移到這裡，頗有些王者親守國門的意味。

孫權從善如流，不僅把幕府移到秣陵，並將其更名為建業，用頑石修建了新城。看來他是決心與曹操爭到底，要在王氣之地建功立業了。

但曹操尚不能即刻南下，他還有幾件事未了結。首先，他剛結束對關中的四千里跋涉，還要讓士卒休養；再者，青州部在渤海訓練的新水軍暫時還不能來會合；而最重要的是，他在等候董昭的消息。他計劃在合併九州順利完成之後再安心征戰，但許都的消息久候不到，看來又是荀彧從中作梗了……

這日揚州刺史溫恢又有軍情傳至幕府，孫權派遣部將公孫陽渡過長江，在江北立營，屢屢騷擾屯田。曹操聞報非但不憂反而大笑，陳琳、王粲、應瑒三位記事正在整理文書，見他發笑不解何意，看罷軍報紛紛進言：「孫仲謀狼子野心，必是有意圖謀淮南、徐州之地。」

曹操卻笑道：「爾等舞文弄墨卻忒少謀，怎知孫權之心？前番我定關中，他取交州，互不相擾。如今彼此後顧之憂皆去，又該與老對手較量了。憑其江東之地尚不足北圖中原，必是算定老夫要大兵壓境，故而以攻為守先發制人。哈哈哈，孫權小兒果真與老夫心意相通！」他口氣之中絕無怨恨，反倒帶著一種棋逢敵手的知己之感。

「丞相見識我等怎及？」陳琳又道：「荊州劉備率軍入蜀，明為征討張魯，實與劉璋每日聚飲相會，關羽、諸葛亮等人據守南郡毫無動靜，這又是何用意？」

「劉璋乃守戶之犬，劉備乃一反覆小人，二者相交不過互相利用，暫不能為害。此番老夫不趨荊州，兵出合肥直奔濡須，若此地得渡，江東之地必大駭，孫權雖坐鎮秣陵亦不可復振矣。孫氏若定，劉備、劉璋、張魯之輩豈得久乎？」想至此，曹操傳令陳琳，「有勞孔璋撰寫一篇檄文，快馬加鞭發往江東，老夫要再嚇一嚇那幫江東文武！」前番赤壁之戰曹操自以為手到擒來，草草來了一句「今治水軍八十萬眾，方與將軍會獵於吳」，結果非但沒打過長江，反而損兵折將遭人恥笑，這次他記取教訓，要好好醞釀一篇檄文大作，震撼江東人心。

陳琳聞聽「檄文」二字就有些犯難，昔日他輔保袁紹，官渡之戰為其起草了征討曹操的檄文，將曹家祖宗滿門罵個遍，平定河北之際多虧臨時起意，一句「箭在弦上不得不發」才算保全性命。此後雖然效力曹營，時而自覺後怕，小心翼翼如履薄冰，更不敢再作檄文戰書之類的文章。這會兒聽曹操吩咐，趕緊推脫：「屬下年邁才力已匱，不能再作此激揚文章，懇請主公另遣他人捉刀。」

曹操也知他所思所想，陳琳畢竟是何進幕府出來的人，年紀也大了，當年的稜角也快磨盡了。曹操並不勉強：「你近來身體不濟，掌管行文也夠辛苦。我看你也無需與他們為伍，老夫提升你為門下督，不過不領兵，你就算個文壇前輩，帶著他們這幫年輕後生吧！」

「謝丞相。」陳琳由衷地感激，管筆桿的門下督倒是個又閒又富的美差。

曹操回頭又看王粲、應瑒，二人皆是一凜。他倆雖也是記室，但皆以文采詩賦著稱，最多勉強起草一些公文，檄文戰書也沒有把握。王粲腦筋快，轉而道：「檄文這等華翰豈是我輩白面書生可為之？以在下之見還賴丞相親筆。若事務繁雜實難撥冗，路粹路文蔚措辭激昂，文章頗有尚武之風，屬下舉薦他來代筆。」

① 古代一種方士，專門研究風水堪輿之術。

曹操暗笑這小子滑頭，不過路粹確是有才之人，惜乎不堪再用。只因四年前彈劾孔融的文書乃他所作，孔融滿門遇害，路粹因此壞了名聲，許都之士不敢反對曹操，皆把郗慮、路粹視為罪魁禍首，時而大加唾罵。曹操若再用此人致書孫權，豈不惹江東小兒笑話？他正在思忖該找誰寫這篇文章，有衛兵進來稟奏：「府外來了一婦人，蓬首跣足自稱是屯田都尉董祀之妻，求見丞相大人。」

曹操聞聽此言大吃一驚——昔日命議郎周近出使平陽，贖回被匈奴左賢王擄去為妃的蔡邕之女蔡昭姬，後來自己做主將她嫁與董祀，怎生忘卻？她入府求見，八成是給丈夫求情吧！

屯田一案，曹操拿小放大饒恕丁斐，只命其退贓，卻把所有罪責都扣在屯田都尉董祀頭上，如今已下獄問成死罪，本月就要明正典刑。曹操聞蔡昭姬前來頗感頭疼，明知她意欲何為，但礙著其父蔡邕的面子，又聽聞她受其父真傳是個才女，既想見又不願見，左右為難。

王粲乃昔日何進長史王謙之子，十三歲就與蔡邕相識，頗得文壇前輩關照，早就想替董祀講情卻不敢開口，聞聽昭姬前來心中暗喜，豈能再放過這機會？趕緊進言：「聽聞丞相昔年也曾與蔡伯喈相厚，蔡氏也算故人了。況且婦人蓬首跣足立於門外，有礙幕府聲名，丞相還是見一見吧？」

「這……」曹操思量再三，「唉，那就請她進來吧！」

衛兵去不多時，就見他引了一位中年婦人來到堂下。這女子穿一身襤褸的粗布衣裙，披頭散髮，赤著雙腳，一副罪人的打扮，悲切切跪倒階邊：「罪人董祀之妻拜謁丞相。」

曹操見她如此慘狀，不禁站了起來：「夫人快快請起。」

「罪人之妻不敢玷汙朝堂。」蔡氏聲音顫巍巍的，甚是愁苦。

那句「赦你丈夫無罪」差點兒順著曹操喉嚨鑽出來，可轉念一想又咽了回去，只沉吟道：「故人之女何必多禮，有話進來說。」

「諾。」蔡氏輕輕應了聲，手提舊裙低頭上堂，緊接著二次拜倒在地，「賤妾問丞相安。」

曹操細細打量越發歎息——蔡昭姬早過三旬，命運多舛經歷三次婚姻，美貌韶光已經不復；又未施脂粉不戴簪環，越發顯出老態，眉梢眼角已有皺紋，唯獨那雙秋水般的眼睛熠熠有光，閃著晶瑩的淚花。

「夫人何必多禮，請……」

蔡氏不待他客氣話說完，便跪爬兩步叩首道：「賤妾之夫為朝廷效力多年，不敢言功，也算恪盡職守。此番之罪實為初犯，又受上司所逼，望丞相念在賤妾流離之苦，饒他性命吧！」她倒開門見山。

怕什麼來什麼，若是僚屬講情訓斥兩句便打發了，故人之女哭哭啼啼，這叫曹操怎麼辦？平心而論董祀是有罪，但把丁斐的罪過完全推到他身上確實有點兒冤，但若不這麼辦，此案如何了結？論情論理曹操都不會回絕，卻又不便赦免，思量半晌找了個藉口：「夫人拳拳忠節老夫敬佩，然國有國法不可徇私，今董祀已招認罪過，判死文狀已去多時，又當奈何？」死刑已判，追不回來了。

蔡氏知道這是託辭，哀哀啼哭道：「明公廄馬萬匹，虎士成林，何惜疾足一騎，而不濟垂死之命乎！」好精明的女子——你曹丞相有那麼多的精兵良馬，派個人把判死文狀追回來不就成了嗎？

曹操無言以對了，皺著眉頭悶坐不語。一旁王粲看得明白，有意相助蔡氏，故而插言道：「國家法度無可更易，不過夫人乃丞相故舊之女，即便夫家蒙罪丞相也不會虧待於妳。聽政堂乃幕府重地，豈容請託私事？夫人切莫多言！」說到這兒他頓了頓，轉而道，「丞相久聞夫人自幼受父薰陶精通詩賦，今日前來實屬難得，何不吟誦一首供丞相品評？」

蔡昭姬何等聰慧之人，聽王粲此言便知有意相助，忙拭去眼淚：「賤妾流落匈奴部落多年，蒙朝廷之恩回轉鄉里，又得丞相主婚許配同鄉董氏。現有《悲憤詩》一首，獻與丞相以表感激之意。」

曹操一聽詩名就知她正話反說，有意喝止，卻也好奇這女子才情如何，便聽她吟誦下去：

嗟薄祐兮遭世患，宗族殄兮門戶單。
身執略兮入西關，歷險阻兮之羌蠻。
山谷眇兮路漫漫，眷東顧兮但悲歎。
冥當寢兮不能安，饑當食兮不能餐。
常流涕兮眥不乾，薄志節兮念死難。
雖苟活兮無形顏，惟彼方兮遠陽精。
陰氣凝兮雪夏零，沙漠壅兮塵冥冥。
有草木兮春不榮，人似獸兮食臭腥。
言兜離兮狀窈停，歲聿暮兮時邁征。
夜悠長兮禁門扃，不能寢兮起屏營。
登胡殿兮臨廣庭，玄雲合兮翳月星。
北風厲兮肅泠泠，胡笳動兮邊馬鳴。
孤雁歸兮聲嚶嚶，樂人興兮彈琴箏。
音相和兮悲且清，心吐思兮胸憤盈。
欲舒氣兮恐彼驚，含哀咽兮涕沾頸。
家既迎兮當歸寧，臨長路兮捐所生。
兒呼母兮啼失聲，我掩耳兮不忍聽。
追持我兮走煢煢，頓復起兮毀顏形。
還顧之兮破人情，心怛絕兮死復生！

這首《悲憤詩》說的就是蔡昭姬自己的身世，把昔日被匈奴擄走、配與左賢王生下二子、被漢廷贖回辭別孩兒等事一一道來，說不盡的痛苦惆悵，聽得曹操又悲又憐心下茫然。蔡昭姬的身世實在可歎，她早年嫁與河東才子衛仲道，其夫早亡，歸寧在家，蔡邕在長安為官，她也相隨照料父親。王允誅董卓，蔡邕因受董卓提拔，念及三日之間周歷三台的恩情歎了一聲，不想惹來殺身大禍。李、郭作亂，匈奴單于於夫羅趁火打劫，她被胡人擄去，輾轉被左賢王納為王姬。其實跟著左賢王雖遠處異鄉也算不錯了，況且已產下二子，偏偏曹操念及自己與蔡邕的舊交，非要把她贖回中原。這才無可奈何訣別骨肉，又千里迢迢回到兗州故鄉。父母不在姊妹已嫁，鄉音生疏家徒四壁，在曹操安排下又配屯田都尉董祀。一個活寡再嫁，一個鰥夫續娶，雖不是少年夫妻也算將就了，哪知沒過兩年安穩日子又攤上這麼個案子，董祀下獄問成死罪，難道又要再守寡？這輩子的苦還有盡頭嗎？

她的聲音悲悲切切飽含幽怨。曹操聽得淒慘，手都哆嗦了，又想起昔日喬玄介紹自己與蔡邕相識，想起蔡邕只因為一聲歎息就被王允處死，想起昭姬出嫁的妹妹。昭姬之妹嫁與先朝名臣羊續之子羊衜，惜乎也是續弦之妻，自己不曾生養，卻善待前房之子，也是個難得的賢良人。蔡邕何等瀟灑風流之士，兩個如花似玉的女兒，遭遇亂世都給人當了續弦繼室，怎叫人不憐？

「好了好了，夫人切莫再吟此詩，老夫赦免妳丈夫。」曹操再也聽不下去了，哆哆嗦嗦寫了份赦免董祀的書劄。王粲就等這個呢，都沒勞親兵，一把抓過自己去辦了。

「謝丞相開恩，嗚嗚嗚……」蔡氏撲倒在地痛苦不已。

曹操愁眉苦臉道：「快請夫人到後堂更衣。」

有僕人過來連攙帶勸將其扶了出去。丞相發話不容怠慢，自卞氏那裡尋來上好的釵裙、鞋襪讓她換好。再次上堂大不一樣，果然不愧為蔡邕之女，氣質出眾舉動有禮，想必十年前也曾光豔照人。

曹操賜她座位，聽她說著感激的話，反倒有苦難言。費了半天勁，一個有罪的都沒治成！

偷缸不成總得抓人一把米吧？當初千里迢迢把她贖回來就是讓她傳亡父之業，想至此曹操問道：「令尊乃先朝俊逸之士，家中所藏圖書不可勝數，戰亂方休文教不興，許多墳籍散佚不存，夫人猶能憶識否？」

蔡氏剛得個天大人情，不出點兒血是不成了，便坦然道：「昔日亡父存書四千餘卷，流離塗炭已無存者。不過賤妾尚能誦憶一二。」

曹操大駭——文人講話非市井之徒可比，「一二」不是隨便說的。按《易經》來講，一為乾二為坤，蔡氏自詡能窺一二乾坤，那可不是一兩卷，至少能背誦一二百篇！

蔡氏見他不信，掩口莞爾：「丞相若是不信，賤妾願默寫出來獻與丞相，以此感激恕罪之恩。」

「好！我便派十名小吏到夫人府上為您筆錄。」

蔡氏卻道：「男女有別，禮不授親，乞給草筆，賤妾親自書寫。」

「夫人不辭辛勞禮數周到。」曹操不住點頭。

蔡氏起身告辭：「既然如此，賤妾現就赴館驛回憶典籍，半月之內必將默寫書籍送至府上。」

曹操覺這女子口氣太大了，半月之內寫幾百卷文書，這不是抄寫，是默寫啊！不過她既敢開這個口，想必就有幾分把握，便順水推舟道：「那老夫恭候了。」說著話站起身來拱了拱手。

男尊女卑禮數有別，丞相肯起身給一個女子拱手，這是天大的臉面，蔡氏趕緊道萬福：「不敢，再謝丞相開恩，賤妾告退。」

「唉……」望著蔡氏遠去的背影，曹操重重歎了口氣。公正執法懲治貪賄，說著容易做起來難，翻來覆去都是人情，如何取捨？他猛然憶起自己年輕時棒殺狂徒、奏免貪官的舊事，現在想來真宛如隔世。當初天不怕地不怕，什麼樣的貪官汙吏都敢管，如今大權在握怎麼反不如當初了？不當大官不知大官的難，一步步走來，多少不忍多少紛擾，又欠了多少人情？若當個單純的臣子也罷了，可他要圖謀天下，戰亂未平人心未附，他怎麼能與那些有功之臣、有私之人計較清楚？

「你們都退下吧！」曹操疲憊地合上了眼，自從那日目睹丁氏的背影，這些天他腦海中總是不禁浮現當年的一幕幕，罷官的日子、死去的兒子、被休的妻子……他深深地感覺到自己走上了不歸之路，離當年那個躊躇滿志、清廉無私的縣令已越來越遠了。

詩文風波

屯田一案雷聲大雨點小，曹操赦免董祀，實際已不了了之，只把一群拿不上檯面的小吏處置了事。楊沛如何肯依？找到幕府諫言：「釋法任私，國之所以亂也，明主不濫富貴其臣，緣法而治，按功行賞。」曹操自覺理虧也只能嘿嘿不語。可躲過這一案，其他上告仍舊不絕，大部分是曹洪、劉勳縱容子弟不法的舊賬，曹操甚感為難，只能當面搪塞背後訓教。

事隔半個多月，蔡昭姬默寫的書籍送到了。令人意想不到的是，這個飽經離亂的弱質女子竟洋洋灑灑寫出了四百餘卷書，把整個聽政堂都擺滿了，這等非凡的才氣和記憶力著實叫人吃驚。曹操和眾掾屬翻著滿堂的書簡，無不連聲讚歎。

「夫上古稱三皇、五帝，而次有三王、五霸，此皆天下君之冠首也。故言三皇以道治，而五帝用德化；三王由仁義，五霸用權智。」曹操捧著卷書不禁莞爾，「此乃桓譚之《新論》，當時所傳多為殘本，看來蔡氏所書乃是全篇，難得難得。」

王粲手捧幾卷文書，渾身顫抖如獲至寶：「《連山易》！是失傳多年的《連山易》啊！」

「快看這個！」劉楨竟不顧禮儀嚷起來，「這是家父所著《辯和同論》，我當年太小，都記不了這般清楚，蔡氏真奇人也！」

「不是人家奇，是你不用心。令尊的道德文章記不住，只會做那些風流文章。」曹操取笑了一句，又隨手拿起卷書——乃班固編纂的《白虎通義》，詳解歷代禮法制度。這一卷恰好寫道「爵有五等，以法五行也」。正觸了曹操心思，不禁想起董昭在許都辦的差事。

主簿楊修也捧著一大堆書簡笑盈盈走進來。劉楨訕笑道：「這堂上都快放不下了，你還來湊趣。」

楊修道：「這可不是蔡氏所書，是中郎將、平原侯及諸位公子近來做的消遣詩文，在下特意尋了些不錯的請丞相過目。」

「甚好。」曹操也想檢查兒子的詩作，便逐一翻看起來，有曹丕的、曹玹的、曹彪的，曹植的最多，大半是模山範水歌舞飲宴之辭，竟還有一卷曹彰的，卻是歌大風賦勇士，氣概有餘文采不足，頗令人好笑。看來看去，被曹丕的一首詩吸引了：

偏偏床前帳，張以蔽光輝。
昔將爾同去，今將爾同歸。
緘藏篋笥裡，當復何時披。

這是一首典型的棄婦詩，曹丕已經是有官在身的人了，寫些暢遊宴飲之事也算交際應酬，怎麼閒著沒事竟寫出這種棄婦詩來？曹操正不解，再看下一首，竟是同樣的題材，卻是曹植寫的：

誰言去婦薄，去婦情更重。

千里不唾井，況乃昔所奉。
遠望未為遙，踟躕不得共。

「怪哉！」曹操對眾記室道：「你們最近可曾搞什麼文會？單單寫起棄婦詩來了。」

楊修低著眼睛沒搭茬，王粲卻笑道：「是有這麼一次，中郎將、平原侯，還有在下同寫這個題目。」

「誰更勝一籌？」劉楨可不管為何寫這詩，只想知道誰勝了。

王粲摸著小鬍子道：「正是不才。」說罷就把自己那日所作之詩背誦出來：

既僥倖兮非望，逢君子兮弘仁。
當隆暑兮翕赫，猶蒙眷兮見親。
更盛衰兮成敗，思情固兮日新。
竦餘身兮敬事，理中饋兮恪勤。
君不篤兮終始，樂枯荑兮一時。
心搖蕩兮變易，忘舊姻兮棄之。
馬已駕兮在門，身當去兮不疑。
攬衣帶兮出戶，顧堂室兮長辭。

「好極好極。」劉楨不住頷首。楊修卻戲謔道：「王仲宣，你這個記室當得好自在。不與諸公子談文論學，卻整日作這等思婦之詞，該當何罪啊？」

王粲哪敢擔這罪名，連連叫屈：「不敢不敢，寫這三首詩是有緣由的。上個月征虜將軍劉勳休妻另娶……」

「什麼？」曹操猛然打斷，「劉子台休妻另娶？」曹操知道劉勳結髮之妻王氏是有名的賢女子。當年劉勳任廬江太守，被孫策襲破，家眷盡皆落於敵手。王氏夫人身在囹圄照顧子姪，孫策死後孫權為緩和關係，才把她放回中原夫妻團圓。她與劉勳乃歷盡艱辛的患難夫妻啊！

王粲也覺自己多語，白了楊修一眼，但是話已出口只能全部道出：「征虜將軍夫人王氏無子，夫妻因而不睦，又愛慕司馬氏一女子，所以休妻另……」

不等他說完，曹操「啪」地一聲將書簡扔在地上——劉勳乃曹氏舊交，縱有千般不法曹操也容讓幾分。但萬事就怕觸心思，對曹操而言，休妻另娶本來就是很敏感的問題，加之前番目睹丁氏進府，這幾天滿腦子都是嫡妻亡子，又愧又恨。劉勳偏偏這時候翻臉無情，休掉賢良之妻，這件事被捅出來，豈能不觸霉頭？霎時間所有控告劉勳、劉威叔姪驕縱不法的狀詞都湧上曹操心頭。他轉回帥案冷笑道：「好個劉子台，我還以為他是有情有義之人，念在昔日舊交、官渡之功不忍加罪。現在看來此人非但貪婪而且無情，這種人又豈能指望他效忠於我？反正楊沛天天來催，不妨就將他叔姪下獄，叫他知道知道天高地厚！」

只因這麼幾首小詩，素來驕縱跋扈的劉勳、劉威叔姪竟然被扳倒了，消息傳出鄴城上下歡騰一片，那些被他欺壓的百姓無不置酒慶賀，楊沛、劉慈等人也算有用武之地了。可就在距離幕府不遠的五官中郎將府裡，曹丕卻陷入了如坐針氈的境地——兩年前他給群僚贈錦緞，花的錢都是劉威所供，如今劉家叔姪入獄，遇上楊沛那等萬事追究到底的酷吏，準把這筆帳翻出來！一波未平一波又起，父子關係剛緩和些，傷口未愈又要撕開了。曹丕束手無策，趕忙召心腹問計，沒想到吳質、司馬懿異口同聲為他推薦了一個令曹丕不屑的人。

騎都尉孔桂笑呵呵牽著馬走出幕府。這個一介奴僕起家的小人物近來越發受丞相寵信，大到參與群僚會晤，小到伺候曹操飲食用藥，甚至陪同曹彪、曹林、曹據等少年公子蹴鞠給丞相看。他這個騎都尉不管兵，反倒像幕府的管家頭。

曹操本人恪盡節儉，但賞賜孔桂卻大方得很，涼州的黃金、荊州的美玉、益州的錦緞、豫州的銅器、青州的海產，只要孔桂看準曹操臉色適時進言，總會有好東西落到他手裡。近來鄴城內外都懲治貪賄，但孔桂卻未受絲毫波及，原因很簡單，他財貨雖多卻是官鹽，丞相賞賜的嘛！

這日閻柔又自幽州送來十四匹一等一的好馬，孔桂恰在曹操身邊，隨著逢迎幾句，竟被曹操順手賞賜了一匹。那可是價值萬金的千里馬啊，孔桂怎能不喜？牽著這馬走在鄴城大街上，倍感榮耀。哪知行過幾條街，忽見迎面走來個又瘦又矮的軍官，頭戴武弁身穿軟甲，外罩一件寬大的戰袍，堵在他面前，揣手衝著他樂。

孔桂想牽馬繞開，哪知那軍官側跨一步，一叉腰又笑呵呵堵在他面前。孔桂左邊走，那軍官堵到左邊；孔桂右走，那軍官堵到右邊，孔桂只得問道：「這位朋友，你是何人？為何堵住本官去路？」

那人二話不說，一撩戰袍，露出腰間鼓鼓囊囊的布袋，使勁拍了兩下，笑道：「我乃中軍別部假司馬朱鑠，剛才去了趟五官中郎將府，大公子賞我兩袋金子。聽聞大人是博弈高手，有沒有興趣玩上兩把？」

「博弈？哈哈……」孔桂來者不拒，捋起袖子笑道：「什麼六博、樗蒲、彈棋、博簺、投壺、擊壤，賭什麼任你挑，本官奉陪到底！」

朱鑠甚覺臭味相投：「大人好率性！」

「彼此彼此。」孔桂拱了拱手。

「請。」

「您請帶路。」孔桂興致勃勃隨他而去，心裡不住歡喜——人走時運馬走膘，財源滾滾一筆接一筆。這是什麼節骨眼？跟曹丕打發來的人賭錢怎麼可能輸呢？也虧這位大公子心思靈敏，賭錢贏來的錢可不算受賄啊！

曹丕自保

隨著劉勳叔姪下獄遭審，越來越多的罪行暴露出來，兼併土地，抗拒田賦，橫行不法，私自放貸……當官的最怕查，只要審案的官員敢動心思，沒有尋不出毛病的。何況楊沛豈是善類？沒過多久，曹丕找劉威借錢的舊帳就被翻了出來。

曹操又把曹丕叫進幕府臭罵一頓：「昏聵！身為公子尋貪賄之臣借貸，你真無藥可救！」河間叛亂之事剛剛被他淡忘，現在又捅出借貸之事，不啻傷口上撒鹽。這事已過去很久了，其中細節也很少有人知道，曹丕打聽了劉案的經過，懷疑楊修獻詩是有意整治自己，卻也拿不到人家短處，只能低頭認錯。

曹操自帥案上拿起一卷文書擲到兒子面前：「你睜眼看看，這是劉勳向河東太守杜畿索要大棗的文書，被杜畿嚴詞拒絕，人家行端影正不媚於灶。還有廣平縣令司馬芝，劉勳屢發書信為犯法子弟說情，人家一概押下不理。這些大臣都不屈淫威，偏偏老夫的兒子卻跟他們混在一起，還找他們借貸，我這張老臉都丟盡了！」曹丕連連叩首，他有所不知，其實今天曹操是三把火湊到一起了。劉勳叔姪之事不過其一；剛從長安傳來消息，馬超再次起兵侵擾隴西諸縣，意圖重振勢力；而董昭也自許都發來書信，荀彧執意不肯遵從九州之議。這些事都湊到一起了，曹操當然火氣甚大。

曹丕跪在堂上正不知如何捱過這一難，忽聽背後傳來一陣訕笑：「小的給丞相問安。」孔桂來了！這小子近來越發得寵，甚至可以不加通報進出聽政堂。按理說騎都尉非幕府掾屬，但是曹操親自發話，許褚也奈何不了。

曹操恰在氣頭上，也不似平日那麼寬縱，沒好氣道：「你又來做什麼？整日都是閒七雜八不著痛癢的事，老夫教訓兒子，輪不到你在一旁看著。滾！」這種話可不像堂堂丞相對騎都尉說的，他對孔桂的態度與其說是丞相對下屬，還不如說是主人對待奴僕。

孔桂已吃了曹丕好處，哪肯走？賴著臉皮，背著手繼續往前湊：「丞相切莫動怒，小的前來是有一宗寶貝進獻給您，準保您老人家看了就高興。」

「什麼東西？」

孔桂跪倒在地，雙手自背後伸出，恭恭敬敬捧著那東西——原來是一只四四方方的木頭盒，空無一物沒有蓋子，做工也很粗糙，這算什麼玩意？

曹操差點兒氣樂：「不倫不類的，還稱得上寶貝？」

孔桂笑呵呵道：「丞相有所不知，這是給您老人家浸頭風用的啊！」原來自華佗被殺後，再無人能以針灸為曹操祛頭風，而李璫之的湯藥見效又慢。每當病情緊急發作，他常以冷水浸頭緩解疼痛，久而久之形成習慣，即便是在軍戎之中也常備一盆清水。但銅盆被水浸泡久了會有一股銅臭味，不但刺鼻也影響治療，於是改用銀盆代替銅盆。

曹操眼睛一亮，接過那只木盒仔細打量——木頭要做成圓盆是不太可能[2]的，故而只能是盒子，

---

② 漢代製作工藝有限，尚未出現鐵箍木板製盆的方法，故而此器具是方形的，此物見於曹操《內誡令》。

雖做工粗鄙，卻很嚴密，似乎不會漏水。曹操立時轉怒為喜：「也難為你如此用心，知我者唯叔林也！」這一刻他又產生了錯覺，甚至搞不清眼前跪的究竟是孔桂還是郭嘉了。

「丞相謬獎。」孔桂猛一扭頭，做出才看清曹丕的樣子，「喲！原來是中郎將，小的失禮了。丞相有所不知，小的想出這法子，多虧中郎將提醒。」

「哦？」曹操瞥了兒子一眼，半信半疑。

孔桂嘴裡似銜了蜜一樣，美言道：「那日我與公子閒談，說起您用銀盆易銅盆之事。中郎將以為甚是不妥，這朝廷內外誰不知道您老人家勤謹持家，清如水明如鏡？戰亂未寧不可長奢靡之風，您老節儉樸素為士人之表率。雖說用個銀盆實有內情，但好幾斤的銀子就在軍帳裡擺著，文武眾將出來進去瞅見到底影響不好。人說知子莫若父，我看知父也莫若子。若非中郎將提醒，小的焉能想出這等物件？」

曹丕望著這小人，心下暗暗吃驚——我身為丞相之子，揣摩父親之心竟不及他。利用崇尚節儉之心獻媚，虧他怎麼想出這辦法來的。

孔桂說完這番話也不多留，起身笑道：「小的一介外臣，不打擾丞相父子說貼心話。小的告退。」說罷頭也不回一溜煙跑了。

曹操攥著這只木盒，呆呆佇立良久，漸漸長出一口氣：「算了，我也看透了，有些事不是越明白越好。劉勳叔姪下獄，許多不可告人之事都翻了出來，搞得鄴城上下議論紛紛，老夫臉上也不好看，楊沛動用刑罰拷死劉氏家奴門客三十餘人，我看這一案不能再審了。即日起免除劉勳一切實權，只給他留個將軍的空銜，他姪子劉威為虎作倀，罷免一切官職輸作左校。至於你……」曹操頓了頓，「你回去好好反省吧！若是還依舊愛財，覺得五官中郎將的俸祿不夠多，老夫可以給你個侯爵，不過得把官位讓出來！你自己掂量去吧，過幾日為父再找你談……」事情暫時過去了，但這番話依舊令曹丕心驚膽顫。

回到自己府裡，曹丕兀自心緒不寧。君子喻於義，小人喻於利，而以利相交者利盡則散。孔桂在關鍵時刻幫了忙，但絕不是衝著曹丕的面子，而是衝著錢。今日因為錢能夠幫助自己，明日為了錢也一樣能幫助別人，這可讓曹丕不大放心。反之他現在得寵，如果能拉他成為自己一黨，便可以時而在父親面前美言，彌補竇輔的位置。想至此，曹丕決定再破費一些本錢把他拖下水。

但小人得志膽子更大，不過數日光景，朱鑠已把曹丕交給他的所有金銀財寶都「輸給」孔桂，但這位騎都尉依舊只停留在道謝的程度，根本不能推心置腹。曹丕雖享有二千石俸祿，但偌大一個府邸，要錢的地方多了，也經不起這麼花錢啊！眼看越來越填不飽孔桂的貪欲，曹丕又想起了那條父親賞賜的廓落帶。

事情真有些滑稽，那條嵌滿寶石的廓落帶本就是曹操賞孔桂的，孔桂為了獻媚又轉送給曹丕。那會兒的曹丕正在春風得意之際，竟沒拿它當好東西，南皮之遊一時高興又贈給了劉楨。現在風水輪流轉，輪到曹丕用孔桂的時候了，他又想起了那條寶帶。其價值且放一邊，若能把它送還給孔桂，其意義就非同小可——父親能給你的富貴，我曹丕一樣能給你！想必彼此間的距離能拉近不少吧！

曹丕知道劉楨是個生性灑脫不計較錢財之人，一條廓落帶應該不會放在心上，故而有意收回饋贈。不過堂堂丞相公子、朝廷命官張口往回要東西，情何以堪？他腦筋一轉，既然是會文之友，索性用文章來表達吧！曹丕親自修書一封，向劉楨討要寶帶。本以為這樣就萬無一失了，哪知時隔兩日，劉楨沒把寶帶還來，反而回書一封：

楨聞荊山之璞，曜元後之寶；隨侯之珠，燭眾士之好；南垠之金，登窈窕之首；鼲貂之尾，綴侍臣之幘：此四寶者，伏朽石之下，潛汙泥之中，而揚光千載之上，發彩疇昔之外，亦皆未能初自接於至尊也。夫尊者所服，卑者所修也；貴者所御，賤者所先也。故夏屋初成而大匠先立其下，嘉禾始熟而農夫先嘗其粒。恨楨所帶，無他妙飾，若實殊異，尚可納也。

曹丕讀著這封強詞奪理的書信，又好氣又好笑。「夫尊者所服，卑者所修也；貴者所御，賤者所先也。」劉楨言道自己身分低微，公子身分高貴，任何高貴者享用的東西都先要由低賤者享用，待其價值倍增之後再貢獻於高貴者。看來這條帶子到了他手裡就別指望還了。

曹丕也拿劉楨這不羈文人沒辦法，只能手捧書信不住苦笑。眼瞅府裡已沒什麼特別的財貨，還能拿什麼去結好孔桂呢？正煩心之際，家裡也不安生，曹丕的側室任氏容貌秀美性格豪放，卻是個出了名的妒婦。甄氏既是正妻，又生性溫和，她倆相處倒也罷了。自從郭女王入府，曹丕頗加寵幸，任氏醋意大發，又仗著族兄任福的靠山，自視高人一等，時而吵鬧生事。

這會兒後堂一陣大亂，任氏又吵吵鬧鬧跑到他面前：「那狐媚子不在府裡，又不知跑去何處了？夫君也不管管，似她這樣侍女出身的皆是水性楊花之輩。三天兩頭往外跑，成什麼樣子！還不知勾搭什麼人去了……」

「妳閉嘴！」曹丕素來喜怒不形於色，但今天心裡煩躁，也把持不住了。

任氏畢竟是任福族妹，曹家同鄉近人，哪受過這等委屈？她初始一愣，竟然坐倒在地，哭了個梨花帶雨：「天啊，這日子沒法過了……嗚嗚嗚……」

「不想過就別過！」曹丕也豁出去了，衝外面大呼：「叫任福來，把這醋罈子給我接走！」

甄氏聞聽動靜趕緊跑來勸，費盡唇舌連攙帶勸才把任氏哄回房。曹丕的氣兀自不消：「整日吵鬧不得安寧，還是早早把她休了的好！父親尚且休妻，我又有何做不得？」

甄氏揉著他的肩膀：「女人家都有一點小心眼，何必與她置氣呢？她畢竟是任家的人，你把她休了，面子上好看嗎？同鄉之人又會說什麼？」

曹丕歎了口氣，妻子的話有道理，如今的日子夠難的，再把同鄉近人得罪了，老頭子那邊更不高興。夫妻二人執手相偎正無可奈何，又聽環佩叮噹——郭氏回來了。這位侍女出身的夫人如今粉黛釵裙，越發顯得雍容華貴。但見她懷裡抱個包袱，二話不說攤在丈夫面前；只聽嘩啦啦一陣響，各色的琮、瑤、璜、璧，還有金釵、寶石、珍珠滾落出來。

「這、這是從何而來？」曹丕瞪大了眼睛。

郭氏嫣然一笑：「我回了趟幕府，這都是王夫人的東西。丞相尚儉，故而從來未戴過，只留著防備萬一。我跟了王夫人這麼久，她沒有子女，娘家也沒人，拿我當個姐妹。只要我張口，她絕無不幫之理。」

曹丕激動不已，抱著這些財寶不知該說什麼。郭氏坐到他身邊：「夫君放心，王夫人是知書達禮謹慎之人，斷不會走漏半點兒消息。再者有她在府裡幫忙，也更周全些。我知你急著用錢，這些東西只管拿去用。以後你若……」她說到這裡停住了，卻轉而道：「我們這些女人家又何愁沒有富貴？」

曹丕目光炯炯望著嫵媚動人的郭氏，又看看楚楚婀娜的甄氏，把兩個女人一左一右摟到懷裡，頓覺心裡暖烘烘的。

第十四章

朝議九州制，曹操代漢野心彰顯

銅雀賽詩

懲治貪賄無疾而終，董昭入京杳無音訊，西邊馬超、韓遂尚未殄滅，南面孫權又要起干戈。似乎是煩心事甚多，亦或是忙中偷閒，曹操想要換換心情，帶領鄴城群僚及眾多子姪登臨銅雀臺觀覽景致。一時間大袖翩翩揖動如雲，幕府仕宦齊會樓臺。

銅雀臺①坐落於鄴城西北苑囿之內，自建安十五年冬開工，至今已有兩年，主體建築已修起，周匝建築還在建造之中，但僅就現在的規模已不亞於昔日的洛陽雲臺。這座臺高達十丈，僅夯土臺基就將近兩丈，又築五層高樓，飛閣重簷，樓宇連闕，雕梁畫棟，氣勢磅礡。

從十丈高臺望去，北面是廣袤無垠的原野和田地，天壤相接令人神往，風吹麥田綠浪當陽，極目之處似乎還有踏青郊遊之人；東邊是一片繁茂的山林，松濤陣陣如翠屏疊嶂，時有獐狍野鹿嬉戲相逐；南面是密似棋盤的鄴城街巷，士農工商各司其業，熙熙攘攘往來穿梭；再往外便是湍湍東流的漳河，岸邊桑柳榆槐扶風搖曳，說不盡的秀美；而西面就是占地廣闊的幕府——兩座龐大的正堂巍峨聳立熠熠生光，各處院落或嚴肅齊整，或曲徑通幽，儀門、司馬門、止車門甲士環伺兵戈閃耀，實比許都皇宮還要氣派。陽光照得西苑芙蓉池水色清亮，粼粼波光映著遠處的樓臺殿閣，美輪美奐紫翠交輝；西苑的百花早已盛開，粉紅黛綠各自爭妍，那花香時淡時濃隨風而來，沁人心脾甚是宜人。再抬頭觀看，藍天白雲似乎近在咫尺，還有鳥兒自眼前掠過，真宛如仙境一般。

曹操頓覺神清氣爽，霎時間把先前徵發并州民役的牢騷都忘了，不禁笑道：「有詩曰『西北有高樓，上與浮雲齊。交疏結綺窗，阿閣三重階』，我看說銅雀臺絲毫不為過。這臺修得好，看來卞秉沒少下功夫……他沒來嗎？」

一個幅巾公子從人群中擠出來：「啟稟丞相，家父身染疾病不能來赴會，命孩兒前來伺候。」原來是卞秉之子卞蘭。卞秉那日受曹操斥責又氣又恨，回到府中口吐鮮血大病一場，哪還來得了，只得打發兒子來陪。莫看卞秉出身卑微嬉鬧不羈，卞蘭卻頗好習學恭謹守禮，倒像個小書呆子。

「哦。」曹操也知先前那番訓教嚴苛了些，眼珠一轉，「少時老夫與諸位就在這臺上飲宴，你帶一份酒食給你父親送過去吧！另外告訴他，這座臺修得好，老夫甚是滿意，以後的工程還要多多倚仗他。」這就是打一巴掌給個甜棗。

「丞相賜食，孩兒代父親謝過……」卞蘭再拜稽首施以大禮——其實都是親戚，即便他來句「謝謝姨丈」誰又能挑他錯？可這小子偏要搞得繁文縟節。

曹操哭笑不得揚了揚手：「蘭兒啊，你可真不像你爹！瞎客套什麼，快去吧……諸位，咱們也就坐吧！」

那位什麼都管的騎都尉孔桂早張羅好了，天不亮就帶著趕著一幫幕府僕僮搬了几案來，搬上十丈高臺，按聽政殿上的格局設擺妥當，甚至還有幾扇屏風。曹操當先入座，荀攸、國淵、崔琰、毛

---

① 銅雀臺建築群主體分為三臺，中間是銅雀臺，南邊是金虎臺，北邊是冰井臺。但三臺並非同時建造，銅雀臺始建於建安十五年末，金虎臺建於建安十八年，冰井臺約建於建安十九年。

玠、徐宣等臣在西席落坐；東面則是曹丕、曹彰、曹植、曹彪、曹玹、曹均、曹林、曹據、曹整等大小公子，以及曹真、曹休、曹泰、曹馥、夏侯尚、夏侯楙等親戚族姪，就連尹氏之子何晏、杜氏之子秦朗都來了。大家一起舉酒齊敬丞相，曹操也笑而頷首，眾人又互敬一番這才飲下，哪知入口才覺淡而無味——原來是水！

曹操見大家一臉窘態，噗哧一笑：「哈哈，修建此臺花費不少，不久又要南征，我等仕宦不宜奢侈，自今日起禁酒節糧以資軍戎。咱就以水代酒吧！」

大家愣了片刻，祭酒繁欽率先逢迎道：「丞相勤儉愛民實乃盛德，南征之際必然將士用命馬到功成，我看這水比酒好！請飲請飲！」他既挑頭說了好話，大家都得跟著說好，全都滿臉堆笑往肚裡灌涼水，心下卻道——耗費資財修了這麼奢侈的一座高臺，卻在飲酒這種小事上做文章，真是捨本逐末。

其實他們也不盡明白曹操的心思，修建銅雀臺固然是喜好所致，但也是曹操有意彰顯鄴城，使之超越許都獨樹一格。這是關乎曹家地位的大事，故而一向勤儉的他卻不能在這方面省錢，無法開源只能節流。水過三巡菜過五味，忽聽四下響起悠揚的樂曲，眾人大駭舉目四望，卻見高臺四下盡是亭榭秀木，哪裡有人奏樂？曹操也覺詫異：「桂兒啊，你安排樂工了嗎？」不知從何時起，曹操開始喚孔桂為「桂兒」，這稱呼既像是對子姪，又像是稱呼僕從，透著一股親近，但對於一個騎都尉來說卻有些不倫不類。

孔桂諂笑道：「今日登臺之人盡是朝廷棟梁，豈能少了雅樂？小的特請祭酒杜夔帶他那幫弟子們來為丞相和列位大人助興。」杜夔非但是幕府祭酒，還在朝廷掛有參太樂署的頭銜。

按理說太樂是專供皇家之用，曹操擅自享用就是僭越，他卻毫不在意，左顧右盼：「杜公良來了？老夫為何不見？」

孔桂手指樓板：「臺上格局有限，我把他們安排在下面一層了。」

眾人細聽，果然聲音源自腳下。那絲竹編鐘之音悠悠升起，還真是別有一番情趣，恐怕連歷代帝王都不曾這樣享受過。美景宜人雅樂綿長，也是水不醉人人自醉，曹操越發有了興致。他打量著東席上的兒子們開了口：「為父雖生在公侯之家，少年時也曾頗遭變故，歷盡艱險方有今日之位。可你們這些孩子卻是天生有福的，飽食終日無所用心。為父近些年東征西討在外用兵，也不曾督促你等習學，人言少小就當立志，未知你等平生有何志向？」

此言一出，方才還嘻笑耳語的公子們立時收斂多了，瞅著案上的菜肴不敢再言。曹操卻道：「你看你們，一提到正經事就都無言以對了。子文，你先說，你平生有何志願？」

曹丕一怔——我是長子，為何不先問我？

曹彰可不管那麼多，正攥著雞腿大嚼，聽父親點到自己，霍地站了起來：「孩兒願為將！」

曹操略一蹙眉：「汝不讀書而好弓馬，此匹夫之勇，何足貴乎？」

「讀書？」曹彰滿臉不屑，「大丈夫當學衛青、霍去病立功沙場，長驅數十萬眾，縱橫天下，何能作博士耶？」

這番話雖不中曹操心意，卻頗具豪氣：「嗯，你這麼想也不辱沒我曹家之名。不過你言道欲為將，可知為將者當如何？」

曹彰拍拍胸脯，厲聲答道：「披堅執銳，臨難不懼，為士卒先。賞必行，罰必信！」

「哈哈哈……」曹操仰面大笑，「且不問你才智如何，單憑此論倒是有些為將的潛質。」曹丕卻心中暗笑——傻兄弟，就憑你這番話，將來的位子就沒你的份。

「坐坐坐。」曹操擺了擺手，「朱虎，你平生志向呢？」

朱虎是曹彪的小名，眾庶子之中他年紀較長，才智也高；不過他聞聽點到自己，還是有些忐忑，想了想才起身道：「孩兒年小德薄疏少才智，輔國為政有父親與幾位兄長。孩兒唯尊聖人教化，敬父以孝事兄以悌，恭謹守禮而已。」

曹彪這話看似消極，卻是老謀深算。他自知有曹丕、曹植在上，這位子不易落到自己頭上，所以來一個「敬父以孝事兄以悌」，誰都不得罪。既表明毫無野心，又給自己留了後路，說不定將來幾個哥哥鬥得不可開交，還能天上掉餡餅呢！這孩子面上敦厚，其實心機也不淺。

曹玹、曹均等庶子皆年近弱冠，歲長而無殊才，曹彪此言不啻為他們心頭所想，趕緊起身隨著道：「朱虎所論也是孩兒所思。」

曹操一陣點頭又一陣搖頭，只道：「恭謹守禮雖然不錯，但世事多舛，也未必能平安一生。」至於曹林、曹據、曹宇等子尚幼，還不懂什麼平生志願，索性也不再問了，唯獨隔過了曹丕、曹植。

曹丕自知先前的事還沒完，又見不問自己，心中正不自安，曹操卻又提議：「我平日觀你們文章，唯子桓、子建文采最佳。今日登臺臨會，又有雅樂相伴，你們各作詩賦一首，與列位大人同歡。誰作得好，為父有賞。」

曹丕滿腹心事，哪有心思吟詩弄賦？可僕僮們可不管那麼多，立時撤去殘席，端來筆墨竹簡——看來是早預備好的。曹丕有意推脫，卻見父親滿臉不容回絕的神色，曹植已搦管在手文不加點寫起來，只得硬著頭皮也寫道：「建安十七年春遊西園，登銅雀臺，命余兄弟並作。其詞曰……」只寫了這個小序便卡住了，急得冷汗直流。

群臣都感覺到曹操是故意考較二子才華，卻不便點破，有的先聊風雅，有的舉箸細嚼，有的斟「酒」自酌，卻都不由自主壓低聲音，好讓兩位公子靜靜思考。

不過片刻的工夫曹植揮筆而就，吹了吹墨跡，恭恭敬敬呈到父親面前；曹操口中默念，時而頷首時而微笑，卻沒有加以評論。曹丕更慌神了，眼見群臣都瞅著自己，趕緊強自思索，但也只搪塞了幾句就再也想不出來了，只得咬了咬牙，也把竹簡遞到父親案邊；曹操看罷也笑了，不過卻是冷笑。

「王仲宣、劉公幹出列！」

王粲與劉楨趕緊起身避席：「屬下在。」

曹操把兩份竹簡並列放在案上：「你二人素來善賦，來評判一下這兩篇孰優孰劣。」

劉楨是個沒心機的，只要熱鬧就好，過去就要拿；王粲卻躬身道：「我等不過文墨小吏，何敢擅論五官中郎將與平原侯詩文？」

曹操不容他推脫：「不必怕，你等評過老夫自有決斷，再者還有諸位大人呢！」

王粲只得領命，以長幼為序先拿起曹丕的那篇，默念道：

登高臺以騁望，好靈雀之麗嫻。
飛閣崛其特起，層樓儼以承天。
步逍遙以容與，聊游目於西山。
溪谷紆以交錯，草木鬱其相連。
風飄飄而吹衣，鳥飛鳴而過前。
申躊躇以周覽，臨城隅之通川。

王粲覽罷微微一笑：「飛閣承天溪谷交錯，中郎將筆法倒也精細。」這不過是句場面話，算不得什麼好評。說罷又交與劉楨。

劉楨是直性子人，有什麼說什麼，接過來只瞟了一眼便蹙眉道：「此賦模山範水疏少情致，唯獨最後一句似有抒懷；惜乎淺嘗輒止啟而未發，根本沒舒展開嘛！中郎將平素遣詞造句反覆錘鍊最是精妙，今日為何未能盡善？」

「慚愧慚愧！」曹丕連連搖頭——他今日心思哪在吟詩作賦上？

「再看看平原侯的。」劉楨猶如餓鬼見佳肴，猴急地從王粲手中奪過曹植那份，搶先看了起來；王粲情知這不是個好差事，無論如何都得得罪一個，索性由著他搶。

「噫！」劉楨驚呼一聲，「此真千古之傑作！」贊罷也不向曹操請命，轉身向群臣朗誦道：

從明後而嬉遊兮，登層臺以娛情。
見太府之廣開兮，觀聖德之所營。
建高門之嵯峨兮，浮雙闕乎太清。
立中天之華觀兮，連飛閣乎西城。
臨漳水之長流兮，望園果之滋榮。
仰春風之和穆兮，聽百鳥之悲鳴。
天雲垣其既立兮，家願得而獲逞。
揚仁化於宇內兮，盡肅恭於上京。
惟桓文之為盛兮，豈足方乎聖明！
休矣美矣！惠澤遠揚。
翼佐我皇家兮，甯彼四方。
同天地之規量兮，齊日月之暉光。
永貴尊而無極兮，等年壽於東王。

這篇《登樓賦》辭藻華美，氣魄宏大，慷慨激揚，寄喻深遠，加之劉楨讀得抑揚頓挫，真有直抒胸臆之感。群僚紛紛頷首交口稱讚，絕不是謬讚逢迎，這篇賦確實堪稱傑作。

「怎麼樣？哪篇更好啊？」曹操偏偏要問這一句。

劉楨誠惶誠恐：「屬下以為平原侯所作較五官中郎將更佳，仲宣你也這麼看吧？」

「嗯。」王粲一個字都不願多說。

「好！」曹操站了起來，「公幹之言亦合老夫之意，這場比試子建獲勝。為父說到做到，子建過來，有東西賞你。」說罷他朝孔桂揮揮手，孔桂立時從屏風後捧出一把寶刀來。

曹丕一見此刀不禁倒吸一口涼氣——那不是百辟刀嗎？當初他拜為五官中郎將，父親賜給百辟刀，並坦言寄予厚望。如今三弟也得到一把同樣的刀，這又有何寓意呢？

曹植跪地接刀千恩萬謝，孔桂卻見縫插針道：「中郎將今日詩文雖然稍遜，但畢竟作賦承歡，丞相是不是也加賞賜？」曹丕那點兒錢還真沒白花。

曹操卻道：「勝便是勝輸就是輸，如果勝負都一樣，那還比什麼？」

「是是是。」孔桂諾諾連聲，偷偷朝曹丕吐了吐舌頭。

在座的都是精明人，皆感到這氣氛有些不尋常，卻又不能說什麼。這時就見坐於末席的令史司馬懿揮手指道：「列公快看，有一群鴻雁！丞相慶賀新臺，連鴻雁都來拜謁，這真是祥瑞啊！」大夥扭頭一看，倒是有七八隻雁列隊飛過，絕沒有司馬懿說得那麼邪乎，不過這何嘗不是轉移視聽的辦法？群臣紛紛附和，連曹操也不禁離席觀看；阮瑀卻與繁欽、荀緯信手拿起那兩篇詩賦觀看。

荀緯未及而立，因長於文章辭賦，剛從縣令的位置上調進幕府，比眾記室年紀更輕，算是文壇後輩，捧著曹植的詩賦愛不釋手：「平原侯行文之灑脫，雖前輩文雅之士不能及。似這句『建高殿之嵯峨兮，浮雙闕乎太清』、『揚仁化於宇內兮，盡肅恭於上京』。即便是蔡伯喈復生、邊文禮再世也不過如此了吧！」

繁欽更是贊道：「我看這句『雖桓文之為盛兮，豈足方乎聖明』最妙！想丞相之蓋世功勞，齊桓晉文又何能及？」他雖是文壇高手卻生性最諂，大拍曹操馬屁。

阮瑀卻連連搖頭，拿過曹丕那篇道：「自桓、靈之世以來，文人多慕浮華之風，而少質樸之意。昔張衡、杜篤吟詩作賦皆蘊涵深意啟人心智，可後人日漸空乏，但求詞句之美。似王延壽的《魯靈光殿賦》、邊讓的《章華賦》，美則美矣，然動輒千言卻一味堆砌辭藻，並非出於肺腑胸臆。相較平原侯而言，中郎將這一篇雖難言精彩，倒也中規中矩並無誇張。這句『申躊躇以周覽，臨城隅之通川』頗有壯志難酬之意，中郎將臨川躊躇，怕是有什麼心事吧！」

一語未罷忽聽有人搭茬：「哼，你倒是頗能解他心意！」不知何時曹操已踱至他們身後。

繁欽連忙湊趣：「我等才疏學淺妄論幾句詩詞，叫丞相笑……」

曹操理都不理他，卻死死盯著阮瑀：「你言道他有心事，難道你就沒什麼心事？」

阮瑀萬沒料到說了幾句話就引火上身，趕緊辯解道：「屬下品評詩文不過信口胡言，不當之處請丞相見諒。」

曹操根本沒把他的話看做是單純的品評，冷笑道：「信口胡言？我看你是有心為之。就憑著你與子桓的交往，自然要昧著良心說他的詩賦好。我問你，出征關中的前一晚你和竇輔那幫人在中郎將府談些什麼？南皮之遊有沒有你？」

阮瑀越發驚懼：「屬下與劉楨是曾與中郎將頗多來往，不過……」

「你少要牽連旁人。劉楨嘻笑怒罵粗疏無心，你和他一樣嗎？我看你是一心巴望著當佐命功臣吧！」

阮瑀真是百口莫辯，他乃一介文人，固然與曹丕走動近了些，卻從沒參與過那些是是非非，曹操把這麼大的罪名扣到他頭上，他如何承受得了？立時跪倒在地：「屬下不敢！我不過與中郎將論文會友，絕無不軌之處。」

曹操毫不動容：「你不過舞文弄墨一介書吏，干問政事尚不可，何況老夫家事乎？今天若不拿你作法，只怕也難震懾住那些希圖幸進之人！」

父子恩怨書生何罪？可阮瑀縱有滿腹冤屈也不敢再多言，只能連連叩首：「丞相開恩，丞相開恩啊……」

陳琳、王粲、應瑒等趕忙求情：「我等日日與阮元瑜相伴，知他樂善喜交並無心機，還望丞相寬恕。」劉楨情知這事說大了也有自己一份，想勸又不敢勸，愣得像塊木頭。幸虧曹植詩賦高了一籌，若是今日斷出曹丕獲勝，這事還真麻煩了！

國淵、徐宣等也諫道：「阮元瑜受學蔡伯喈，文采之名播於四方，望丞相看在此人微末名聲予以寬恕。」

不勸還好，這一勸曹操立時瞪眼：「王允殺得蔡邕，難道老夫就殺不得一介記室？」

「父親息怒……」事不可解之際，曹植不緊不慢開了口，「父親寬仁之德流於天下，又素有愛賢之名。先前《求賢令》有云：『唯才是舉，吾得而用之』，想這阮瑀位不過區區書佐，智不過尋章摘句，即便內懷幸進之心，身犯交通之罪又有何患？今若加罪雖理所應當，只恐傷父親愛才之名，使後進之士望而卻步。昔晉文公恕寺人披追殺之罪，遂避呂郤之亂；楚莊王寬唐狡絕纓之過，遂有伐鄭之功。阮瑀生死事小，父親明德事大，孩兒懇請您三思。」曹植這番話並不否認阮瑀有罪，也不談他是否有名，卻拿《求賢令》上的話做文章，以彼之矛攻彼之盾，又將父親比附春秋霸主，拐著彎拍了馬屁。看似輕描淡寫，卻句句說在曹操心坎裡，頗有四兩撥千斤之效。國淵、陳琳等無不側目——好精明的奏對，虧這位三公子怎麼想出來的！

「吾兒言之有理。」曹操火氣消了幾分，又看了阮瑀一眼，「看在平原侯面上，老夫留你性命，不過罰你三日內作檄文一篇發往江東。若逾期不成，治你個二罪並罰！」

「謝丞相……謝平原侯……」阮瑀泣涕橫流，磕頭如搗蒜一般。

曹丕怔怔地站在一旁，半句話都沒有說，也不敢說。殺雞駭猴，整治阮瑀還不是衝著他嗎？較量詩賦又輸了，到這會兒誰都看得出來，曹操對曹植的器重已超過他這個嫡長子了。

中郎掾屬

曹丕沒想到父親會在這麼一個漆黑的夜晚召見自己，更沒想到召見地點會選在幕府的西院正堂。自幕府翻修伊始曹操就傳下命令，一應軍政事務皆在東院聽政堂辦理，西院只有處理重大事件時開放，但幕府擴建完工已兩年多，西院卻一次都沒開放過，更沒人涉足過西院正堂。

不過曹丕心裡很清楚，經過河間叛亂、劉勳遭審等一連串事件，父親要給自己下最後通牒了。他未帶一個從人，揣著滿腹忐忑來到幕府西院大門——這道與東側司馬門一模一樣的門樓喚作「止車門」，無論何等官爵何等身分，只要從門前經過必須下馬下車，以示對丞相的尊重。尋常日子這道門也是不開的，但今日不同，偌大的止車門敞開了半扇，許褚親自挑著一盞燈守在門前；看得出來，他是奉命在此等候。

許褚只是向曹丕問候了一聲，便再不說半個字，領著他往裡走。東西院雖大小相等格局相似，但相較而言西院更寬闊，中間只有一道儀門，左右也沒有鱗次櫛比的掾屬房，尤其在這黑黢黢的夜晚，越發顯得空曠寂靜。穿過儀門就是正堂大院，非但這座院落比東側寬敞得多，就連正堂的高大雄偉也非聽政堂可比。

不過此時此刻，大堂上只零星點著幾支搖曳的燭火，幽幽暗暗，寂靜無聲，門口只有一個頂盔冠甲的衛兵，顯得陰森森的。許褚走到階邊便停下了腳步：「沒有丞相吩咐卑職不能進去。中郎將請！」說罷轉身而去。

曹丕忽然打了一個寒顫，難料等待自己的是什麼命運。難道父親會廢了自己五官中郎將的職位？孔桂究竟有沒有為自己美言？事到臨頭再想也沒有用了，他壯了壯膽子，提起袍襟快步上堂，端然跪倒在堂口：「孩兒參見父親。」

隔了片刻才聽裡面答道：「進來吧！」

「諾。」曹丕連頭都沒敢抬，提袍邁過門檻，趕忙二次跪倒。

曹操並沒叫他起身，而是緩緩道：「你抬起頭來。」

「諾。」曹丕依言而行，這才發現原來不止父親一個人，還有三人也在堂內。其中兩位似乎上了年紀，坐在陰暗的角落裡，身邊放著拐杖；還有一人似乎很年輕，垂手侍立於二人身後。但是光線太暗，只能看個大致輪廓，根本辨不清面孔。而在帥案的燭臺之後，曹操正滿臉頹然悶坐在那裡，臉上掛著愁苦無奈的神情，幽暗的燭火照清了他的每一道皺紋、每一絲白髮。

這一瞬間曹丕倏然感到，父親已如此疲憊，如此蒼老。他壓抑著心頭的沉重不安，強笑道：「天色已不早了，父親把孩兒喚來有何吩咐？」

「時事不順心中煩悶，為父怎得入眠？」曹操拿起帥案上的一只小青瓷瓶，打開瓶塞輕輕地抿了一口，一邊咂摸滋味一邊審視著兒子。

曹丕頓感緊張，沒話找話：「父親又在服用什麼開胸順氣的良藥？」

「這是鴆酒。」

曹丕以為自己聽錯了：「什麼東西？」

「鴆酒。」曹操不慌不忙又重複了一遍。

「父親您……」曹丕驚得一躍而起，一旁穩坐的兩位老先生也嚇得直摸拐杖，顫顫巍巍半天沒站起來。

「嘿嘿嘿……」曹操笑了，「你們慌什麼？世人皆知鴆酒乃有毒之物，殊不知天下凡能醫病之物皆有毒。而野葛、鴆酒、馬錢等物雖有毒，少食之也可養生。」

曹丕一頭冷汗：「父親切莫如此草率，還是不要再飲這類東西。」

「放心吧，李璫之精通藥性，他也說少飲無害。而且常年飲用便可適應，以後即便有人想毒害老夫也不能得手，這就叫以毒攻毒！」曹操把玩著小瓶子，表情顯得格外陰森，「比方說你犯的那些過錯，也未嘗就是壞事。」

曹丕聽他話歸正題，趕忙低頭道：「孩兒知錯。」

曹操長歎一聲，起身踱著步子：「老夫縱橫天下數十載，雖不敢稱英明一世，也算無愧於心。只是乾坤未寧老之將近，希望得一佳兒以傳戎馬之業。怎奈子修橫死，倉舒夭亡，這重擔才落到你肩上。」時至今日他提起曹昂、曹沖依舊滿是思念，「惜乎你才智不廣，德行不厚，又行事不謹，實在有負我期望。所以我有意廢掉你五官中郎將之職，另擇他人以承嗣位。」

「父親！」曹丕只覺天昏地暗，彷彿渾身的血都被抽乾了，重重跪倒在方磚上，「孩兒知錯，孩兒知錯了！還望父親收回成命……」

「不過……」曹操又提高了嗓門，「不教而殺謂之虐，不戒視成謂之暴。況且你身居嫡長之位，實在不宜輕易捨棄，所以……為父再給你一次機會。」

曹丕幾乎癱倒在地：「謝、謝父親，孩兒一定……一定……」

「我不想再聽那些信誓旦旦的話。」曹操不為所動，「先前我賜給你一把百辟刀，如今又賜給子建一把，什麼意思你應該明白。道在邇而求諸遠，事在易而求諸難。」他伸手指向自己的帥位，「這個位子歸誰坐，要看他有多大的才能，付出多大努力，而不在有多少人說他的好話。你明白嗎？」

「孩兒明白。」曹丕嘴上明白。

「涼茂乃一代良臣賢士，我本欲讓他教導於你，惜乎他生性太過良善柔弱，不能替我管教兒子。所以我選了兩位久經滄海處事老練，能鎮得住你的人……」

兩位坐在一旁的老先生拄杖而起，曹丕這才看清，原來是邴原與張範。邴原字根矩，北海有德之士，曾在遼東隱居近二十載，曹操在孔融幫助下費盡九牛二虎之力才把他請回中原，在幕府擔任征事②。張範字公儀，河內名士，也被曹操征辟多年，直至赤壁之戰以後才得北歸，在朝廷有侍中之銜，在幕府掛著參軍之銜。這兩位是前輩的清流之士，年紀也大了，雖身在仕途卻從來不處理實務，只管斧正朝風。

曹操起身，信步走到曹丕面前：「為父決定請邴先生屈尊到你府中任長史；張先生雖年邁多病，但也可參你府中諸事。從今以後，你做的每件事都要向這兩位老前輩請教。」

這兩位老先生可都是眼裡不揉沙子的人，當初曹沖夭折，適逢邴原也有個小女兒去世，曹操提議將兩個孩子合葬結為陰親。若換了別人巴結還巴結不上呢，邴原卻恥於攀高枝，死活不肯結這門「鬼親戚」。連曹操的面子都不買，何況曹丕？至於張範更是老而彌辣之人，掛著朝廷、幕府兩頭的高官，坐而論道養尊處優，曹操尚讓他三分。把這麼倆老頭指派給曹丕，曹操明擺著是要他們替

---

② 征事，六百石屬官，沒有具體職責，相當於顧問。

自己管兒子。曹丕心中暗暗叫苦，卻只能對他們大禮參拜：「晚生年少德薄，日後多多倚仗兩位老先生。」

邴、張二老行動不便，只是點點頭，示意他趕快起來。曹操又道：「你身邊烏七八糟的人太多，忒不成體統。為父再給你一個操行正派的夥伴……叔業，快過來見見中郎將！」

「小可拜見中郎將。」那年輕人走過來朝曹丕深施一禮。

曹丕一怔，才發現那個年輕人正是鮑信之子鮑勳，膩歪透了，卻還得昧著良心寒暄：「原來是叔業賢弟，以後咱們要多親多近。」

鮑勳正色道：「事君數，斯辱矣；朋友數，斯疏矣。晚生與將軍雖乃世交，然位則上下，但求時時守禮，萬不敢僭越。」他還是那副滿口道義的書呆子德行。

曹操卻很滿意，拍著鮑勳的肩膀道：「叔業不愧是鮑二郎之子，不僅書讀得好，而且德行方正言行守禮……子桓，從今以後他就到你府裡任職。」

「諾。」曹丕無可奈何應了一聲。

邴、張二老就坐，鮑勳退歸他們身後，曹操更近一步湊到曹丕耳邊：「常言道：『蓬生麻中，不扶自直。白沙在泥，與之俱黑。』你二十六歲了，為父本不願過問你交友之事。但只怕有些人把你教壞了，不得不管。那個令史吳質整日在你身邊說三道四，早就該治罪。不過老夫念他還有些微末才幹不忍加誅，恰好朝歌縣令出缺，我打發他外任，不准再滯留鄴城。至於阮瑀，我已罰他起草給孫權的檄文，以後也不能隨便到你府中去了。」

曹丕更加不安——竇輔戰死渭水，劉威犯法輸作左校，吳質外任縣令，阮瑀挨了罰，一干密友盡皆離散，自己府上門可羅雀，只恐以後的日子更不好過了。哪知還未想清曹操又接著道：「還有那個假司馬朱鑠……府中侍女郭氏是他幫你從幕府弄過去的吧？」

曹丕如遭霹靂，萬沒料到如此私密之事父親都知道，趕忙再次伏倒：「孩兒有罪……」

意想不到的是，曹操只是冷冷一笑：「一個侍女算得了什麼？」其實曹操自己何嘗不是風流場中人？他從沒把女人當成多大不了的事，但他不能容忍的是軍中司馬涉足家事，「當年為父就不喜歡這個朱鑠，你卻偏偏親信這小子。既然你那麼看好他，自今日起我罷黜他一切職位，叫他到你府裡安安心心當奴才吧！」

曹丕滿面死灰，除了頓首謝罪已一句話都說不出來了。

「你做的任何事我都清楚，你身邊的那些人我也知道。」說著話曹操向守在門口的那個小兵招了招手，轉而問曹丕，「這個人你認識嗎？」

曹丕初始沒太注意，仔細看了半天才想起，原來是自己主持軍中事務時，把守行轅中軍帳的一個衛兵；頃刻間恍然大悟——難怪程昱對自己說的那些話，還有偷納郭氏之事父親會知道，原來隔牆有耳！想至此越發悚然，就連身邊一個普通小兵都可能是眼線，這鄴城何等可怕？

曹操冷笑道：「他叫劉肇，不過是普通小卒，但是他效忠於我，敢於把聽到的事告訴我。因而我要提拔他為校事，以後與盧洪、趙達他們一起為老夫辦事。」

這種態度無異於助長告密之風，劉肇可不管那麼多，立刻跪倒謝恩：「蒙丞相提拔，小的赴湯蹈火在所不辭！」

曹操陰笑著囑咐道：「你的主子只有老夫一人。先前做得很好，千萬記住，無論任何人辦了任何錯事，都要告訴老夫！」說到這兒他別有用心地瞥了曹丕一眼，嚇得曹丕直打寒顫——父子之間尚且如此防備，更何況他人？曹操也覺得這些明裡暗裡的警告足夠了，朝兒子揚了揚手：「起來吧！下個月為父就要南下征討孫權了，這次你隨軍出征，子建留守鄴城。」

曹丕心下越發茫然——前番我留守，三弟隨軍；這次三弟留守，我卻隨軍，父親是在比較我倆孰優孰劣啊！心下這麼琢磨，口上敷衍道：「西征歸來不到半載，如今又要南下，父親多保重身體。」

「來日不可待，往事不可追，天下未寧只得奔忙啊！」曹操茫然踱到堂口，「前番征討關中全為除後顧之憂以征孫權，如今孫權卻已搶先一步分兵江北。兵法曰：『操刀不割，失利之期；執戈不伐，賊人將來。』這一仗不能再拖了。我本欲等有些事辦完了再出發，可……」曹操說到這兒戛然而止，舉目眺望著西南方，他深邃的目光彷彿透過了茫茫夜幕，一直投向遙遠的許都。他遲遲沒有發兵，一直在等待卻沒有等來的究竟是什麼呢？

當曹丕邁出大堂的那一刻，不禁拭去額頭的冷汗。以往的過失算是一筆勾銷了，但他身為五官中郎將的優勢都已蕩然無存，明天開始他又要與曹植站在同一起點上，爭位的鬥爭又要重新開始。他哀怨地回頭張望了一眼，只這一望之下不禁驚奇；來時沒有注意到，不知何時起西園正堂竟掛上了匾額，工工整整寫著三個篆字——文昌殿。

不是「堂」而是「殿」，只有天子和王公才能用殿！

曹丕懷著沉重的心情出了幕府，失魂落魄踩著棉花一般回歸自己府邸。他的心情也宛如這朦朦黑夜，前方的路到底該怎麼走呢？至今他尚未想明白，父親何以如此折磨自己。河間叛亂自己都把責任攬過去了，但父親依舊不放過自己，偏偏緊抓著贈送錦緞、南皮之遊那些雞毛蒜皮的小事不放，父親到底在想些什麼……不知不覺已回到自己府門前，曹丕正抬頭望著「五官中郎將府」的匾額發愣，忽聽陰暗角落裡有個聲音呼喚道：「大公子，您回來了。」

「季重？」曹丕已成了驚弓之鳥，趕忙湊上去捂住吳質的嘴，「隔牆有耳，切莫多言啊！」

吳質卻輕輕推開他手：「公子無須害怕，我明早就要赴朝歌任縣令了，特意向您辭行。君子坦蕩蕩，小人長戚戚。我說的話不怕旁人聽，即便聽去也不會對公子有傷。」

曹丕還是不放心，左右張望了半天才發出一聲歎息：「唉……我怎麼會落到今天這一步呢！」吳質依舊那麼平心靜氣：「我早就跟您說過，君子務本，本立而道生。您身為丞相嫡長子，自當把心思用在家國大事上。居之無倦，行之以忠，何愁日後之事？越是多欲多求，越會招致令尊猜忌，到頭來只會適得其反。」

曹丕連連搖頭：「我不明白，我就是不明白，我究竟錯在哪裡？」

「在下斗膽問一句，公子以為令尊乃何許人也？」

曹丕不解：「季重此言何意？」

吳質微然一笑：「令尊不僅是當朝丞相，還是當世之雄傑。爾虞我詐，縱橫捭闔，且不論他赫赫戰功，即便為政之道、詩賦之才，世間又有幾人可比肩？他才智冠於天下，又思慕九五之事，雖然年過五旬仍滿心壯志，可謂春秋鼎盛。如此才智非常、大權在握之輩，豈容別人在他眼皮底下結黨營私？公子錯就錯在邀買人心自樹聲名，還要奪營擅權，這不是開門迎禍嗎？須知公子之於丞相，非獨為父子，說穿了還是君臣。君臣之間豈能循尋常父子之道？」

這席話真有醍醐灌頂之效，曹丕猛然醒悟——原來如此！難怪我招攬的友士越多，父親越猜忌自己；替我說好話的臣僚越多，他越要敲打我。生在這個君不君臣不臣的家族，看來一切都不能按常理揣摩啊！想明白這點，曹丕不禁苦笑：「惜乎竇輔已死，劉威蒙罪，阮瑀遭禁，如今連你也要走了。以後我可怎麼辦？」

吳質拉住他的說，緩緩道：「明者處世，莫尚於中；優哉游哉，於道相從。其實公子只需內盡人子之孝，外行寬厚之德，您穩居嫡長之位，到時候自然會有忠良之臣為您出頭。老子有云：『夫唯不爭，故天下莫能與之爭』。」

曹丕深悔自己急功近利，沒有早納吳質之言：「你說得對，不過倘若有人要讒害於我呢？」

「救寒莫若重裘，止謗莫若自修。公子只要做好自己的事，又何必在乎別人圖謀什麼？若實在事不可解……」吳質湊到他耳邊，「在下雖去，尚有司馬懿在鄴，此人聰慧不弱於我，公子可私下問計於他。」說罷拱了拱手，「在下明早就要離開鄴城了，望公子多多珍重，日後定有再會之期。」

曹丕還想再挽留他一陣，吳質卻轉身而去，不多時便消失在漆黑的夜幕中。

無力回天

相較鄴城的聽政堂而言，許都皇宮的朝堂就顯得寒酸多了。群臣似泥胎偶像般端坐兩列，正進行著一場沉悶而忐忑的朝會。

太常徐璆、宗正劉艾、大司農王邑、光祿勳蒯越、大鴻臚韓嵩、少府耿紀、中尉邢貞，這些列卿有的是清流名士，有的是名臣之後，有的是地方勢力代表，他們又怎麼可能真的掌握實權，只不過是曹操裝點朝堂的道具罷了。衛尉卿馬騰及其子騎都尉馬鐵、奉車都尉馬休早已下獄，連坐席都被撤去。諫議大夫楊彪沒有來，他也根本不打算再到這個充滿屈辱的地方來，反正兒子都已上了曹家的船，時代已經變了，他這個先朝舊臣還出來蹚什麼渾水？他不在，另一位諫議大夫劉琮卻在，這個被捧上高位的年輕人身體清瘦，面貌白皙，滿臉唯唯諾諾的窩囊神色，彷彿只要一陣風就能吹倒。御史大夫郗慮坐於群臣之首，他滿頭白髮，手握牙笏，目光呆滯地望著前方，宛如一具沒有靈魂的空殼。而就在他對面，還有張虛設的坐榻，那便是丞相曹操的。曹操人雖不在威懾力卻在，這種無形的力量不僅充斥著朝堂，充斥著許都，也充斥著全天下每個地方，彷彿沒有一個角落能躲避他的目光，沒有絲毫聲音能逃過他的耳朵。

大殿上寂靜至極，連外面銅壺滴漏的回聲都聽得見，凝重的氣氛使每個人都神經緊繃，因為大家都知道今天要討論什麼——這是決定大漢王朝生死的一次朝會！

尚書令荀彧按捺著心緒，緊緊攥著手中的笏板，雙目直勾勾望著御座上的天子。這樣仰面直視天子是很失禮的，但荀彧已顧不了這麼多，只想再好好端詳一下這個年輕人，彷彿要把十幾年的感慨和愧意化作目光，遠遠向他投去。天子劉協如今三十二歲了，蓄起了修長的鬍鬚，他已是六個皇子的父親。聖人有云「三十而立」，不過這位天子莫說實權，連自由都沒有。或許他能擁有錦衣玉食，可這並不能使劉協感到滿足，荀彧太了解他了。自曹操遷都以來，荀彧一直守候在他身邊，並與侍中荀悅一起入宮侍講，教天子讀書——沒人比荀彧更清楚，劉協是一個多麼仁慈、多麼賢明的可造之材。他本可以成為一代英明有為的君主，本可以乾綱獨斷，本可以挽回人心重整天下，本可以引領漢室走向復興之業……但到了今天這步田地，一切都不可能了。

董昭再次提出恢復禹貢九州[3]之議，但這次與七年前不同，他背後有曹操全力支持，這是誰都抗拒不了的。荀彧明知不可為而為之，依舊竭力反對。因為事態越來越清楚，恢復九州不過是第一步，九州一旦恢復，曹操立刻便會恢復五等爵，進而謀取王公之位。

從地域上看，九州中並無幽州與并州，毫無疑問這兩個州都將併入冀州，成為曹操直接控制的領地。但事情絕不僅僅擴大地盤這麼簡單，《漢書》有云：「州從《禹貢》為九，爵從周氏為五」，九州制的恢復與五等侯似乎是密不可分的孿生兄弟，恢復九州只是設立五等侯的前奏。所謂五等侯，即公、侯、伯、子、男，而大漢實行的卻是王、侯兩級爵位。

---

③ 禹貢九州，《尚書・禹貢》記載的地理劃分方法。九州為雍州、冀州、梁州、兗州、豫州、青州、徐州、荊州、揚州，漢代自漢武帝施行十三州制，並未採用九州之制。

漢高祖翦除韓信、彭越、英布等異姓諸侯王，規定非劉姓宗室不得封王，王國轄境相當於一郡。有功之臣只封侯，功高者為縣侯，食一縣封邑，小者為鄉侯、亭侯；另有關內侯，有食俸而無具體封國。公爵一級雖然也存在，但只是象徵性的。建武十三年（公元三十七年）光武帝封周朝後裔姬常為衛公，殷商後裔孔安為宋公，衛、宋兩國實際被視為漢賓，封國等同一郡。在大漢四百年歷史中，唯一一個有實權的公爵就是安漢公王莽，而且他也曾改十三州為九州，結果連漢室的江山社稷都篡了。如今曹操這一主張，豈不是明擺著要走王莽的老路？

漢室天下岌岌可危，通過關中之戰曹操穩住了陣腳、重振了聲勢，他篡奪漢家社稷的腳步已越來越快。一旦他恢復九州，超登公位，不但官位遠邁百官，就是爵位也絕無僅有，漢天子還坐得穩嗎？出於對漢室天下的維護，對傀儡天子的同情，也出於對曹操最後的感化，荀彧決定橫下心來，不惜一切代價阻擋曹氏崛起。

經過幾番爭執，台閣遲遲不發詔書，董昭不能得手，乾脆直接給荀彧寫了信：

昔周旦、呂望，當姬氏之盛，因二聖之業，輔翼成王之幼，功勳若彼，猶受上爵，錫土開宇。末世田單，驅強齊之眾，報弱燕之怨，收城七十，迎復襄王；襄王加賞於單，使東有掖邑之封，西有菑上之虞。前世錄功，濃厚如此。今曹公遭海內傾覆，宗廟焚滅，躬擐甲胄，周旋征伐，櫛風沐雨，且三十年，芟夷群凶，為百姓除害，使漢室復存，劉氏奉祀。方之曩者數公，若太山之與丘垤，豈同日而論乎？今徒與列將功臣，並侯一縣，此豈天下所望哉！

很明顯，董昭已沒耐性再對荀彧遮遮掩掩，將曹操比附於周公、呂望，挑明了要讓其超越臣子地位。毫無疑問曹操要晉位為公爵，可是這樣一個公國的建立必然要仿照朝廷設立百官列卿，那豈不是出現了國中國？更確切點兒說，是國上之國。

荀彧依舊不理不睬，台閣政令遙遙無期，董昭終於按捺不住了，他已經不可能在曹操南征之前完成九州之事，若再拖下去實在沒法交待，因而必須要在這次朝會上解決問題。

百官大朝會一開始，他便站出來，向天子及群臣申述：「昔三代以上夏禹治水，劃天下為九州；隨山浚川，任土作貢，敷土刊木，奠高山大川。此聖人之道，萬世之宗也。今天下戰亂稍定，當復九州以別民籍，上應先皇治世之道，下恤黎民離亂之苦。此亦丞相良苦仁愛之心，望陛下與群臣以社稷為重，從善如流早行此議。天下幸甚，百姓幸甚……」誰都聽得出來，董昭所言有輕有重，有虛有實。似「上應先皇治世之道，下恤黎民離亂之苦」就是毫無道理的屁話，難道不恢復九州，天下百姓就搞不清籍貫了嗎？真正震撼人心的只有那句「此亦丞相良苦仁愛之心」，他拐彎抹角告訴劉協和百官——這是曹丞相的意思，你們能反對嗎？

董昭慷慨陳詞已畢，那些附和的聲音還未來得及響起，荀彧立刻出班舉笏：「董大夫所言差矣！觀數百年之政，周行分封，秦立郡縣，自我孝武皇帝始分天下為十三州，沿襲至今。千百年來未有劃九州者，何言復之？」他精通歷代典籍制度，這番批駁有理有據。

董昭心中暗恨，卻強詞奪理道：「聖人為政自有其道，我輩後人當仰其至德。」

荀彧又道：「考《尚書・禹貢》乃東周之士托夏禹所作，非出於三代賢明之主，豈可為據？」《禹貢》並非《尚書》原文，乃是戰國之士的偽作，其用意是設想天下大一統後該如何劃分治理。荀彧便抓住這一點發難。

董昭所言都被人家駁倒了，索性撕破臉，直言道：「有非常之人，然後有非常之事；有非常之事，然後立非常之功。觀當今朝野，曹丞相者，奉天子以討不臣，武功赫赫，乃非常之人也；九州之制，上合天道下應蒼生，非常之事也；復興漢室者，非常之功也。我輩士人自當助此非常之人，行此非常之事，以圖復興之功。」這番話其實沒什麼道理，完全是拿曹操來壓荀彧。

可荀彧偏偏不吃這一套，連看都不看他一眼，朝上奏道：「聖人治國自有常理，《詩》云：『不愆不忘，率由舊章。』昔孝武更替高帝之法，盜賊半於天下；元帝改孝宣之政，大業遂衰。由此言之，祖宗之法不可變也，何況偽託聖人之言？望陛下三思。」

天子固然是傀儡，但畢竟是名義上的君主，在道義上還是壓著曹操三分。董昭之學識不輸於荀彧，但這場辯論從一開始他就不占理，完全是承曹操之意而為，哪能說得過人家？見此情形他也顧不得人臣之理了，提高嗓門道：「常人安於故俗，學者溺於所聞。天下哪有萬世不變的道理？」此言一出滿座駭然，這場辯論已不僅僅拘泥於是否行九州之制了。

荀彧冷冷瞟他一眼：「董大夫，你說是無萬世不變之法，還是說無萬世不變之朝？」

董昭腸子都悔青了，一時不慎說出這麼句話，叫人家抓住了把柄。朝堂上他豈能坦言自古無不滅之朝，曹氏當興劉氏當亡？荀彧祭出一件不容置疑的法寶，他只能跪倒向天子請罪：「臣一時不慎口不擇言，望陛下恕罪。」

劉協見董昭被荀彧駁得體無完膚叩頭請罪，心下暗暗稱快。但他也知董昭乃曹操心腹，豈敢草草治罪？只能昧著良心道：「董愛卿無心之言，不必自責，你退下吧！」

天子命令董昭退下，可他哪有退路？被荀彧拖了好幾個月，回到曹營如何向丞相交待？看來荀彧是無可撼動了，無奈之際他把目光轉向群臣：「列位大人，你們怎麼看？難道你們也不能採納九州之議嗎？」

群臣甚是為難，既不敢違拗曹操又不願為虎作倀，只能低下頭裝聾作啞。董昭猛然抬頭，惡狠狠瞪了郗慮一眼：「郗公，您老人家怎麼看？」

郗慮一絲不動坐在那裡，望著董昭陰森森的目光，有氣無力地說：「老朽年邁德薄，董大人但與他人商議，老朽從之便是。」他已經給曹操當刀子誅害了孔融，搞得聲名狼藉，再不願蹚一點渾水了。

董昭威脅郗慮無效，嚴厲的目光又掃過其他大臣，徐璆、劉艾、王邑、韓嵩、耿紀等都低頭看著手中玉笏，假裝沒瞧見。董昭卻不著急，只要耐心尋找，一群羊裡總會有最軟弱的一隻。當他的目光逼視到新任諫議大夫劉琮時，這個懦弱的年輕人不禁瑟瑟發抖。

「劉大夫，令尊割據荊州十餘年，蒙丞相寬宏饒恕其罪，您才能身在朝堂。如今連您也要違背他老人家的意思嗎？」董昭的聲音中帶著三分恐嚇。

劉琮本性怯懦又少不更事，聽他翻出昔日舊帳，嚇得體似篩糠諾諾連聲：「下官唯丞相馬首是瞻。」身為諫議大夫，當著天子說出這樣的話實在可悲至極。

蒯越受劉表遺命保護劉琮，雖然如今已無主臣之別，但昔日情分還在，見此情形連忙插話：「劉大夫，此番所論之事乃是改易九州，今朝堂之上並無丞相，您這樣恐怕不妥吧？」表面上是批評劉琮，實際是怕這孩子沾上惡名，要他趕緊閉嘴。劉琮會意，趕緊低下頭不言語了。

董昭暗怨蒯越多事，卻無法爭辯，只能暗暗叫苦。荀彧鬆了口氣，輕蔑地看著董昭，一字一頓道：「聖人有云：『君子有三畏。畏天命，畏大人，畏聖人之言。』還望董大夫不要執迷不悟……」這話明是對董昭，實是對曹操而論。

不想就在此時一個謙和的聲音打破了沉默的氛圍，侍中華歆華子魚起身出班：「《呂覽》云：『上胡不法先王之法，非不賢也，為其不可得而法。』三代不同禮而王，五霸不同法而霸。更易九州上為社稷下恤百姓，順應時政有何不可？」

他站出來橫插一杠，荀彧既感意外又覺激憤。意外的是華歆畢竟是當代名士，受朝廷幾番征辟才來到許都的，竟然會在這個關鍵時刻與自己唱反調；激憤的是昔日華歆為豫章太守，就曾獻地於孫策，有人說他懼怕強權沒骨氣，看來並非無理。當年他對孫策逆來順受，如今又萬事聽命曹操了。荀彧無可奈何把牙一咬，索性挑明：「華公所言甚善，但九州之制非國家根本大政，昔日王莽改制也曾合併九州，亂易郡縣之名，為害不淺，豈可不慎乎？」

荀彧終於親口說出了這個名字，言下之意很明確，誰要是改了九州制，誰就是當今的王莽，誰就是篡奪漢室江山的野心家！你們不就是要讓曹操一步步走向皇位嗎？何必虛虛假假隔著窗紗說話，有膽子就敞開明說。

董昭滿腹怨氣，華歆一臉尷尬，都不敢再說什麼，誰也擔不起這麼大的罪名啊！正思量該如何應對，偏偏在此時又有一個中年官員不緊不慢站了起來：「令君何必如此拘泥？武王不討殷商，何以開周朝八百年之世？高祖不勝項籍，何以定大漢今日之業？難道這些都是開天闢地就有的？莫說九州制當復，以曹丞相今日之功，又豈能屈居列侯之位？今曹氏三子已為縣侯，自古子不可同於父，以下官之見，九州制之後當復五等爵，開其公國以酬大功！」

荀彧忽然感到一陣寒意，彷彿五臟六腑都被寒氣侵蝕了。因為說這番話的不是別人，恰恰是他的女婿、治書侍御史陳群！他沒料到連自己的女婿兼同鄉都站到了曹氏一邊，沒料到這個昔日與孔融稱兄道弟的人竟有這麼大的改變，更沒料到他如此坦然捅破窗紗，公然聲稱曹操應超登公爵建立封國！這不單單是荀氏家族勢力的分裂，也是潁川士人集團的分裂，更是士大夫道義的分裂。他又想起孔融曾褒貶汝南、潁川兩地士人，曾斷言「潁川士雖疾惡，未有能破家為國者也」。當時荀彧還有些不服氣，現在看來豈不是被孔融一語中的？

效忠天子維護皇權的士大夫之節已蕩然無存了，群僚們一個個懦弱怕死，希圖幸進，隨波逐流。荀彧的心涼透了，他已不想再在這個虛偽的殿堂上停留片刻；他恭恭敬敬向天子大禮參拜，起身後將牙笏往腰間一塞，邁步就往外走，當他即將跨出大殿的那一刻，忽然扭過頭，鼓足勇氣聲嘶力竭道：「天下有道，則禮樂征伐自天子出；天下無道，則禮樂征伐自諸侯出。道之大原出於天，天不變，道亦不變！難道這天要變了嗎？」

霎時無論董昭、華歆、陳群，還是那些作壁上觀的群僚盡皆披靡。良心何在？臣節何在？面對如此強烈的質問，他們如何作答？荀彧喊罷這一聲，頓覺胸中空空如也，頭也不回邁步下階。初夏的陽光照耀在宮廷的青磚之上，閃爍著一層暖洋洋的白光，而他身上依舊那麼冰冷冰冷的。他心裡很清楚，這種抗拒並不能改變什麼，再有力的辯駁也阻擋不住曹操的行動，一切都是徒勞！

荀彧走了，大殿上一時寂靜無聲，隔了半晌群臣才把目光又集中到天子身上。劉協頭戴天子冕旒，墜下的珠簾擋住他的臉，群臣也瞧不清他究竟是何表情，只聽他無奈地歎息一聲：「唉……散朝吧！」那顫巍巍的聲音似乎透著一絲哽咽。

第十五章
曹操晉位魏公

壽春備戰

建安十七年秋，曹操經過精心籌備再次起兵征討孫權。這一回不單是要完成奪取江東的宏願，更為了洗雪赤壁之戰的前恥。曹操記取上次輕敵落敗的教訓，發兵之前命阮瑀以自己名義給孫權寫了一封長達千言的書信（《為曹公作書與孫權》，見附錄），不但誇耀曹軍實力，舉例了前朝淮南王劉安、涼州隗囂、漁陽彭寵等地方割據的失敗，並給孫權指明出路：「內取子布，外擊劉備，以效赤心，用復前好，則江表之任，長以相付，高位重爵，坦然可觀。上令聖朝無東顧之勞，下令百姓保安全之福，君享其榮，孤受其利，豈不快哉！」

但曹操也明白，孫權早就鐵了心與自己一爭天下，張昭是他招賢納士的旗幟，劉備是江東的重要盟友，他怎麼可能自毀長城？這封信既是招降書也是宣戰書，明確告訴孫權——老夫又要提兵討伐你了，前番有周瑜領兵贏得僥倖，這次你還抵擋得住嗎？

鄴城起兵之後，曹操南下先至譙縣，與于禁、路昭、馮楷等豫州諸軍會合，並攜曹丕、曹真、曹休等子姪拜祭了曹氏祖墳；既而轉道向東兵進壽春，又與屯守淮南的張憙、倉慈等部會合，並徵調青、徐水軍及九江、廬江、汝南、南陽等郡官員，總兵力超過十萬，對外宣稱四十萬，其規模絲

毫不亞於赤壁之戰。揚州刺史溫恢、別駕蔣濟、從事劉曄、朱光、謝奇等人聞曹操親至，提前就從

合肥趕到壽春迎接，安排了糧草輜重，並趁此機會報告這幾年來淮南的情況。

曹操、曹丕信馬由韁馳騁在壽春以東的原野上。秋收還沒結束，田間的稻穀堆得像一座座小山，時而有精壯的小夥子趕著車來搬運。不過他們並不是百姓，而是綏集都尉倉慈麾下的士兵。曹操觀看多時，回首對跟隨的揚州官員道：「看來淮南軍屯卓有成效，不過民屯……唉！」當初赤壁之敗袁術舊部叛亂，戰事平息之後曹操為了防範孫權再度侵擾，把沿江諸縣十餘萬百姓都遷到了壽春以北進行屯田，不料百姓安土重遷又畏懼屯田重賦，紛紛逃亡，如今不過十剩一二，絕大部分百姓反倒過江投了東吳。近十萬人進入孫權境內，不但可以開荒種田，還可以擴充軍備，無異於資財與敵，這個徙民政策是個嚴重失誤。想至此曹操特意瞟了一眼揚州別駕蔣濟，自嘲道：「本來想讓百姓們避難，結果反倒把他們全都趕跑了。老夫慮事不周啊！」

蔣濟當初極力反對遷徙之策，怎奈力爭無效，才造成今日之局面；不過身為下屬怎好揭丞相瘡疤，轉而道：「域民不以封疆之界，固國不以山溪之險。只要丞相重整河山廣開恩德，何愁那些百姓不回來？再者屯民逃亡也不僅僅是厭惡屯田，在壽春以南有一夥山賊，為首的頭目叫陳策，原本也是袁術舊部。雷薄、陳蘭等覆滅後，他帶了些零零散散的隊伍嘯聚山林，不到一萬人，大部分還是老幼家眷。他們占據深山險要，倒不與孫權勾結，平日也不為患，唯獨秋收時節出來搶些糧食。有些屯民是被他們搶怕了，交不上糧食才逃的。」

曹操掉轉馬頭：「我知道這件事，昨日已派張憙領兵去勸降了。若是順利好歹給陳策個小官，叫他山裡那些百姓出來，也可以彌補些屯民嘛！」話雖這麼說，他卻已經在考慮修改屯田的政策。經過這麼多年，北方大部分城邑已安定，糧食不再是問題，流民也越來越少，屯田的策略越來越不適應形勢，以後似乎沒必要再搞大規模民屯了，完全可以用軍屯取代。

曹丕自從那日被父親教訓，越發謹小慎微，適時插口道：「父親，今值秋收時節，山賊未附，恐怕此地不甚安全，還是回營吧！」

「嗯。」曹操緊了緊征袍，「是該回營了，前方戰報也該到了。」

一行人回轉大營，果不其然，自合肥傳來張遼軍報，孫權聞曹軍至壽春也加緊備戰，向江北大營增兵戍守，又發出書信向劉備求援；曹營眾掾屬正彙聚大帳商討對策。曹操笑道：「江東能征之將莫過於周郎，今周公瑾已死，餘者不足為懼；至於劉備遠在蜀中，又有曹仁、滿寵屯於襄樊，自顧尚且不暇，又豈能幫得了孫權？我聽聞周瑜死後，孫權以魯肅代之，領兵四千屯於陸口，足見孫、劉兩家嫌隙已生。以利相交，利盡則散；以勢相交，勢去則傾，如今不能與赤壁之戰時同日而語。這次我先不管劉備，就打孫權；江東若定，荊州不足為慮也！」看得出來，曹操對眼前這一仗還是頗有信心的。

群僚無不附和，這時有校事盧洪領董昭之命自許都趕來：「啟稟丞相，有長安方面軍報，月前馬超自西涼舉兵復侵隴上諸縣，韓遂所部也蠢蠢欲動。」

前方的仗還未打，後方又出了亂子，曹操不禁蹙眉：「馬超賊心不死實在可恨，他既然要造反造到底，老夫就成全他。傳命至許都，將馬騰父子滿門抄斬暴屍四門！」

「諾。」盧洪領命，又呈上一封書信，「這是荀令君給您的。」

「嗯。」曹操的漸漸臉色由晴轉陰，深吸了一口氣，才打開書信慢慢觀看。

帳內群僚皆已聞知許都朝堂之事，荀彧反對曹操晉位公爵，幾乎鬧到勢同水火的地步。這會兒一見書信，群僚無不提心吊膽——他們固然不反對曹操的僭越，甚至樂觀其成，但大多數人與荀彧也非泛泛之交。荀令君輔助曹操二十餘年，其中主持朝政就長達十七年，無論朝廷還是幕府，甚至軍隊，誰不曾受過他的恩澤提拔？倘若荀彧獲罪，曹操震怒追究起來，再有盧洪、趙達等輩煽風點火，有幾人能脫清干係？牽一髮而動全身啊！

一時間寂靜無聲，所有人都低著腦袋，以眼角餘光默默關注曹操的反應。恰逢將軍張憙交令，急匆匆邁進大帳：「末將參……」

「大膽！竟然不從我意！」曹操拍案大怒。

張憙大駭，跪倒請罪：「原來丞相已知道了……那山賊陳策不肯歸降，請丞相治罪。」

曹操把書信一摺，就勢衝張憙發作道：「廢物！為什麼不殺了他？螳臂當車自不量力，小小草寇也敢抗拒天命？」

張憙羞道：「陳策居於險要難以攻克，末將兵少不能得勝。」

曹操狠狠拍著帥案：「天下之人如流水，障之則止，啟之則行！生殺予奪盡在我手，我欲為之誰敢阻攔？敬酒不吃吃罰酒，此人不除何以立老夫之威？給我把曹洪、于禁、路昭、鄧展他們都找來，我要發動大軍進剿陳策！」

對付一股小小的山賊，何必動這般陣仗？曹操所怒的似乎不單單是陳策。軍師祭酒杜襲為人憨直，又是急性子，忙出班諫言：「山賊草寇嘯聚深山，守易攻難。無之不足為損，得之不足為益，為此小患何必煩勞大軍？」

曹操卻厲聲道：「雖不痛，癢亦難忍！老夫縱橫半世威震天下，四方豪傑尚且懼怕，難道偏偏不能馴服一人？」

這些小題大做的話真的是說陳策嗎？群僚見他賭上這口氣了，都不敢隨便吭聲；忽聽有個清脆的聲音道：「下官有一言，望丞相深納。」眾人斜眼望去，說話的是揚州從事劉曄。

劉曄，字子陽，淮南成德人，原是征虜將軍劉勳任廬江太守時的舊部，以機智多謀著稱，曾助劉勳計殺巢湖太守鄭寶，官渡之時劉勳降曹，他也歸順了朝廷。曹操也曾徵召過他，對他的才能格外欣賞，但不知何故未加重用，非但沒能留任幕府，連同為淮南舊部的蔣濟、倉慈等人都比不了，至今只是區區揚州從事。

外人不解緣故，曹操卻很清楚。劉曄千好萬好，可他乃光武帝與郭皇后之子、阜陵質王劉延的後人，漢室嫡派宗親，曹操欲取劉氏之社稷，對這種人難免心懷芥蒂，故而不加升賞。今日一見此人進言，不禁引起注意：「子陽有何話說？」

劉曄身材高大，弓著腰在帥案前答話，更顯得畢恭畢敬：「陳策小豎因亂赴險，非有爵命威信之人難以相伏。往者偏將資輕，而中國未夷，故策敢據險以守。今天下略定，後服先誅。昔日李左車為韓信畫策，顯聲威而服燕齊。韓信區區一將，何況丞相之德？以下官之計，丞相無需大動干戈，給草寇發下一道教令，歸降者有賞，抗拒者加誅，令宣之日軍門開啟，賊寇必然畏死而投效我軍，陳策之眾不戰自潰！」

誰都沒料到，曹操聽了這話竟露出了一絲笑意：「歸降者有賞，抗拒者加誅，順我者昌逆我者亡，這倒是好辦法。張憙，你聽見沒有，就按劉子陽說的辦！」

「諾。」張憙擦擦冷汗，領命而去。

「劉子陽，你以後也到幕府任職吧！」令曹操滿意的不僅是劉曄的計策，更是劉曄的態度。身為劉氏嫡派宗親，卻大頌自己的威德，漢室之後尚且如此，又何慮別人反對自己稱公？

劉曄早盼著出頭之日，聽曹操發了話，頗有撥雲見日之感，挺大的個子跪倒在地連連叩頭：「謝丞相提攜，謝丞相提攜……」曹操卻不在意他這些感激話，信手取過一份空白竹簡，搦管而書。

眾人都感覺得到，曹操發脾氣並非針對陳策，看了荀彧那封信後他心情就變壞了。可信上究竟寫了些什麼誰也不敢問，眾人望著他奮筆疾書寫了份文書，抬手交與趙達：「速速入京交與董昭辦！」交代完又掃視群僚，冷冷道：「今四境不寧戰事頗多，軍務冗雜非一人所能獨任。自即日起荀攸改稱中軍師，增鍾繇為前軍師，涼茂為左軍師，毛玠為右軍師，共擔各方軍機之事。」

表面上看這是為了應對眼前的局面，但多方對敵也不是第一次，以前沒這麼多軍師還不是照樣應對？一個軍師變成四個，這分明是分荀攸的權！看來荀彧這次真的惹惱曹操了，整個荀氏家族的地位都在動搖。好事之人不禁偷偷瞥了荀攸一眼，卻見他滿臉木然，任何表情都沒有。

大難當前能自保就不錯了，還敢苛求什麼？荀攸又悲又懼，只能把對荀彧的愧疚埋藏心底……

荀彧罷職

尚書令荀彧披著一襲長衣站在自家院落裡默默出神，抬頭望去，凜凜朔風捲著枯黃的落葉輕輕飄過院牆，宛若蝶群撲向花枝。不過他心裡明白，世有興衰人有榮辱，肅殺的秋天已經到了，自己也如這院中的花朵恐怕不久就將凋謝。

自上次朝會已過了好幾個月。這段日子荀彧一直閉門不出，也不接見任何人，連台閣的事情都拋下不管了。剛開始還有大臣謁門求見，希望他出來主事，他一概拒而不見，漸漸也無人登門了。台閣的詔書由荀彧掌管著，只要他不安排下詔，改易九州就不能實施，董昭後續的計畫就不能得逞。但拖著不辦並不能使事態有所好轉，曹操圖謀天下的野心不會因個別人不合作就停滯，相反矛盾只會越積越深。荀彧何嘗不明白，這麼幹不過是自欺欺人；曹操畢竟是丞相，錄尚書事，大可繞過自己直接宣布政令，只不過是他身在前線暫時無法兼顧罷了。那一天遲早會到來，到時候他又何去何從呢？

曹操已離開譙縣前往壽春，渤海操練的水軍將南下與中軍會合，馬超再次舉兵侵入隴西，馬騰及在京家眷已被全部處死，涼州刺史韋康接連告急，楊沛捅出的一宗宗案卷已遞入省中……這些都是牽動天下的大事，等著台閣下詔處置，可素來兢兢業業的荀彧卻對這一切政務都失去了興致。如果所做的一切不是以復興漢室為前提，那又有什麼意義呢？

荀彧掌管中樞比誰都清楚，這樣下去會是什麼結果——天早晚要變！可是對大漢王朝的忠誠、對無辜天子的同情禁錮著他的靈魂，他始終不甘心迎合曹操；而他所擁有的權力又不足以與曹操對抗，十幾年來共同創業，曹操對他的提拔、恩賜更令其無顏以對。此所謂進退失據，又能怎麼辦呢？只剩下回避，只剩下拖，只能默默等候命運的安排。前番殿廷爭鋒早把改易九州的真面目戳破，曹操意欲躋身王公已是人所共知的祕密。董昭也沒必要藏著掖著了，接連碰壁後當然要訴諸曹操。曹操的應對之策卻頗令人匪夷所思，他上表朝廷，請封天子劉協的四個小皇子劉熙、劉懿、劉邈、劉敦為王，這無疑是要告訴世人——即便我當了公爵，劉氏依然是皇族，皇子照樣封王。緊接著又有另一份表章傳到許都，請求給荀彧再次增封。

但這些鬼把戲騙不了荀彧。若要取之，必先予之，給四位皇子封王不過是掩人耳目之舉，今日固然能立，他日若連天子都換了，還談什麼皇子？況且這四位皇子都是宮人庶出，伏皇后的兩個嫡出皇子連提都沒提，這又有什麼誠意可言？不過請求增邑的表章卻對荀彧觸動很大，曹操列舉了荀彧在平定河北以前出謀劃策所立的功勞，表面上看是對荀彧的褒獎，實際卻是暗示——你反對我僭越，反對我篡奪劉姓天下，可若是沒有你，我能走到今天這一步嗎？既然我走到今天也是你推波助瀾，又有何理由反對我呢？

荀彧看罷啞口無言，他在內心深處反覆問自己，主持朝政十七年到底在為誰效力，為誰奔忙？如果說為了大漢社稷當今天子，那為何會走到今天這一步？忙來忙去天下都要改姓曹了，豈不是事與願違？如果根本就是為曹操，那為什麼非要為姓曹的效力？這於漢室江山又有什麼好處？早知今日當初何必棄袁紹歸曹？反正都是一樣的！

荀彧陷入了自我矛盾的痛苦中，隱隱覺得這些年來自己所作所為都毫無意義。漢室天下並沒比當年董卓當政時好多少，甚至那種深入骨髓的危機更可怕，更無可挽回！當初護衛天子東歸的那幫忠義之臣死的死，老的老，似孔融那樣的耿介之士也已血染屠刀，如今的朝堂已變成一具空殼。更可怕的是世風變了，人心變了，那些佇立在幕府和朝堂中的士人彷彿不是讀《孝經》、《論語》長大的，溫文儒雅的表像下埋藏的是怯懦，是野心，是欲望。似徐璆、劉艾那等威望老臣緘口不語，郗慮、華歆等輩更是成了曹操的走狗！最令荀彧痛心的是連自己女婿陳群都公然站到了曹家的船上，昔日陳寔、陳紀父子的赤膽忠心何在？似乎沒人再把天子姓什麼當回事了。

雖然如此，荀彧依舊不能接受曹操的「好意」，他已是萬歲亭侯，封邑二千戶，如果再接受就等於投降，就等於默認曹操的一切行徑。他堅決予以回絕，並回書曹操：「本興義兵以匡朝寧國，秉忠貞之誠，守退讓之實。君子愛人以德，不宜如此。」希望曹操懸崖勒馬，可是以道義為措辭的勸告能起作用嗎？曹操的耐性還能持續多久？

「父親……」正在荀彧佇立園中暗自焦慮之際，他的兒子荀惲悄悄走到他身後。

「唔？」荀彧自茫茫憂愁中回過神來，「有事嗎？」

荀惲自從娶了曹操之女便躋身仕途，如今是個散秩郎官，平日也頗得人稱讚，議論時政滔滔不絕，可面對父親卻欲言又止，木訥半晌只道：「外面涼，請父親保重身體。」

荀彧歎了口氣：「保重身體……未知這漢室社稷又由誰來保重。」

「方才侍中華歆又派人來探望，還送了兩挑禮物。」

「你收下了？」

「孩兒不敢。」

「對，不能收。」荀彧明白，這時候任何人的饋贈無論好意歹意都不能接受，「你去吧，沒事別來打攪我。」

荀惲卻沒有走，滿臉愁苦凝思半晌，還是忍不住道：「父親如此閉門拖延，何日才算盡頭？」

荀彧倚到一塊假山石上，兩眼茫然道：「能拖一天是一天，能拖一時是一時。明日之事焉能料想？」

荀惲又沉默了，但有些話他不能不說，心裡鬥爭良久，最後一撩衣襟跪倒在父親面前：「孩兒有話要說。」

知子莫若父，荀彧早意識到兒子想說什麼，忙一把拉住：「你給我起來！」

「孩兒不起來！」

「你不起來就是不孝！」荀彧受到的打擊夠多了，他再不想聽他把心裡話說出來。

荀惲臉上已滿是淚痕，死死跪在地上，抱著父親大腿就不起來：「父親！聽孩兒一言吧。孩兒不單是為您，也是為我荀氏一族考慮，您就聽孩兒一言吧……」

荀彧畢竟扯不動這大小夥子，三拽兩拽紋風不動，氣哼哼跺腳道：「那你就說吧！說啊！」

荀惲擦擦眼淚，哽咽道：「父親，世道已經這樣了，您不甘心又有何用？今曹氏干政積弊已深，冰凍三尺非一日之寒，大廈將傾獨木難支，您又何必這般自苦？」

「你不懂，你完全不懂。」荀彧不住搖頭，「效忠天子道義所在，何言自苦？」

「道義乃盡力而為之事，並非無謂犧牲。」

「你說什麼？」荀彧瞠目結舌，像注視陌生人一樣看著兒子。

荀惲渾然不覺，兀自道：「凡事只可盡人事，而不能知天命。今漢室權柄已失、仕宦進階已易，天命尚且如此，劉姓天下何可復興？父親不以自身為念，也需為我荀氏族人和潁川諸君著想啊！」

荀彧只覺腦中轟隆一聲，彷彿有什麼東西倒塌了。眼前跪的是他的兒子，可想法卻與自己格格不入——難道忠於天子不應該嗎？難道維護道義有錯嗎？當初董卓入京之際，多少大臣明裡暗裡維護皇權，不惜以性命為代價。可是經過這二十多年的戰亂，這世道真是變了，變得屈從權勢，變得泯滅良心，變得如此現實。沉默之後便是惱怒，荀彧竟覺得自己的兒子如此勢利醜惡，他教養子姪從不以棍棒，今天卻揚起手來，要狠狠扇荀惲一記耳光！

「父親息怒……」次子荀俁、三子荀詵以膝代步爬到他面前——原來三人早商量好了，大哥出來勸，他倆就在假山後面偷聽；見兄長要挨打，趕緊也跪了出來。

看著三個叩頭啼哭的兒子，荀彧顫顫巍巍把手縮了回去。打他們又有何用？世風日下孰能奈何？他們都是在沒有皇權的時代長大的，何來對漢室社稷的感情？似長子荀惲，不但與曹植是總角之友，還是曹家的女婿，日後無疑也會是朝廷新貴，叫他對抗曹操可能嗎？荀氏家族早已與曹氏水乳交融密不可分，難道自己不知不覺間締造了這一切，還要親手把這關係打碎嗎？滿門的身家性命、仕宦前途……何止是自己滿門？似鍾繇、辛毗那些交往密切的同鄉，乃至整個潁川士人集團的前途和命運都掌握在他手裡。即便自己不願，難道還要拉別人一起倒霉嗎？雖說君子成人之美，不成人之惡，但現今這個世道，何為美何為惡，早已模糊得看不清界限了！

頃刻間，荀彧感到自己如此孤獨，彷彿世上已沒人能與自己推心置腹，他踩著棉花一般進了自己的書房。荀惲、荀俁、荀詵兀自跪著不敢起來，眼巴巴望著父親緊閉的房門，既焦急又悲涼。就這樣跪了好久，忽聽房門一響，荀彧走了出來——但見他頭戴冠冕，身披朝服，手持笏板，腰掛革囊，一副上朝的打扮。

「父親……」

「備車，我要入宮。」

荀惲眼睛一亮：「您要批准詔書？」

「不。」荀彧搖了搖頭。

「您還要與董昭力爭？」

「不。」荀彧又搖了搖頭——他要做什麼，其實自己都不清楚。抗拒曹操他沒有那麼大的決心，而順應曹操又太違心了。他已找不到方向和歸宿，只想再看看皇宮，看看天子，看看他十七年來兢兢業業處置朝政的地方。

從他的府邸到皇宮不過短短兩條街，荀彧故意囑咐車夫走慢些，他慵懶地倚在扶手上，瀏覽著許都的街巷——十七年前這裡不過是小縣城，他與曹操殫精竭慮籌錢籌糧，把它建造為大漢都城，雖不敢比昔日的洛陽、長安，但每一磚每一瓦都浸透了自己的心血。可如今已有了鄴城，這裡的一切都將被捨棄嗎……荀彧仔仔細細打量著眼前的景致，似乎想把一草一木都印入腦子裡。他早已預感到，自己可能是看一眼少一眼了！

行至宮門荀彧下車，穿儀門過複道，宮中的侍從黃門看到他無不驚訝，即便那些差事在身的人都不禁停下腳步，恭恭敬敬向他施禮。荀彧一概不理，手握笏板低頭想著心事，或許是習慣使然，不知不覺走到了尚書台。閣內靜悄悄的，荀彧不在的這段日子，台閣幾乎已癱瘓了。尚書左僕射榮部是年高老臣，眼瞅著荀彧不來，他又豈能出來蹚渾水，乾脆也告病了；尚書右僕射衛臻年少德薄，又出自曹營，更要避嫌。於是只剩尚書右丞潘勖為首的一干令史，群龍無首不知所措，漸漸無人問津門可羅雀。

當荀彧走進台閣的那一刻，所有人都愣住了，一時間鴉雀無聲。潘勖素來是尚書台的筆桿子，正奮筆疾書，猛然看見荀彧進來，竟手一哆嗦，墨筆落在了地上。愣了半晌大家才想起施禮：「拜見令君。」荀彧竭力想讓自己笑出來，矜持著向眾人揚揚手，信步來到潘勖案邊趨身撿起筆來：「元茂，這些日子辛苦你了。」

「不敢，不敢。」潘勖兩眼亂轉，面帶驚惶之色。

荀彧覺出不對勁，低頭看他案上寫了一半的文書：「你在起草什麼？」

「沒什麼……沒什麼……」潘勖連忙起身，一把按住那卷簡冊。

荀彧卻已牢牢抓住一角：「鬆手，叫我看看。」

潘勖搪塞道：「不要緊的事，令君別看了。」卻見荀彧瞪大了眼睛狠狠注視著自己，心頭一顫，還是不由自主鬆了手。

或許是這些日子憂心過度，荀彧的眼有些花了，拿起簡冊端詳了半晌，隨口默念了兩句：「朕聞先王並建明德，胙之以土，分之以民，崇其寵章，備其禮物，所以藩衛王室，左右厥世……朕以眇眇之身，托於兆民之上，永思厥艱，若涉淵冰，非君攸濟，朕無任焉，以冀州之河東、河內、魏郡、趙國、中山、常山、鉅鹿、安平、甘陵、平原凡十郡，封君為魏公……」這顯然是冊封曹操為魏公的詔書，潘勖即便有天大的膽子也不敢以天子的名義擅發冊命，毫無疑問這又是曹操在背後指使的。

潘勖早已面如死灰——董昭叫他起草，他敢不寫嗎？荀彧若不讓他寫，他又豈能擅自落筆？左右都惹不起，萬般無奈只得跪倒在地閉上眼睛，等候荀彧斥責。不過荀彧卻沒有責難的意思，只是冷笑道：「好文采，真好啊……」罵潘勖又有何用？曹操一心要做的事誰又能阻攔？即便荀彧不在位子上，他依舊可以遙控這個朝廷，曹操絕不會因為一個人反對就不再走下去。荀彧捧著這份詔書，心已經死了。在場眾令史都低著頭看都不看荀彧一眼，既非不敢也非不屑，而是不忍！

就在一片寂靜之中，廊下響起了腳步聲，兩位青綬長官一前一後走了進來——前面是董昭，後面跟著華歆。

董昭顯然沒想到荀彧在此，手中正捧著卷文書，險些掉在地上；一陣錯愕之後才穩住心神，擠出一絲微笑：「原來令君也在……您來得正好，丞相有份緊急文書，恰與您有關。既然來了，下官也不必到你府上叨擾了。」說罷展開竹簡讀了起來，雖然他竭力掩蓋緊張，可聲音還是有些顫抖：

臣聞古之遺將，上設監督之重，下建副二之任，所以尊嚴國命，謀而鮮過者也。臣今當濟江，奉辭伐罪，宜有大使肅將王命。文武並用，自古有之。使持節侍中守尚書令萬歲亭侯彧，國之重臣，德洽華夏，既停軍所次，便宜與臣俱進，宣示國命，威懷醜虜。軍禮尚速，不及先請，臣輒留彧，依以為重。

這名義上是表章，口氣卻無異於命令，「軍禮尚速，不及先請」，將在外君命有所不受，根本無須向天子請示，也不必中台發詔，急調荀彧赴軍中任職。什麼「奉辭伐罪，宜有大使，肅將王命」不過是冠冕堂皇的鬼話，曹操已沒有耐心了，要把荀彧調離尚書令的崗位！

「宣示國命，威懷醜虜？」荀彧茫然咕噥著，「丞相要我到軍前效力？」

董昭不敢直視他，低頭捲著竹簡：「丞相請您暫領光祿大夫之職，持節到軍中參謀軍事，宣示王命。」

「持節？」荀彧一陣苦笑，「持不持節還有什麼意義？」

董昭一時語塞，思量半晌才強笑道：「令君切莫多想，丞相召喚但去無妨。你們之間有什麼話說不開？」平心而論，董昭雖力挺曹操上位，但與荀彧之間並無恩怨，一切皆是情勢使然，董昭也不願搞到這一步。可事已至此無可挽回，曹操將荀彧撤職也就罷了，又調他到軍中赴任，恐怕這不是什麼吉兆。

但荀彧考慮的並非自身安危：「我走之後誰主持中台之事？」

董昭瞥了一眼身後：「丞相已指派華公暫代尚書令之位。」華歆也頗覺尷尬，只拱了拱手沒有說話。

華歆雖是德高望重海內名士，但生性拘謹柔弱，昔任豫章太守，孫策提兵來襲，他無力抵抗竟手捧印綬開門投降。後來孫策死了，孫權位置不穩屈從曹操，他才得以回歸中原。此人在亂世之中磨圓了稜角，消磨了性格，由他主持朝政，當然對曹操唯命是從了。

此時此刻荀彧竟感到一陣輕鬆，卸下尚書令的位子，重擔也就不在了。他扭頭望著一牆之隔並不十分雄偉的皇宮大殿：「臨行之前我想面見天子。」

董昭頗有難色，柔聲勸道：「軍中召喚十萬火急，符節印綬下官都替您準備好了，伏波將軍夏侯惇已在城外紮營。令君還是不要面見天子了，回府收拾收拾，明早就隨他去吧！」荀彧已不再是尚書令，但他仍不由自主喚其為「令君」，即便董昭也無法否認，所有人都已習慣荀彧主持下的朝廷，他的領導力和功績是任何人都抹殺不了的。

說完這番話董昭輕輕低下了頭——即便有曹操做後盾，他在荀彧面前依舊顯得那麼渺小。但出人意料的是荀彧沒有再堅持，而是默默轉身而去，行出好遠才喃喃道：「不見也好……不能保江山社稷，我還有何臉面再見天子。」

望著荀彧孤寂的背影，董昭長出一口氣，他沒有感到半點兒獲勝的愉悅，而是靜靜倚在門邊，茫然望著落葉紛飛的御園。閣內潘勖等僚屬也都默然不語，唯有華歆那溫和的聲音傳來：「老夫受丞相錯愛，自今日起職掌中台之事。新官上任未能詳熟，望列位大人多多輔助。我輩自當同心效命天子，為了我大漢朝廷江山永固，也為我等身家無恙，要謹遵丞相之命啊……」

第十六章

荀彧殉漢

陳兵濡須

建安十八年（公元二一三年）正月，長江重鎮濡須口[1]一片血雨腥風，孫、曹兩軍已激戰了一個上午，在曹軍的強烈攻勢下，孫權的江北大營已岌岌可危。

鎮守江北大營的是東吳小將公孫陽，五年前他跟隨周瑜打過赤壁之戰，親眼目睹了曹軍的慘狀。在他看來曹操早已一蹶不振，又剛剛結束對關中的戰事，必定將帥疲憊士無戰心，所以當孫權詢問有誰敢北渡結營時，他自告奮勇接受了這個艱巨的任務。受任以來公孫陽不可謂不盡力，他不但成功地在江北楔下一座大營，還煽動了大量屯民投效江東。但是當敵人似排山倒海一般湧向自己營寨時，他倏然意識到——曹操已擺脫戰敗的陰影，重新站起來了。

箭雨如飛蝗般從四面八方撲入營寨，所有軍帳都射得篩子一般，下至普通兵卒，上至公孫陽本人都中了箭，每個人渾身都血糊糊的，兀自忍著劇痛奮勇抵抗。在長戈大戟的衝擊下，寨牆箭櫓都已垮塌，將士們只有靠血肉之軀築成人牆。但即便慷慨奮死也無濟於事，東邊樂進、西邊張遼、南邊臧霸、北邊李典，四路猛虎齊撲這座營寨，誰能守得住？唯一希望就是南岸的援軍，可曹操中軍把江岸封鎖得銅牆鐵壁一般，東吳戰船根本靠不了岸。

公孫陽揮舞戰刀冒著弓矢左右馳騁，時而到左邊激勵將士，時而到右邊指揮布防，鎧甲上已扎了十餘支箭，剜心一般劇痛。公孫陽還能忍，戰馬卻經受不起了，他只覺韁繩越來越難勒住，最後手底下一鬆，栽落於地；那中箭受驚的戰馬四蹄狂奔，踏死兩個士卒奔出營外，被曹軍刺倒在地。公孫陽從死屍中爬起，環顧千瘡百孔的營寨——死人倒比活人多，活著的也只剩半條命，寡眾懸殊援兵不到，完啦！

他忿然拔出佩劍：「不怕死的隨我突圍啊！」喊罷當先衝入曹軍陣中，絕大部分將士或死或傷，只剩數百人跟著衝殺下去。臧霸瞧得分明，手中佩劍一揮，上千名手執長戈的曹兵一擁而上，公孫陽左砍右剁，忽覺一陣劇痛——握著佩劍的右手被曹兵齊腕斬去。他鮮血狂噴未及慘叫，腿上又中一下，栽倒在血泊中。江東士卒此刻皆血肉模糊形同鬼魅，見將軍倒下了，全都豁出了性命，明知死路一條還是向著曹軍衝去。

將近未時戰鬥結束，江北大營陷落，公孫陽所部全軍覆沒。曹軍將士齊聲歡呼。有人把五花大綁的公孫陽推到曹操面前，這位只剩一手的小將連自刎都不成了，因失血過多面色慘白，兀自忍著傷痛，顫抖著立而不跪：「老賊休要得意，我家主公早晚取你狗頭！江東兒郎寧可站著死，絕不跪著生！」

曹操揚了揚手：「士可殺不可辱，這麼殘廢活著也是受罪，幫他一把吧！」

許褚揚起鐵矛狠狠刺入他腹中，公孫陽伏倒在地，斷氣之際口中還喃喃呻吟著：「誓殺……曹……賊……」

---

①濡須，古時河流，屬巢湖水系。濡須口即濡須水入長江的交匯口，在今安徽省含山縣東關鎮。

「快看！快看！好大的戰船！」士卒忽然騷動起來。曹操抬眼向江上望去，但見下游駛來一艘樓船。曹軍所見過的最大的樓船是當年赤壁之戰時曹操坐鎮的那艘，有三層高，能容納六七百人。可這艘樓船竟然有五層，猶如一座漂移江上的大山，船頭赫然插著江東水軍的戰旗。而在那艘船後面，還有數不清的戰艦、艨艟，與對岸綿延十餘里的大寨交相呼應。周瑜雖然不在了，江東仍不可小覷，戰船更新，軍隊擴增，糧草充足，將士用命。曹操意識到，這次南征仍然面臨苦戰。

這雖然是曹操的第二次南征，卻是他與孫權的第一次直接交鋒。為了打好這一仗，曹操幾乎調動了中軍和東南布防的所有軍隊，共計十餘萬，在濡須口以北列陣，甚至還徵調了一支在海上祕密訓練的水軍前來助陣。江東方面更不敢怠慢，孫權親率孫瑜、陳武、董襲、呂蒙、周泰、甘寧、徐盛、朱然等部，合計水陸兵馬七萬，沿長江南岸布防。孫、曹兩家又成隔江對峙之勢，大戰一觸即發……

打了半天仗又紮了半天營，一切安排妥當，天色已然大黑。勞碌一天的曹軍將士用過戰飯倒頭便睡，只有巡夜戒備的幾千士兵還打著火把逡巡江畔。五官中郎將曹丕卻久久不能入眠，手中捧著一首絕筆詩嗟歎不已：

> 丁年難再遇，富貴不重來。良時忽一過，身體為土灰。
> 冥冥九泉室，漫漫長夜臺。身盡氣力索，精魂靡所迴。
> 嘉肴設不御，旨酒盈觴杯。出壙望故鄉，但見蒿與萊。

阮瑀死了，雖然他按時完成了那篇曹操交代的檄文，卻戰戰兢兢心力交瘁，掙扎了幾個月，病死軍中。一代才子溘然長逝，臨終之際只留下這首無限淒涼的絕命詩。「丁年難再遇，富貴不重來。良時忽一過，身體為土灰。」人這輩子說快也快，韶華青春轉瞬即逝。親黨離散朋友亡故，五官中郎將的地位風雨飄搖，二十七歲的人了卻只能蜷縮在父親羽翼之下，當個規規矩矩的老實兒子，平生的快意和志願絲毫不能展現，這就是曹丕所面對的現實。吳質勸他做個孝順兒子，但給曹操當孝順兒子豈是容易之事？今後的路究竟怎麼走？曹植一黨的丁儀、楊修等人又會怎麼算計他？一想到這些，曹丕哪還有睡意，唯有獨對明月乞求蒼天的庇護。

其實在這個夜晚，難以入眠的絕不止曹丕一人。曹操也正慵懶地倚在榻邊，默不做聲盯著幽暗的燈火，他眼睛睜得大大的，絲毫沒有睡意。和洽、杜襲、王粲三人侍立在一旁，他們早把該匯報的事報告完了，而丞相卻沒有讓他們走的意思，眼看已是定更天了，他們支撐了一天，都有些打熬不住了，卻誰也不好意思先開口要求休息。

「我心裡煩。」曹操陰沉地道：「本來想召荀令君來軍中協理軍務的，沒料到他半路上病了，只能在譙縣休養，都好幾個月了，也不知病勢如何。」

和洽暗暗詫異——這件事他今天晚上重複念叨好幾遍了！

王粲笑道：「丞相牽念令君全軍上下無人不知，但人有旦夕禍福，三災小病總還是有的，想必也不會有什麼大礙。天色已然不早，您還是早早安歇吧！」

「嗯。」曹操答應一聲，微微合上二目，但立刻又睜開了，彷彿看到了什麼可怕的東西，喃喃自語道，「慢走！」

和洽三人都退到帳口了，趕緊止住腳步：「丞相還有何吩咐？」

曹操猛然坐起來，捏著眉頭逐個審視三人，緩緩道：「老夫實在難以入眠。子緒，你能不能留下陪我說說話？」

杜襲一愣，哪敢不答應：「好。」

其餘二人沒被留下，便施禮離開了。和洽倒也罷了，王粲卻有些酸溜溜的感覺——近年來他與和洽、杜襲、楊修極受曹操寵信，尤其他更是壓三人一頭，不論日常娛樂還是出兵打仗，曹操總帶著他，雖不能與當年的郭嘉相比，現今幕府中人也算無出其右了。今晚曹操卻獨留杜襲暢談，是不是對杜襲的信賴要勝過自己啊？

王粲瞥了和洽一眼，見他耷拉著那張醜臉，也看不出表情，不禁問道：「你猜丞相要跟子緒聊些什麼呢？」

「不清楚，天下的事誰能全都知道？」和洽醜陋的臉龐輕輕抽動兩下，似乎是笑，「你是不是有些嫉妒了？你夠得寵的了，難道想把所有人的差事都兼起來？」

王粲有些羞赧，卻道：「我倒不是這意思，只是不明白丞相到底有何愁煩。」

「或許是怕做惡夢吧！」

「怕做惡夢應該留你，你最有煞氣！」

和洽知他是取笑自己貌醜，淡淡一笑卻沒有再搭話，只是默默想心事——總覺得有些不對勁，荀令君真的病了嗎？

其實不僅王粲意外，連杜襲自己都覺意外。論博學他不及王粲、論精明他不及和洽，為什麼曹操偏要他留下陪自己呢？他們都走了，杜襲望著滿臉憂色的曹操，站也不是坐也不是，想勸幾句又不知從何談起，拱手愣在原地——殊不知曹操留他陪伴正因為他心機最淺。

曹操盯著幽暗的燈火沉默良久，忽然開了口：「子緒，坐下吧。隨便聊聊，老夫想聽你說說當年西鄂縣那場仗，你是如何以區區小城抵禦劉表大軍的。」

聽曹操提起這件事，杜襲不免泛起得意之色——當年他投奔曹操並未受到重用，只當了南陽郡西鄂縣的一個小小縣令，卻因為一場仗徹底改變了曹操對他的看法。那還是建安六年的事，劉表趁袁、曹兩家倉亭交戰之際進犯南陽，麾下萬餘兵馬包圍西鄂，杜襲猝不及防，當時百姓散於田野，城內之人不過千餘，正規軍只五十多人，輜重軍械幾乎沒有。但杜襲生性剛毅寧折不彎，竟親自登城，帶著這五十多人奮死抵抗，擊退荊州軍數次進攻，硬是堅守了半個月，終因寡不敵眾城池陷落。他又率領五十多人強行突圍，一路陣亡三十人，負傷十八人，卻誅殺了數百荊州兵。經此一役天下無人不知杜襲大名，他也因此被拔擢為議郎、軍師祭酒。

好漢不提當年勇，杜襲得意歸得意，卻不便夸夸其談，只是簡單說了說經過。曹操聽罷連連搖頭：「說著容易做起來難，五十人抗拒萬人何等凶險？當時你不害怕嗎？」

「敵眾我寡豈能不怕？」杜襲倒是實話實說，「但生死關頭怕又何益？西鄂被圍之時，南陽郡功曹柏孝長正好也在城裡，他對在下說了一番話，在下終身難忘。」

「他說什麼？」

「柏孝長奉郡將之命巡視各縣，行至西鄂正趕上敵人圍城。他是文弱書生，聽說荊州軍有一萬人，嚇得躲在館驛裡以被蒙頭渾身顫抖。可到了第二天敵人沒攻進來，他就漸漸掀開被子，爬到窗前傾聽動靜。第三天敵人還沒攻進來，他又打開房門打探消息。如此過了兩天，柏孝長的膽子越來越大，最後也登上城樓披堅執銳與我並肩而戰！」

曹操初時蹙眉，聽到這裡卻笑了：「到底是我選出來的官，也算是條好漢。」

「不錯。後來城池陷落，柏孝長當先突圍奮勇殺敵，身中數箭英勇陣亡。」說到這兒杜襲牽動衷腸，語帶一絲哽咽，「臨終之際他對我說：『勇可習也！』」

「勇可習也……」曹操不禁重複了一遍，「勇氣是可以鍛鍊的。」

「不錯。自古成霸業者無不習勇。六國洶洶天下紛紛，秦嬴政亦非生有神聖之能，若不習勇怎敢自號祖龍？西楚項籍拔山舉鼎，高祖疏少行陣之才，若不習勇豈敢覺之？昆陽之戰王莽百萬，我光武皇帝志不過執金吾，若不習勇焉敢憑千騎突圍而戰？合抱之木生於毫末，九層之臺起於壘土，千里之行始於足下。成大業者無不習勇，無不敢為天下先！」杜襲說到此處話鋒一轉，「好比這眼前的滔滔長江，上古以來平天下者無人在此為戰，但丞相您鍥而不捨兩番南征，一朝得勝必開青史之先河。如此陣仗若非大勇焉敢為之？」

杜襲的思路顯然還停留在眼前這場仗，他以為曹操的焦慮是當年赤壁之敗的陰影在作祟，料想丞相聽了自己這話必定轉憂為喜。哪知曹操的眼神越發黯淡了：「有些事情不是光靠勇氣就能辦到的。孫權水軍並不可畏，可畏的是那些看不見的敵人。」

「看不見的敵人？」杜襲不明其意。

曹操茫然起身：「五十人抵擋萬人倒也可戰，怕只怕老夫以一己之力獨對全天下之人。」扔下這兩句沒頭沒尾的話他信步踱至帳口，掀起帳簾仰望著夜空。

寒冷的冬季漸漸過去，又是一個春天。這個夜晚晴朗溫和，一彎新月掛在天際，淡淡的光芒灑向大地，可曹操的心緒卻彷彿被萬里烏雲籠罩著……兵無常勢，水無常形，戰場的勝負總可以設法把握，但人生際遇卻難以預知。曾幾何時他不過是個躊躇滿志的青年，想為大漢天下盡心盡力，親手締造了許都，開啟了漢室復興的契機；可後來又開始害怕大漢中興，害怕還政天子之後那清算的屠刀，多少個夜晚只要一合上眼睛就想起玉帶詔，想起那句「誅此悖逆之臣耳」，那個「耳」字最後一豎似乎還在滴血；但不知何時起，那畏懼又漸漸化為欲望，又想把這個天下據為己有。人之心性真是變幻莫測難以捉摸。

要親手改變已經創造的一切真那麼簡單嗎？時至今日曹操不得不承認，漢室天下依然「有德」。或許這種「德」早已被歲月和戰亂風化得模模糊糊，但它依然還存在——那就是開漢以來所遵循的道德教化。董仲舒所論「天人感應」，孝武帝罷黜百家、表彰六經、設立太學，光武帝勤修經學、宣布圖讖，班固修撰《白虎通義》訂正古今禮法，就連昏庸無道的先朝靈帝尚且校訂六經大肆宣揚……孔孟之徒在地下長眠了五六百年，可是他們所標榜的道德教化依然存在，依然籠罩著這個國家，而且已成為漢室社稷的最後一道保障，雖然它無聲無形，但這個看不見的敵人比千軍萬馬更厲害，桎梏著每個人的心靈。一個從小就教育百姓讀《孝經》的國家，改朝換代是何等樣事？王莽那血淋淋的下場還不足以為鑒嗎？

與荀彧的決裂或許只是個極端的例子，但更可畏的是那些不表態的人——貌恭而心未服。想必任何人心中都覺得篡奪漢室是萬惡的，不過迫於身家性命極少有人敢像荀彧、孔融那樣登高一呼。強權可以威懾一時，卻不能威懾一世；以勢壓人如同以石壓草，只要石頭不在，野草早晚是要冒出來的。就像那些被禁錮在屯田的屯民，只要得機會總是會逃走的。如果一個政權從開始就充滿非議，豈能長久？美好的話誰都會說，曹操在《讓縣自明本志令》中朗言：「設使天下無有孤，不知當幾人稱帝，幾人稱王！」可是到頭來自己卻要為帝為王，情何以堪？所以當荀彧勸告他「秉忠貞之誠，守退讓之實」時他才會如此惱恨，這豈不是揭曹操的言不由衷的短處？

如何才能打破四百年來的士人道德，創造一個供自己子孫享用的嶄新王朝？要做到這一點恐怕只能靠屠刀。就像杜襲所言那句「勇可習也」，不管前途如何，閉上眼睛去殺吧，去砍吧！斬斷舊有的道德圈子，甚至捨棄那些曾與自己相濡以沫的人，——再不是普天之下莫非王土，而是普天之下唯我獨尊！

但是這真的能成功嗎？曹操捫心自問，就連他這樣出身宦官家族，走上離經叛道之路的人都無法擺脫儒家教化的窠臼——他打著復興漢室旗號走上相位，借著天子名義招賢納士；同樣也拿著忠孝之義去教諭自己的兒子，當兒子結黨謀私之際他也不能容忍；當與董昭籌措謀奪九五之事時他總是那麼鬼鬼祟祟，其實在他本心裡也覺得這是見不得人的事。更重要的是，他還要用儒家的忠孝之道去教化自己的臣子。掌權者不遵禮數離經叛道，卻要臣下子民遵循道義效忠自己，這真是可笑至極，可悲至極……

曹操仰望月空越想越煩，不禁喃喃自語：「兼併者高詐力，安危者貴順權。可是不施詐力何以至權貴？既施詐力又何以使萬民順服？難道上古堯舜真的是靠仁義安天下的？此真千載不解之謎……」

杜襲一頭霧水跟在曹操身後站了半天，聽到此語才明白曹操所慮並非戰事。他雖秉性剛直，腦子卻實在不快，也望著那彎新月，心頭依舊懵懂——今夕何夕？到底發生了什麼事情令丞相難以入眠？

進退失據

就在曹操父子各懷心事望月沉思之際，六百里之外的沛國譙縣也有一人正對天長歎，那便是已經卸職的尚書令荀彧。

譙縣雖是曹氏故鄉，但曹操的近支子姪大部分已遷居鄴城，留下的人不過是看守田地墳塋。至於曹家那座老宅早已擴建為丞相行轅，莊院籬笆換成了青石高牆，百姓柴扉變成了起脊門樓，積穀場院改成一間間掾屬房，圍牆四角建起譙樓，士兵日夜守衛——這宅子和它的主人一樣，早已面目全非。曹操兩次南征都曾落腳於此，幕府僚屬也在此處置事務，不過那只是片刻繁華，軍隊開拔他們就走了。現在這偌大的府邸只有荀彧一位「客人」，被安排在一間客堂裡。每到夜晚百餘房舍都黑黢黢的，唯有一點火光，鬼氣森森的，靜得可怕。

荀彧受曹操之命轉任光祿大夫，說是請他持節至軍中宣示王命，實際上夏侯惇卻把他「護送」到了這裡。其實數月前大軍就離開了，根本見不到曹操，也見不到任何同僚。夏侯惇請他在此等候丞相調遣，卻不許邁出行轅一步，陪他住了兩日，第三天清晨就帶兵奔赴前線了，照顧他的差事落到駐守譙縣的將軍曹瑜身上。這位丞相的族叔待人倒還算謙和，卻沒什麼才幹，除了吃喝拉撒其他一概不知——就這樣，荀彧與外界徹底隔絕了。

剛開始曹瑜每天都來看看，問問他的生活起居，後來兩三天才來一次，再後來也不露面了。這座宅邸除了他之外，只剩下送飯的僕僮和把守大門的士兵。孤燈一盞，空屋一間，炭盆一只，荀彧就這樣冷淒淒熬過了一個冬天。不過他卻不覺有什麼不自在，甚至還感到一絲安寧。其實面對這冷清清的院落和面對滿朝文武又有何不同？反正他始終這麼孤寂，反正心中苦悶永遠解不開，反正大漢天下已經這樣了，見不見人、說不說話還有什麼意義？

春天就在一片寂靜之中漸漸到來了，但荀彧的心境卻永遠停滯在漫無邊際的寒冬。他不再想朝廷的事了，也不再考慮南征是否順利，只是盯著白旄節杖呆呆出神——象徵天子權威的符節倚在牆邊，三個多月沒碰一下，已落滿灰塵，就像一根廢棄的拐杖。荀彧感覺自己就像這根節杖一樣，沒有任何存在的價值了。其實整個大漢朝廷也像它一樣，慢慢步入歷史的塵埃……

譙樓傳來「咚！咚！」兩聲——定更天了。荀彧習慣性地起身，推開窗櫺仰望天空，時值初春天色已黑，一陣涼森森的風襲來，吹在臉上怪癢癢的，東邊已然升起一彎新月，又一個無眠之夜要開始了。忽聽遠處傳來轟隆隆一聲響，院門打開了，隔了半晌，自房舍的陰影間恍惚走來一人，繼而傳來一聲問候：「下官參見荀令君。」

荀彧佇立窗前沒有動，望著那個黑黢黢的輪廓木然道：「哪還有什麼令君……你是誰？」

那人從黑暗中走過來，幽暗的燈光下顯出一張年輕而陌生的臉：「在下幕府校事劉肇，奉丞相之命特來探望大人。」

荀彧沒說話，輕輕打開房門，讓他進來。劉肇雙手捧著一只雕飾精良的檀木食盒：「這是丞相送給您的點心，請笑納。」說罷不容推辭放在几案上，「丞相還命在下轉告您，董大人改易九州的奏議中台已通過，現在正在籌劃分州定界，下個月就可以實施了。」這正是荀彧被罷黜的原因，不過此刻他已漠不關心，充耳不聞般呆立著，默然盯著那只食盒。

「大人沒什麼要說的嗎？」劉肇機械地問了一句。

荀彧搖了搖頭。

「那……丞相就交代這些，在下告退了。」劉肇說罷恭恭敬敬退了出去，順手帶上了房門；既而那年輕的臉又出現在窗口，手扶窗臺又道：「望大人珍重，在下明天再過來。」說罷轉身而去，腳步聲漸行漸遠，一切又歸為寧靜。

荀彧緩緩坐下，看著曹操送他的這盒「點心」，心下不禁冷笑——裡面會是什麼？匕首還是白練？即便是點心，也一定有毒！

從解除尚書令之職那天起，荀彧就預料到會是這樣的結果。曹操已經不需要他了，而他以往的資歷和威望又決定了不可能束之高閣，繼續留在朝中哪怕不再做聲也是潛在的威脅，只能讓更多的人同情、猶豫、彷徨；而將他解除一切職務罷免回家，曹操又不免要擔上薄待功臣的惡名。既然如此，除了死還有別的選擇嗎？但死也不簡單，絕不能明正典刑，荀彧主持朝政十七年，又是創業的元老功勳，環視曹營上下、朝廷內外、地方大員，有幾人不是經他推薦才得以有今日之勢的？而且他還是潁川士人的領袖、曹操的親家、天子的老師，牽一髮而動全身。公然處置荀彧必然導致一場政治地震，無論朝堂還是幕府都將轟然崩塌！

那該怎麼辦呢？唯一的辦法就是找個寂靜無人的所在，讓他悄然結束自己的生命，不牽扯不株連一了百了，就像現在這樣。荀彧早已洞悉曹操意圖，說是叫他從軍，卻滯留譙縣長達一冬，曹操肯定對外宣稱他病了，倘有一天他「溘然長逝」，誰也不會太意外，那必然是積勞成疾醫治無效。

荀彧並不畏懼死亡，其實他的心早已死了，生命的結束反而是寧靜的歸宿。死生有命富貴在天，既然命運驅使他走到這一步，回避畏懼又有何用？他無奈歎了口氣，伸出蒼老的手，輕輕打開盒蓋。出乎意料的是，這食盒竟然是空的！

空無一物，什麼都沒有，荀彧手裡舉著盒蓋，神情恍惚地注視著這個空盒……不知過了多久，只聽譙樓二更鼓響，他才回過神來，丟下盒蓋露出一絲苦笑。是啊，除了空盒曹操還能給我什麼？他給了我官位，給了我侯爵，給了我富貴，一再增加封邑，使我荀氏子姪不愁前程，最後連女兒都嫁到了我家，所有拉攏的手段都已用盡，我依舊巋然不動，他還能怎麼辦？他已經沒有任何東西可以再給我了……可是我荀某人什麼都可以不要，我只想讓他還政天子，只想要一個名符其實的大漢王朝！恰恰這一點，曹操永遠都不會辦到！他已經變了，不再是二十多年前那個滿腹報國之志的大漢臣子了……

回憶往昔在袁紹帳下，曹操還是討董聯盟中一個不倫不類的雜號將軍，沒有實權，沒有地盤，也沒幾個兵，但卻有滿腔忠義。現在他什麼都有了，唯獨臣子的道義一絲無存。當初荀彧本是袁紹的謀士，卻放棄了兵強馬壯的河北，毅然決然跟著曹操幹，為什麼？袁紹剛愎自用氣量狹窄，私自刻璽胸藏異志。可現在的曹操呢？獨攬大權架空朝廷，還有比這更剛愎自用的嗎？嚴刑峻法屠戮忠義，還有比這更氣量狹窄的嗎？他倒是沒有私自刻璽，卻乾脆把大漢的天下變成自己的天下……可笑！真真可笑！袁、曹本是一路人，荀彧花了二十年的時間繞了個大圈子，最後又回到原點了。漢室天下終究要亡，二十年辛勞全然無用，這輩子活得有什麼意義？

不！光是虛度也罷了，二十年來又是誰出謀劃策，費盡心機幫助曹操崛起？想到此處荀彧不禁凜然——自己是幫凶，也是大漢王朝的掘墓人！一股負罪和冤屈交加的感覺油然而生……

「咚！——咚咚！」鼓打三更夜入子時，涼風自窗口襲來，吹滅房內孤燈，一切陷入黑暗之中。那陣陣夜風打破了寂靜，吹得院中的樹枝嘩嘩作響，宛若一陣陣嘲笑和謾罵聲。

荀彧心緒不寧無可排遣，在黑暗中踱來踱去：這到底是怎麼回事？我到底是誰的臣子？後代青史該如何傳我之名？說我是堂堂正正大漢忠臣嗎？不可能！是誰幫曹操保住兗州？是誰幫曹操招賢納士？是誰幫他把持朝政，壟斷中樞十七年？竭長江之水也難洗清！那我乾脆就是曹操的臣子？也不對啊，那我給大漢王朝殉的什麼葬？盡的什麼忠？我屈我怨向誰言……

人說黑白分明，可對他而言什麼是對，什麼是錯？泯滅良心跟著曹操幹下去是對的嗎？那豈不是與復興漢室的志向背道而馳？背叛曹操投效他人對嗎？那豈不是出爾反爾，否定了自己二十年來的一切努力？這真是進退失據自相矛盾。荀彧想吶喊，想發洩，想咒罵，但該喊什麼？向誰發洩？咒罵何人？他陷到這個不尷不尬的境地，究竟怨誰呢？

他就這樣茫然在黑暗中兜著圈子，思緒也陷入了無邊無際，竟找不到一絲出路和慰藉。踱來踱去不知過了多久，又聞四更鼓響，整整一個時辰過去了，風漸漸停息。荀彧累了，煩了，放棄了，跌坐於地，滿心的疑問終究歸為無奈——算了吧，何必計較那麼清楚？腳下的泡都是一步步走出來的，能怨誰？一切任由後人去評說吧！

他恍惚想起昔日從河北到東郡投奔曹操，曹操見了他第一句話便是：「君乃吾之子房也！」既然把荀彧比作張良，那也就自詡為劉邦。當時他只覺那是溢美之詞，現在想來豈不是一語成讖？但是這並不能證明曹操從一開始就想當一代帝王，或許就連曹操自己都沒意識到，內心中的欲望遠比志向更大更多，或許那時當皇帝還只是一個不切實際的美夢，但這個夢卻越來越真實了！

那我的欲望又是什麼？荀彧從來沒這麼想過，但此刻卻不禁捫心自問。共事二十載，難道就絲毫看不出曹操是何等樣人？難道就感覺不到他志不在臣子？難道就預料不到事態的發展？不可能，平心而論他早料到會有今天，卻始終不敢正視這一切，一直在回避，在否認，在自欺欺人……他只不過不願承認罷了。有人貪權，有人貪財，荀彧則貪名！

荀彧始終在向世人展示著自己的才能，自己的謙和，自己的仁慈，也樂此不疲地享受著讚譽。卸下一切道義的偽裝，他卻不得不承認，他貪戀著仕途和官位，倒不是好利愛財，而是他需要以此展示自己的賢明，他的確貪名，而且貪得無厭，期盼天下所有人都讚譽他！他既要曹操的信賴，也要天子的倚重，既要官員的尊敬，也要百姓的愛戴，天底下還有比這更貪婪的嗎？

有些事不堪設想，如果當今劉協是與桓、靈二帝一樣的昏庸君王，他或許就不會背負太多道義的包袱，就不會貪圖這點虛幻的忠君之名了吧？亦或者他沒有與天子走得太近，沒有親眼目睹這個傀儡天子的賢明和無助，心中也不會有這麼多漣漪了。惜乎現實不能假設，生在這世道是劉協的悲劇，也是荀彧的悲劇……

譙樓鼓響一連五聲，荀彧垂頭喪氣呆坐在地，漸漸地，漆黑的房內隱隱有了一層朦朧的光亮；他慢慢抬頭仰望窗外，漆黑的天幕已化為灰藍，在愁煩和苦惱中掙扎了一夜，黎明已漸漸臨近。或許正是這微弱的光亮給了他一絲慰藉，使他能換個角度重新審視自己這一生。大漢之臣也好，曹操一黨也罷，真的那麼重要嗎？二十年前那場風雲際會真的只成就了人生悲劇？不……至少他維持了一個穩定的朝權，至少他輔佐曹操平定了北方，至少現在不再有人吃人，不再有那麼多流離失所的黎民，難道這不是他的功績嗎？

常曰「天地君親師」，天地又是什麼？難道就是主宰萬物生靈的神主嗎？

王者何以有社稷？為天下求福報功。君王的使命是造福於天下萬民，那萬民豈不就是真正的天地之主？如果要這麼考慮，皇帝姓劉還是姓曹真的很重要嗎？還不是殊途同歸？造福萬民安定天下才是最重要的，荀彧即便分不清自己是誰的臣子，但畢生都在為造福萬民安定天下而辛勞，一個人能在有生之年辦到這些，難道還不夠嗎？

荀彧的心結倏然解開了——若逢太平之世，自己可能僅僅是郡縣之位，正因為遇到亂世，遇到了曹操，才能執掌國政成就一番功業。朝聞道，夕死可矣。此生又有何憾？

想至此荀彧但覺自己心緒竟無比的平和，他起身走向窗邊，深吸一口氣，排遣著胸中的陰霾。朦朦朧朧的天色給窗櫺塗了一層清冷的白光，他一瞥之間，發現窗臺上不知何時多了件小東西，拿起來一看——一個小小的青瓷瓶！

他猛然想起，劉肇扒著窗口向自己道別時輕輕扶了一下窗臺……荀彧笑了，他當然知道這裡面裝的什麼，劉肇說今天還要來，恐怕是來收屍吧！

世道變幻滄海桑田都由它去吧，任何汙流濁浪都不會再侵染荀彧澄清的心境了。他啟開瓶塞，晃了晃裡面紅色的鴆酒，自言自語道：「願我大漢永享太平國祚綿長，也願曹公掃滅狼煙如願以償。」一扔下這句自相矛盾的話，仰起頭一飲而盡……②

窗外依舊那麼寂靜，東方已漸漸泛出魚肚白，隱約傳來幾聲犬吠雞鳴，新的一天又開始了。往者已矣生者依舊，一切似乎都沒改變，爭權者爭權，鏖戰者鏖戰，天下熙熙皆為利來，天下攘攘皆為利往，建安十八年的春天依舊那麼生機勃勃。

曹操與孫權在濡須隔江對峙，大戰一觸即發，他們都把盛衰榮辱押在了這場戰爭上，似乎誰贏了誰就有希望成為天下之主。不過鷸蚌相爭漁翁得利，他們似乎都忽略了另一個對手。遙遠的蜀地有人正醞釀一場陰謀，這個陰謀將會驟然改變天下的局勢。昔日諸葛亮曾有三分天下的「隆中對」設想，惜乎隨著襄陽易主走入了死胡同，不過此時此刻這個計劃恰似鳳凰涅槃，在無聲無息中死灰復燃了……

② 關於荀彧屬漢臣還是屬魏臣至今尚有爭議，范曄《後漢書》和陳壽《三國志》皆有其傳記，觀點截然不同。但他終其一生並未擔任與魏國有關的官職，曹操死後配饗太廟的功臣靈位也沒有荀彧的，直至公元二六五年才被補入太廟，可那一年曹魏王朝也被司馬氏所取代。

附錄一

讓縣自明本志令

曹操

孤始舉孝廉，年少，自以本非巖穴知名之士，恐為海內人之所見凡愚，欲為一郡守，好作政教，以建立名譽，使世士明知之。故在濟南，始除殘去穢，平心選舉，違迕諸常侍。以為強豪所忿，恐致家禍，故以病還。

去官之後，年紀尚少，顧視同歲中，年有五十，未名為老。內自圖之，從此卻去二十年，待天下清，乃與同歲中始舉者等耳。故以四時歸鄉里，於譙東五十里築精舍，欲秋夏讀書，冬春射獵，求底下之地，欲以泥水自蔽，絕賓客往來之望。然不能得如意。

後徵為都尉，遷典軍校尉，意遂更欲為國家討賊立功，欲望封侯作征西將軍，然後題墓道言「漢故征西將軍曹侯之墓」，此其志也。而遭值董卓之難，興舉義兵。是時合兵能多得耳，然常自損，不欲多之；所以然者，多兵意盛，與強敵爭，倘更為禍始。故汴水之戰數千，後還到揚州更募，亦復不過三千人，此其本志有限也。

後領兗州，破降黃巾三十萬眾。又袁術僭號於九江，下皆稱臣，名門曰建號門，衣被皆為天子之制，兩婦預爭為皇后。志計已定，人有勸術使遂即帝位，露布天下，答言「曹公尚在，未可也」。後孤討禽其四將，獲其人眾，遂使術窮亡解沮，發病而死。及至袁紹據河北，兵勢強盛，孤自度勢，實不敵之；但計投死為國，以義滅身，足垂於後。幸而破紹，梟其二子。又劉表自以為宗室，包藏奸心，乍前乍卻，以觀世事，據有當州，孤復定之，遂平天下。身為宰相，人臣之貴已極，意望已過矣。

今孤言此，若為自大，欲人言盡，故無諱耳。設使國家無有孤，不知當幾人稱帝，幾人稱王！或者人見孤強盛，又性不信天命之事，恐私心相評，言有不遜之志，妄相忖度，每用耿耿。齊桓、晉文所以垂稱至今日者，以其兵勢廣大，猶能奉事周室也。《論語》云：「三分天下有其二，以服事殷，周之德可謂至德矣。」夫能以大事小也。昔樂毅走趙，趙王欲與之圖燕。樂毅伏而垂泣，對曰：「臣事昭王，猶事大王；臣若獲戾，放在他國，沒世然後已，不忍謀趙之徒隸，況燕後嗣乎！」胡亥之殺蒙恬也，恬曰：「自吾先人及至子孫，積信於秦三世矣；今臣將兵三十餘萬，其勢足以背叛，然自知必死而守義者，不敢辱先人之教以忘先王也。」孤每讀此二人書，未嘗不愴然流涕也。孤祖、父以至孤身，皆當親重之任，可謂見信者矣，以及子桓兄弟，過於三世矣。

孤非徒對諸君說此也，常以語妻妾，皆令深知此意。孤謂之言：「顧我萬年之後，汝曹皆當出嫁，欲令傳道我心，使他人皆知之。」孤此言皆肝鬲之要也。所以勤勤懇懇敘心腹者，見周公有《金縢》之書以自明，恐人不信之故。然欲孤便爾委捐所典兵眾，以還執事，歸就武平侯國，實不可也。何者？誠恐已離兵為人所禍也。既為子孫計，又已敗則國家傾危，是以不得慕虛名而處實禍，此所不得為也。前，朝恩封三子為侯，固辭不受，今更欲受之，非欲復以為榮，欲以為外援，為萬安計。

孤聞介推之避晉封，申胥之逃楚賞，未嘗不捨書而歎，有以自省也。奉國威靈，仗鉞征伐，推弱以克強，處小而禽大。意之所圖，動無違事，心之所慮，何向不濟，遂蕩平天下，不辱主命。可謂天助漢室，非人力也。然封兼四縣，食戶三萬，何德堪之！江湖未靜，不可讓位；至於邑土，可得而辭。今上還陽夏、柘、苦三縣戶二萬，但食武平萬戶，且以分損謗議，少減孤之責也。

附錄二

為曹公作書與孫權

阮瑀

離絕以來，於今三年，無一日而忘前好。亦猶姻媾之義，恩情已深；違異之恨，中間尚淺也。孤懷此心，君豈同哉！

每覽古今所由改趣，因緣侵辱，或起瑕釁，心忿意危，用成大變。若韓信傷心於失楚，彭寵積望於無異，盧綰嫌畏於已隙，英布憂迫於情漏，此事之緣也。孤與將軍，恩如骨肉，割授江南，不屬本州，豈若淮陰捐舊之恨。抑遏劉馥，相厚益隆，寧放朱浮顯露之奏。無匿張勝貸故之變，匪有陰構賁赫之告，固非燕王淮南之釁也。而忍絕王命，明棄碩交，實為佞人所構會也。夫似是之言，莫不動聽，因形設象，易為變觀。示之以禍難，激之以恥辱，大丈夫雄心，能無憤發。昔蘇秦說韓，羞以牛後，韓王按劍作色而怒，雖兵折地割，猶不為悔，人之情也。仁君年壯氣盛，緒信所嬖，既懼患至，兼懷忿恨，不能復遠度孤心，近慮事勢，遂賫見薄之決計，秉翻然之成議。加劉備相扇揚，事結釁連，推而行之，想暢本心，不願於此也。

孤之薄德，位高任重，幸蒙國朝將泰之運，蕩平天下，懷集異類，喜得全功，長享其福。而姻親坐離，厚援生隙，常恐海內多以相責，以為老夫苞藏禍心，陰有鄭武取胡之詐，乃使仁君翻然自絕。以是忿忿，懷慚反側，常思除棄小事，更申前好，二族俱榮，流祚後嗣，以明雅素中誠之效。抱懷數年，未得散意。昔赤壁之役，遭離疫氣，燒舡自還，以避惡地，非周瑜水軍所能抑挫也。江陵之守，物盡穀殫，無所復據，徙民還師，又非瑜之所能敗也。荊土本非己分，我盡與君，冀取其餘，非相侵肌膚，有所割損也。思計此變，無傷於孤，何必自遂於此，不復還之。高帝設爵以延田橫，光武指河而誓朱鮪，君之負累，豈如二子？是以至情，願聞德音。

往年在譙，新造舟舡，取足自載，以至九江，貴欲觀湖漅之形，定江濱之民耳，非有深入攻戰之計。將恐議者大為己榮，自謂策得，長無西患，重以此故，未肯迴情。然智者之慮，慮於未形；達者所規，規於未兆。是故子胥知姑蘇之有麋鹿，輔果識智伯之為趙禽。穆生謝病，以免楚難；鄒陽北遊，不同吳禍。此四士者，豈聖人哉？徒通變思深，以微知著耳。以君之明，觀孤術數，量君所據，相計土地，豈勢少力乏，不能遠舉，割江之表，宴安而已哉？甚未然也！若恃水戰，臨江塞要，欲令王師終不得渡，亦未必也。夫水戰千里，情巧萬端。越為三軍，吳曾不禦；漢潛夏陽，魏豹不意。江河雖廣，其長難衛也。

凡事有宜，不得盡言，將修舊好而張形勢，更無以威脅重敵人。然有所恐，恐書無益。何則？往者軍逼而自引還，今日在遠而興慰納，辭遜意狹，謂其力盡，適以增驕，不足相動，但明效古，當自圖之耳。昔淮南信左吳之策，漢隗囂納王元之言，彭寵受親吏之計，三夫不寤，終為世笑。梁王不受詭勝，竇融斥逐張玄，二賢既覺，福亦隨之。願君少留意焉。若能內取子布，外擊劉備，以效赤心，用復前好，則江表之任，長以相付，高位重爵，坦然可觀。上令聖朝無東顧之勞，下令百姓保安全之福，君享其榮，孤受其利，豈不快哉！若忽至誠以處僥倖，婉彼二人，不忍加罪，所謂小人之仁，大仁之賊，大雅之人，不肯為此也。若憐子布，願言俱存，亦能傾心去恨，順君之情，更與從事，取其後善。但禽劉備，亦足為效。開設二者，審處一焉。

聞荊楊諸將，並得降者，皆言交州為君所執，豫章距命，不承執事，疫旱並行，人兵減損，各求進軍，其言云云。孤聞此言，未以為悅。然道路既遠，降者難信，幸人之災，君子不為。且又百姓國家之有，加懷區區，樂欲崇和，庶幾明德，來見昭副，不勞而定，於孤益貴。是故按兵守次，遣書致意。古者兵交，使在其中，願仁君及孤虛心回意，以應詩人補袞之歎，而慎《周易》牽復之義。濯鱗清流，飛翼天衢，良時在茲，勗之而已。

INK PUBLISHING

從前 36

卑鄙的聖人 曹操8

曹操暮年急竊國，曹丕曹植急相煎

作者 王曉磊
總編輯 初安民
導讀 陳明哲
責任編輯 孫家琦 陳健瑜
美術編輯 陳淑美 黃昶憲 林麗華
校對 孫家琦 陳健瑜

發行人 張書銘
出版 INK 印刻文學生活雜誌出版有限公司
新北市中和區建一路249號8樓
電話：02-22281626
傳真：02-22281598
e-mail:ink.book@msa.hinet.net
網址 舒讀網 http://www.sudu.cc

法律顧問 巨鼎博達法律事務所
施竣中律師
總代理 成陽出版股份有限公司
電話：03-3589000（代表號）
傳真：03-3556521
郵政劃撥 19785090 印刻文學生活雜誌出版有限公司
印刷 海王印刷事業股份有限公司

港澳總經銷 泛華發行代理有限公司
地址 香港新界將軍澳工業邨駿昌街7號2樓
電話 852-2798-2220
傳真 852-2796-5471
網址 www.gccd.com.hk

出版日期 2018年8月 初版
ISBN 978-986-387-213-9
定價 350元

國家圖書館出版品預行編目(CIP)資料

卑鄙的聖人:曹操. 8：曹操暮年急竊國，曹丕曹植急相煎 /
王曉磊著. -- 初版 --新北市： INK印刻文學，2018. 08
面； 17 × 23公分. --（從前：36）
ISBN 978-986-387-213-9（平裝）

1.（三國）曹操 2.傳記 3.三國史

782.824 106021335